KOREAN GRAMMAR
Teacher Handbook

한국어 교사를 위한

한국어
〉첫〈
문법

KOREAN GRAMMAR
Teacher Handbook

한국어 교사를 위한
한국어
≥ 첫 ≤
문법

장향실 유혜원 이동혁 김양진 김서형 지음

KONG & PARK

머리말

《한국어 교사를 위한 한국어 첫 문법》은 현재 한국어 교사로 일하고 있거나 한국어 교사가 되기 위해 준비하고 있는 예비 교사를 위해 마련한 책이다. 한국어 교사들이 교육 현장에서 자주 부딪히는 문제지만, 기존의 이론 문법서에서 쉽게 답을 찾기 어려운 문제들을 중심으로 내용을 구성하였다.

2022년 재외동포재단의 〈재외 한글학교 교사를 위한 온라인 연수〉 프로그램을 준비할 때였다. 한국어를 가르치는 현장을 위해 가장 필요한 콘텐츠가 무엇일지 궁리하다가, '한국어, 무엇이든 물어보샘(물어보세요, 선생님)'이라는 동영상 콘텐츠를 제작하기로 했다. 이를 위해 한글학교 교사들에게 교육 현장에서 맞닥뜨리는 어려움에 기초하여 정말 궁금한 점이 무엇인지 설문을 받았다. 그중 반복적으로 제시되는 유의미한 질문들을 뽑아 한국어학 및 한국어교육 분야 전문가가 쉽고 분명한 답을 제시함으로써 한국어 교실에서 실질적으로 활용할 수 있는 콘텐츠를 구성했다. 이 작업을 위해 한국어학의 음운, 형태, 통사, 의미, 화용 전문가와 한국어교육 전문가가 함께했고, 결과적으로 해당 콘텐츠는 연수 과정의 수십 개 프로그램 중 만족도 면에서 상위를 차지할 만큼 높은 호응을 얻었다. 특히 연수 후기에서는 이런 콘텐츠가 지속적으로 제작되었으면 좋겠다는 바람이 많았다.

필자들은 이 프로그램을 통해 한국어교육 현장에서 활용할 수 있는 구체적인 교육 내용이나 교수 방법에 대한 교사들의 요구가 무척 높다는 것을 확인할 수 있었다. 이는 거꾸로, 기존의 정교하게 설계된 문법서라고 하더라도 정작 한국어교육 현장에는 구체적인 답을 주지 못하는 경우가 많다는 것을 의미했다. 이에 필자들은 기존의 문법서와는 다른, 현장에서 발생하는 학습자들의 질문에 대해 구체적으로 답할 수 있는 현장 중심의 책을 집필할 필요가 있음을 알게 되었다. 그리고 이러한 책에 담을 심도 있는 내용과 한국어 교사의 눈높이에 맞는 설명을 위해 한국어학자와 한국어교육학자가 협업해야 한다는 생각을 가지게 되었다.

다행히 프로그램을 진행하며 한국어학자와 한국어교육학자의 유기적 협업이 최상의 결과를 낼 수 있을 거라는 자신감도 얻었다. 한국어학자는 깊이 있는 내용을 제공할 수 있고, 한국어교육학자는 이를 한국어 교사의 입장에 맞게 재구성할 수 있기 때문이다.

하지만 막상 집필을 시작해 보니 모든 과정이 만만치 않았다. 무엇보다 다양한 현장의 궁금증을 알기 위해 추가 설문이 필요하였고, 교사의 질문을 영역별로 정리하고 균형을 맞추는 일부터 한국어학자와 한국어교육학자 간 눈높이를 조율하여 설명을 수정하는 일 등 수월한 게 없었다. 그 가운데 하나는 이렇다. 한국어학자는 '왜 이런 당연한 질문을 하지?' 하고 의아해하는 경우가 있었고, 이에 대해 한국어교육학자는 그런 질문이 왜 제시되었을지 한국어 교사의 입장에서 설명해야 했다. 즉, 한국어교육학자는 수요자로서 한국어 교사의 요구 조건을 한국어학자들이 충분히 이해하도록 설명하고 한국어교육자들의 어려움을 함께 해결하는 방향으로 나아가야 했다. 한국어 교실 현장이 낯선 독자들은 '한국어학자와 한국어교육학자 간 이견이 있을 게 뭐야.'라고 갸웃할 수 있다. 하지만 이론과 실제, 순수한 연구자와 한국어 학습자를 대상으로 한 교육 현장의 거리는 한국어가 모국어인 한국어 교사와 한국어 학습자 간의 거리만큼 만만치 않다. 필자들은 이러한 간극과 이견을 좁히는 과정을 겪으며 꾸준히 토론과 논의를 진행했고, 그 결과 책의 내용은 더 좋은 방향으로 다듬어질 수 있었다.

이 책이 나오는 데 필자들만큼 많은 노력과 애정을 쏟아 주신 분들이 계신다. 출판을 흔쾌히 수락해 주신 공앤박(주) 공경용 대표님, 그리고 독자의 시선으로 한 문장 한 문장을 되짚어 읽고 무수한 질문을 찾아 보내며 더 많은 독자들에게 유익한 책이 되도록 함께 애쓴 공앤박(주) 출판부 직원들에게 감사의 말씀을 드린다.

이 책은 현장 한국어 교사들의 궁금증으로 촉발되었다. 그 요구만큼이나 큰 되울림으로 한국어교육 현장에서 유용하게 활용되기를 기대한다.

2024년 1월,
필자들을 대표하여 장향실 씀.

차례

| 일러두기 |

/	단순한 대응 짝을 나타낼 때 사용합니다.
*	문법에 맞지 않는 문장, 즉 비문(非文)을 말합니다.
??	문법적으로 어색한 문장을 말합니다.
Ø	생략을 의미하는 기호입니다.
~	'단어~단어'의 '~'는 형태론적 교체형을 묶어 표현할 때 사용합니다.
≠	'같지 않음'을 의미합니다.
=?	그런지 안 그런지 애매한 경우 사용합니다.
;	같은 경우에 해당하는 단어 묶음을 구별할 때 사용합니다.
–	'단어–단어'의 '–'는 단순 대응 짝을 묶어 표현할 때 사용합니다.

1부

음운

01

모음 'ㅔ'와 'ㅐ'를
어떻게 가르쳐야 할까요?

Q. 모음 'ㅔ'와 'ㅐ'는 구별하여 발음하기 어렵습니다. 어떻게 가르쳐야 할까요?

A. 한국어의 '•표준 발음법'에 따르면, 'ㅔ'와 'ㅐ'는 구별하여서 발음해야 합니다. 하지만 표준어를 사용하는 한국인들의 대부분이 이 두 모음을 구별하여 발음하지 못합니다. 따라서 'ㅔ'와 'ㅐ'는 표기로는 구별되지만, 발음으로는 구별되지 않는다고 설명하는 것이 좋습니다.

두 단어의 발음에 어떤 차이가 있을까요?

다음을 발음해 보세요.

두 단어의 발음에 차이가 있습니까? 대부분 별 차이 없이 발음했을 것입니다.

다음 (가) ~ (다)의 밑줄 친 부분을 발음해 보세요.

(가) <u>베</u>를 짜다.   : <u>배</u>를 먹다.

(나) 가방을 <u>메</u>다.   : 넥타이를 <u>매</u>다.

(다) <u>네</u>가 먹었잖아. : <u>내</u>가 먹었잖아.

짝으로 제시한 단어의 발음에 차이가 있습니까?

한국어 표준어 화자 대부분은 (가) ~ (다)의 밑줄 친 두 단어를 같게 발음합니다. 이는 표준어 화자들조차 'ㅔ'와 'ㅐ'의 발음을 더 이상 구별하지 못한다는 것을 의미하지요.

* **표준 발음법**
한국어의 표준 발음에 대한 규정입니다. 자세한 내용을 알고 싶다면 국립국어원 누리집(https://www.korean.go.kr)에서 '어문 규범 → 표준어 규정 → 제2부 표준 발음법'을 검색해 보세요.

그런데 왜 사람들은 두 단어의 발음이 다르다고 생각할까요?

그것은 문자가 다르니까 발음도 다를 것이라는 생각, 또는 한국어의 '표준 발음법' 규정 때문입니다. 한국어의 '표준 발음법' 제2장 제4항에서는 한국어의 단모음을 다음과 같이 규정하였습니다.

제4항 'ㅏ ㅐ ㅓ ㅔ ㅗ ㅚ ㅜ ㅟ ㅡ ㅣ'는 단모음(單母音)으로 발음한다.
[붙임] 'ㅚ, ㅟ'는 이중 모음으로 발음할 수 있다.

한국어의 단모음은 지역이나 세대에 따라 상당한 차이가 있지만, '표준 발음법'에서는 서울말의 전통적인 발음을 기준으로 하여 'ㅏ, ㅐ, ㅓ, ㅔ, ㅗ, ㅚ, ㅜ, ㅟ, ㅡ, ㅣ'의 10개를 단모음으로 삼았습니다. 그런데 이들 중 'ㅐ'와 'ㅔ'는 현재 대부분의 세대에서 발음이 구별되지 않고 소리가 같아졌습니다. 그러나 이 두 모음을 구별하는 세대가 아직은 남아 있고, 전통적으로 이 두 모음은 단모음으로서의 지위를 안정적으로 유지해 왔습니다. 이 때문에 '표준 발음법'에서는 두 모음을 구별하도록 규정하였습니다.

 그럼 이 두 모음을 구별하여 가르쳐야 할까요?

학자에 따라 두 모음을 구별해서 가르쳐야 한다는 입장도 있고, 굳이 구별하여 가르칠 필요가 없다는 입장도 있는데, 대체로 구별하여 가르치지 않아도 된다는 입장이 우세한 편입니다. 한국어로 의사소통을 하는데 한국인들이 구별하지 못하는 발음을 굳이 가르칠 필요가 없다는 이유에서입니다.

다만 '네'와 'ㅐ'가 문자로서는 구별이 되지만, 한국인들의 대부분이 같은 소리로 발음한다는 설명은 필요합니다. 단모음은 보통 한국어 교육의 첫 단계에서 접하는 항목인데, 교육할 때 문자와 함께 발음을 제시합니다. 예를 들면 교사가 칠판에 'ㅔ'를 적고 이 소리의 발음을 들려주는 방식으로 교수하지요. 이때 학습자들은 문자로서 분명히 구분되는 'ㅔ'와 'ㅐ'를 교사가 같은 소리로 발음한다면 의아해할 것입니다. 따라서 문자로서는 구분이 되지만, 소리는 같다는 설명을 해 주는 것이 좋습니다.

> ✿ 'ㅔ'와 'ㅐ'가 문자로서는 구별이 되지만, 한국인들의 대부분이 같은 소리로 발음한다는 설명은 필요합니다.

+ 한 걸음 더

'네가'의 '네'를 '니'로 발음하는 경우가 있습니다. 어떻게 교육하면 좋을지 살펴봅시다.

한국어 표준어 화자들도 '내'와 '네'를 구별하지 않고 발음하는 경우가 많습니다. 이로 인해 '내가/네가 한국을 떠난 후…'라는 말을 할 때처럼 발음이 같아서 의도한 대로 의미 전달이 안 되는 문제가 생기게 됩니다. 그런데 '내'와 '네'는 일상생활에서 사용 빈도가 높은 단어이기 때문에 의사소통에서 불편함이 발생할 수 있습니다. 이 때문에 '내'와 '네'를 구별해야 하는 상황에서 '네'를 '니'로 발음하는 사람들이 많이 있습니다. 한국 가요에도 '네가'가 많이 등장하는데, 대부분 '니가'라고 발음합니다. 예를 들어 가수 영탁의 〈니가 왜 거기서 나와〉라는 노래 아시지요? 노래 제목이 패러디되면서 더욱 유명해졌는데, 이 노래에서도 '네가'라고 하지 않고 '니가'라고 합니다. 이것은 'ㅔ'와 'ㅐ'를 구별하기 위한 발음 전략이라고 할 수 있습니다. 하지만 '네'를 '니'로 발음하는 것이 표준 발음은 아니므로, 학생들에게 표준 발음은 아니지만 일상생활에서 많이 쓴다는 정도로 말해 주면 좋을 것 같습니다.

02
단모음은 무엇이고
이중 모음은 무엇인가요?

Q. 단모음과 이중 모음은 각각 무엇이고 어떻게 구별되는지 궁금합니다.

A. 모음은 단모음과 이중 모음으로 나눌 수 있습니다. 이때 단모음이란 °조음을 할 때 처음부터 끝까지 하나의 조음 동작으로 만들어지는 모음이고, 이중 모음이란 중간에 조음 동작이 변하는 모음입니다. 쉽게 말해 단모음은 발음할 때 처음부터 끝까지 입 모양이 변하지 않고, 이중 모음은 입 모양이 변하는 모음입니다.

'ㅏ'와 'ㅘ' 중 발음할 때 처음부터 끝까지 입 모양이 변하지 않는 소리는 어떤 것입니까?

다음을 발음해 보세요.

ㅏ : ㅘ

'ㅏ'와 'ㅘ' 중 발음할 때 처음부터 끝까지 입 모양이 변하지 않는 소리는 어떤 것입니까? 'ㅏ'입니다. 'ㅏ'를 발음할 때는 입 모양이 소리를 내기 시작할 때부터 끝날 때까지 그대로 유지되는 것을 느낄 수 있습니다. 이에 비해 'ㅘ'는 어떻습니까? 'ㅘ'를 발음할 때는 입술을 동그랗게 모아 내밀다가 입을 벌리지요? 이로써 'ㅘ'는 하나의 소리가 아님을 알 수 있습니다.

단모음은 말 그대로 소리가 하나이고 이중 모음은 소리가 둘이라는 의미를 각각 담고 있습니다. 즉, '발음을 할 때 처음부터 끝까지 하나의 조음 동작으로 만들어지는 모음'이라는 단모음의 정의에는, 소리가 하나이기 때문에 처음부터 끝까지 입 모양이 변하지 않는다는 의미가 반영되어 있습니다. 그리고 '입 모양이 변하는 소리'라는 이중 모음의 정의에는 소리가 2개이기 때문에 두 소리를 내려면 입 모양이 변한다는 원리가 반영되어 있습니다.

 그럼 한국어에서 처음부터 끝까지 하나의 조음 동작으로 만들어지는 모음에는 어떤 것이 있는지 찾아봅시다.

여러분은 다음과 같은 소리를 찾았을 것입니다.

> **●조음**
> '혀, 입술' 등의 발음 기관이 말소리를 만들기 위해 움직이는 것을 말합니다.
>
> ✿ 단모음은 말 그대로 소리가 하나이고 이중 모음은 소리가 둘이라는 의미를 각각 담고 있습니다.

1 ㅏ, ㅓ, ㅗ, ㅜ, ㅡ, ㅣ, ㅔ(ㅐ)

이 모음들이 한국어의 단모음입니다. 그런데 앞에서 한국어 '표준 발음법'의 단모음 규정은 다음과 같다고 제시하였습니다.

2 제4항 'ㅏ ㅐ ㅓ ㅔ ㅗ ㅚ ㅜ ㅟ ㅡ ㅣ'는 단모음(單母音)으로 발음한다.
[붙임] 'ㅚ, ㅟ'는 이중 모음으로 발음할 수 있다.

우리가 현실에서 찾은 단모음 **1** 과 '표준 발음법'에서 규정한 단모음 **2** 에는 차이가 있습니다. 우리가 현실에서 찾은 단모음 **1** 과 달리, **2** '표준 발음법'에서는 'ㅚ, ㅟ'를 단모음에 포함시키고 있기 때문입니다.

 이제 'ㅚ, ㅟ'를 발음해 볼까요? 입 모양이 어떻습니까?

'ㅚ, ㅟ'를 발음할 때 대부분의 사람들은 입 모양이 변하는 것을 관찰할 수 있습니다. 즉, 'ㅚ, ㅟ'를 이중 모음으로 발음하는 것이지요. 현대 표준어를 구사하는 한국인들 대부분이 'ㅚ, ㅟ'를 이중 모음으로 발음하고 있는데, 이에 따라 '표준 발음법'에서도 'ㅚ, ㅟ'를 이중 모음으로 발음할 수 있다고 허용하였습니다.

이때 'ㅟ'를 이중 모음으로 발음할 경우에는 반모음 'ㅜ/w/'와 단모음 'ㅣ'를 연속하여 발음하는 것과 같습니다. 또 'ㅚ'를 이중 모음으로 발음할 경우에는 반모음 'ㅜ/w/'와 단모음 'ㅔ'를 연속하여 발음하는 것과 같아서 'ㅞ'의 발음과 같습니다.

✿ 반모음은 음절을 이루지 못하는 아주 짧은 모음을 말합니다. 반모음 'ㅗ/ㅜ'의 국제 음성 기호는 /w/입니다. 단모음 'ㅜ/u/'와 소리 내는 방법이 같지만 홀로 발음되지 못합니다. 반모음에 대해서는 1부 3과에서 자세히 다루겠습니다.

✿ /w/는 (20쪽에 제시된 /j/와 함께) 국제 음성 기호(IPA)에 의한 발음 표기입니다.

한
걸음
더

한국어의 현실적 단모음을 살펴볼까요?

다음은 '표준 발음법' 제2장 제4항에서 규정한 단모음 체계입니다.

> **제4항** 'ㅏ ㅐ ㅓ ㅔ ㅗ ㅚ ㅜ ㅟ ㅡ ㅣ'는 단모음(單母音)으로 발음한다.
> [붙임] 'ㅚ, ㅟ'는 이중 모음으로 발음할 수 있다.

| 원칙적 단모음 |

구분	전설 모음		후설 모음	
	평순	원순	평순	원순
고모음	ㅣ	(ㅟ)	ㅡ	ㅜ
중모음	ㅔ	(ㅚ)	ㅓ	ㅗ
저모음	ㅐ		ㅏ	

한편, 'ㅚ, ㅟ'는 이중 모음으로 발음할 수 있다고 허용했으므로, 이 두 모음을 이중 모음으로 발음해도 표준 발음에 어긋나지 않습니다. 실제 현대 표준어를 구사하는 한국인들 대다수가 'ㅚ, ㅟ'를 이중 모음으로 발음하고 있습니다. 그리고 1부 1과에서 'ㅔ'와 'ㅐ'는 소리가 합류되어 구별되지 않는다고 했습니다. 따라서 한국어의 대다수 표준어 화자가 발음하는 현실 단모음은 다음과 같이 총 7개로 정리할 수 있습니다.

| 현실 단모음 |

구분	전설 모음		후설 모음	
	평순	원순	평순	원순
고모음	ㅣ		ㅡ	ㅜ
중모음	ㅔ(ㅐ)		ㅓ	ㅗ
저모음			ㅏ	

03
반모음은 단모음과 어떻게 다른가요?

Q. 반모음은 단모음과 어떻게 다른가요? 어떤 것을 반모음이라고 하나요?

A. 반모음은 말 그대로 반절 정도만 모음이고, 단모음은 하나의 독립적인 모음입니다. 예를 들어 한국어의 'ㅏ'는 단모음만으로 이루어진 음절이고, 'ㅑ'는 '반모음 + 단모음'의 결합으로 이루어진 음절입니다.

'ㅑ'는 'ㅣ'와 'ㅏ'의 결합일까요?

흔히 'ㅑ'는 'ㅣ'와 'ㅏ'가 결합되었다고 생각합니다. 그런데 'ㅣ'와 'ㅏ'를 이어서 소리를 내면 'ㅑ'가 아니라 '이아'가 됩니다. '이아'는 '이'와 '아'가 각각 일정한 소리의 길이를 가지고 발음되므로 두 소리가 분명하게 구별됩니다. 이는 '이 아이'를 발음해 보면 확실하게 알 수 있습니다. 이에 비해 'ㅑ'는 '반모음 + 단모음'의 결합으로, 앞의 반모음은 아주 짧은 소리로 입 모양만 'ㅣ'를 취하고 바로 'ㅏ' 발음으로 넘어갑니다. 'ㅣ' 소리가 분명히 나올 만큼의 시간을 가지지 못합니다.

 '반절 정도만 모음'이라는 의미는 무엇일까요?

한국어의 단모음은 'ㅏ, ㅓ, ㅗ, ㅜ' 등처럼 혼자 음절을 구성할 수 있습니다. 이 말은 홀로 소리를 낼 수 있다는 의미입니다. 이에 반해 반모음은 홀로 소리를 낼 수 없습니다. 이것을 전문적으로 '음절을 구성할 수 없다.'고 표현합니다. 소리 특성은 모음과 비슷하지만, 홀로 소리를 낼 수 없어서 반절 정도의 모음이라고 하여 반모음이라고 하는 것이지요. 그래서 반모음은 항상 단모음과 결합하여 이중 모음의 형태로만 나타납니다. '반모음 + 단모음' 혹은 '단모음 + 반모음'의 구조로요. 1부 2과에서 설명한 이중 모음이 바로 이런 구조입니다.

 음절에 대해 살펴봅시다.

음절은 홀로 발음할 수 있는 최소의 단위입니다. 예를 들어 '아버지'라는 단어는 홀로 발음할 수 있는 단위가 '아', '버', '지' 이렇게 3개입니다. 따라서 3음절로 이루어진 단어라 할 수 있습니다. 한국어는 음절을 구성하는 데 모음이 필수 요소입니다. 즉, 모음이 있어야 음절을 구성할 수 있습니다. 한국어 음절에는 '아'처럼 모음 하나로 이루어진

> ✿ 소리 특성은 모음과 비슷하지만, 홀로 소리를 낼 수 없는 반절 정도의 모음을 '반모음'이라고 합니다. 그래서 반모음은 항상 단모음과 결합하여 이중 모음의 형태로만 나타납니다.

음절도 있고, '바'처럼 '자음+모음', '앞'처럼 '모음+자음', 그리고 '김'처럼 '자음+모음+자음'으로 이루어진 음절도 있습니다. '야' 같은 음절은 '반모음+단모음'의 구조를 가진 음절인데, 앞에서도 말했듯이 반모음은 홀로 음절을 구성할 수 없어서 반드시 단모음과 함께해야 음절을 구성할 수 있습니다. 예를 들어 '우유'는 '모음'으로 구성된 '우', '반모음+단모음'으로 구성된 '유'가 결합된 2음절 단어입니다.

 한국어의 반모음에는 어떤 것들이 있을까요?

한국어의 반모음에는 /j/ 계열과 /w/ 계열 두 가지가 있습니다. /j/는 음성학적으로 단모음 'ㅣ'와 비슷하고, /w/는 단모음 'ㅗ, ㅜ'와 비슷합니다. 그래서 결합하는 반모음에 따라 한국어의 이중 모음을 '/j/계 이중 모음'과 '/w/계 이중 모음'으로 분류합니다.

/j/계 이중 모음	ㅑ, ㅕ, ㅛ, ㅠ, ㅢ, ㅖ, ㅒ
/w/계 이중 모음	ㅘ, ㅝ, ㅞ, ㅙ

 '반모음'을 '반자음'이나 '활음'이라고 하는 경우도 있습니다. 왜 그럴까요?

학자에 따라 '반모음'을 '반자음' 혹은 '활음'이라고 부르기도 합니다. '반자음'은 영어에서 많이 사용되는데, 자음과 비슷한 기능을 하기 때문입니다.

영어의 부정관사인 'a'와 'an'은 같은 기능을 갖지만 뒤에 오는 소리가 자음이냐 모음이냐에 따라 선택적으로 결합됩니다. 'a'는 자음으로 시작하는 단어와 결합하고(예 a book), 'an'은 모음으로 시작하는 단어와 결합합니다(예 an office). 그런데 'w'로 시작하는 단어에는 'a'가 결합합니다(예 a war factory). 이는 뒤의 음소를 자음으로 인식했다는 의미입니다. 이런 이유로 한국어에서 /w/를 반모음이라 하는 것과 달리, 영어에서는 'w'를 반자음이라 할 수 있습니다.

하지만 한국어의 경우 /j/나 /w/가 자음보다는 모음과 더 비슷한 기능을 하므로, 반모음이라고 하는 것이 적절해 보입니다. 예를 들어 •구개음화나 'ㄴ' 소리 첨가 현상이 적용되는 환경은 단모음 'ㅣ'뿐만 아니라 반모음 /j/도 되기 때문입니다.

활음(滑音, glide)은 '미끄러지는 소리'라는 뜻으로, 음성학적인 용어입니다. 그런데 '반모음'은 단모음에 비해 조음 동작의 변화가 빨라서 길이가 짧고 음성 스펙트럼상 •핵모음을 향해 미끄러지는 듯한 전이 구간만 나타나므로 활음이라고 말합니다.

• 구개음화
어휘 형태소의 끝 자음 'ㄷ, ㅌ'가 'ㅣ'나 '반모음 /j/'로 시작하는 형식 형태소(조사, 어미, 접사) 앞에서 'ㅈ, ㅊ'로 발음되는 현상입니다. 즉, '같이'가 [가치]로 소리나는 현상입니다.

• 핵모음
핵모음은 '반모음'과 '단모음'이 결합한 구조에서 중심이 되는 단모음을 말합니다. 예를 들어 'ㅕ'의 'ㅓ'가 핵모음에 해당합니다.

한 걸음 더

반모음에 대해 배웠으니, 이제 한국어의 이중 모음을 정리해 볼까요?

한국어의 이중 모음은 '반모음'과 '단모음'이 결합한 구조입니다. 그런데 앞에서 한국어의 단모음은 '표준 발음법'에서 규정한 것과 현실 발음의 것이 다르다고 말했습니다. 이중 모음 체계 또한 단모음을 몇 개로 설정하느냐에 따라, 이에 연동하여 달라집니다.

| 표준 발음법에 따른 이중 모음 체계 |

(1) 원칙 : 11개

ㅑ	ㅕ	ㅛ	ㅠ	ㅢ	ㅖ	ㅒ	ㅘ	ㅝ	ㅞ	ㅙ

(2) 허용 : 12개

ㅑ	ㅕ	ㅛ	ㅠ	ㅢ	ㅖ	ㅒ	ㅘ	ㅝ	ㅟ	ㅞ	ㅙ

| 현실 발음에 따른 이중 모음 체계 |

(3) 현실 : 10개

ㅑ	ㅕ	ㅛ	ㅠ	ㅢ	ㅖ(ㅒ)	ㅞ(ㅙ)	ㅘ	ㅝ	ㅟ

04

모음 앞에 쓰는 'ㅇ'과 받침에 쓰는 'ㅇ'은 같은 것인가요?

Q. 'ㅏ, ㅑ, ㅓ, ㅕ' 등 모음 앞에 쓰는 'ㅇ'과, '강'과 같이 받침에 쓰는 'ㅇ'은 같은 것인가요?

A. '아'에 쓰인 'ㅇ'과 '강'에 쓰인 'ㅇ'은 같은 문자를 쓰기 때문에 두 문자의 소리도 같다고 생각하는 경우가 있습니다. 하지만 '아'와 같이 모음 앞에 쓰인 'ㅇ'은 문자에 대응하는 소리가 없습니다. 이에 비해 '강'의 받침으로 쓰인 'ㅇ'은 대응하는 소리가 있습니다.

다음 두 소리의 발음은 같습니까, 다릅니까?

아 : ㅏ

여러분은 '아'와 'ㅏ'를 같은 소리로 발음했을 겁니다. 이를 통해 'ㅏ' 앞의 'ㅇ'은 소리가 없다는 것을 쉽게 알 수 있습니다.

 다음 두 소리의 발음은 같습니까, 다릅니까?

가 : 강

'가'와 '강'의 소리는 다른데, 이것은 받침(종성)에 쓰인 'ㅇ'이 고유한 소리를 가지기 때문입니다. 이처럼 문자 'ㅇ'은 위치에 따라 소리가 다릅니다. '아'와 같이 초성, 즉 모음 앞에 쓰인 'ㅇ'은 표기는 있지만 소리는 비어 있습니다.

한국어의 초성 자리에는 '가, 나, 다, 라'처럼 자음이 오는 경우도 있지만, 'ㅏ, ㅓ, ㅗ, ㅜ'처럼 자음이 없는 경우도 있습니다. 한국어 어문 규정에서는 이렇게 초성 자리에 소리가 없는 경우, 이 자리를 비워 두지 않고 'ㅇ'을 쓰기로 정하였습니다. 이때 'ㅇ'은 초성의 자리를 채우는 문자일 뿐 대응하는 소리가 없습니다. 이에 비해 '강'과 같이 받침에 쓰인 'ㅇ'은 고유의 소리가 있습니다. 'ㅇ'은 비음(콧소리)입니다. 손가락을 코에 대고 'ㅏ'와 'ㅏ̊'을 발음하면, 'ㅏ'에 비해 'ㅏ̊'을 발음할 때 코가 크게 울리는 것을 느낄 수 있습니다. 이처럼 모음 앞에 쓰는 'ㅇ'은 소리가 없고, '강'과 같이 받침에 쓰는 'ㅇ'은 소리가 있음을 확인할 수 있습니다.

> ✿ '강'과 같은 음절에서 첫소리 'ㄱ'를 초성, 모음 'ㅏ'를 중성, 받침 'ㅇ'을 종성이라고 합니다.
>
> 초성 강 중성
> 종성

요컨대 초성과 종성에 쓰인 'ㅇ'은 문자로서는 동일하지만, 초성에 쓰인 'ㅇ'은 소리가 없고 종성(받침)에 오는 'ㅇ'은 고유의 소리가 있다는 점에서 다릅니다.

소리✕ 아이	소리✕ 우유
소리✕ 여동생 소리ㅇ	정류장 소리ㅇ

05
초성, 중성, 종성에 대해 알고 싶어요.

Q. 초성, 중성, 종성이라고 부르는 이유는 무엇입니까?
초성, 중성, 종성에 대해 알고 싶어요.

A. '갑'과 같은 음절에서 'ㄱ'를 초성, 'ㅏ'를 중성, 'ㅂ'를 종성이라고 합니다. 초성(初聲)은 첫소리, 중성(中聲)은 가운뎃소리, 종성(終聲)은 끝소리를 의미하는 한자어입니다. 이러한 명칭은 《훈민정음》에서 유래하였습니다.

'훈민정음(訓民正音)'은 '한글'의 옛 이름인가요?

'훈민정음(訓民正音)'은 문자 '한글'의 옛 이름이기도 하고, 책의 이름이기도 합니다. 책의 이름으로 쓸 때는 《훈민정음(訓民正音)》(해례본: 解例本)이라고 표시하여 구별하기도 합니다.

세종은 문자 '훈민정음'을 창제한 후 이에 대해 간단히 설명한 '예의(例義)'를 제시하였습니다. 그리고 신하들에게 이 새로운 문자에 대해 구체적으로 설명하는 책을 만들라고 명합니다. 이렇게 해서 나온 책이 《훈민정음(訓民正音)》(해례본)입니다. 책의 이름이 《훈민정음(訓民正音)》으로 되어 있어 문자로서의 '훈민정음'과 헷갈릴 수 있습니다. 따라서 문자와 구별하기 위해서는 《훈민정음(訓民正音)》(해례본)' 혹은 《훈민정음(訓民正音)》(해례)'라고 쓰고 읽는 것이 좋습니다. 우리가 문자 '훈민정음'의 창제 원리를 알 수 있는 것도 이 책 덕분입니다.

《훈민정음》(해례본)
ⓒ 문화재청

세종이 훈민정음을 창제한 후 간단히 '예의(例義)'를 들어 제시했다고 했는데, '예의'는 무엇인가요?

세종이 훈민정음을 창제한 후 문자에 대해 간단히 설명한 글을 흔히 《훈민정음(訓民正音)》'예의' 혹은 '예의 편(例義篇)'이라고 합니다. 몇 쪽 안 되는 간단한 내용으로, 여기에는 새로운 문자의 창제 이유, 초성·중성·종성의 문자와 음가, 음절 단위의 모아쓰기 방법, 성조를 나타내는 방점 등이 간단하게 제시되어 있습니다. 한국 사람이라면 한 번쯤 들어보았을, 훈민정음의 창제 목적은 바로 이 '예의'에 나오는 내용입니다.

> 國之語音 異乎中國 與文字不相流通 故愚民有所欲言 而終不得伸其情者多矣 予爲此憫然 新制二十八字 欲使人人易習 便於日用耳
>
> 나라의 말소리가 중국과 달라서 한자로는 서로 통하지 않는다. 이 때문에 일반 백성들이 말하고자 하는 바가 있어도 마침내 그 뜻을 표현하지 못하는 사람이 많다. 내가 이를 불쌍히 여겨 새로 스물여덟 자를 만들었는데, 이는 사람마다 쉽게 익혀서 날마다 씀에 편안하게 하고자 함이다.

'예의'에 제시된 문자에 대한 설명은 너무 간략하여 새로운 문자를 어떤 원리에 의해 만들었는지, 또 구체적으로 어떻게 사용해야 하는지 등에 대해서는 알기 어렵습니다. 이러한 내용에 대해서는 《훈민정음》(해례본)을 보아야 알 수 있습니다.

'예의'라고 칭하게 된 이유는 문자 창제 후 3년 후에 편찬된 《훈민정음(訓民正音)》(해례본)의 '정인지 서문'에 다음과 같은 기술이 나오기 때문입니다.

> 癸亥冬 我殿下 創制正音二十八字 略揭例義以示之 名曰訓民正音…
>
> 계해년 겨울에 우리 전하께서 정음 28자를 창제하시고, 간략하게 '예의'를 들어 보이시며, 이름을 훈민정음이라고 하셨다.…

《훈민정음(訓民正音)》 '예의'는 세 곳에 실려 있는데, 《세종실록》, 《훈민정음》(해례본), 《월인석보》입니다.

 초성, 중성, 종성이라는 용어는 《훈민정음(訓民正音)》 '예의'에 나오나요?

《훈민정음(訓民正音)》 '예의'와 '해례'에 모두 나옵니다.

먼저 '예의'에 나오는 초성, 중성, 종성의 사용 예를 하나씩만 들어 보겠습니다.

- ㄱ 牙音 如君字初發聲〔ㄱ은 군(君) 자의 처음 나는 소리와 같다.〕
- ㅡ 如卽字中聲〔ㅡ는 卽(즉) 자 가운뎃소리와 같다.〕
- 終聲復用初聲〔종성자는 초성자를 다시 쓴다.〕

'예의'는 초성, 중성, 종성에 대한 설명이 위와 같은 정도로 간략히 제시되어 있습니다. 반면 '해례'는 해설서에 해당하기 때문에 다음과 같은 내용으로 체계적으로 구성되어 있습니다.

Ⅰ. 예의
Ⅱ. 해례
　　1. 制字解 (글자를 만든 원리와 소리에 대해 설명)
　　2. 初聲解 (초성자에 대해 설명)
　　3. 中聲解 (중성자에 대해 설명)
　　4. 終聲解 (종성자에 대해 설명)
　　5. 合字解 (음절 단위의 모아쓰기에 대해 설명)
　　6. 用字例 ('감'과 같이 실제 우리말에 사용한 예 제시)
Ⅲ. 정인지 서문

✿ 초성, 중성, 종성이라는 용어는 《훈민정음(訓民正音)》 '예의'와 '해례'에 모두 나옵니다.

초성-중성-종성의 모아쓰기를 살펴보겠습니다.

'한국어 어문 규범'에서는 '밥'과 같은 단어를 표기할 때 초성, 중성, 종성을 음절 단위로 모아쓰라고 규정하였습니다. 이것은 영어의 'pop'처럼 각 문자를 옆으로 나란히 풀어쓰는 규정과는 다릅니다. 한국어의 '밥'은 'ㅂ(초성) + ㅏ(중성) + ㅂ(종성)'이 결합하여 하나의 음절을 구성하는데, 각 소리를 나타내는 문자를 음절 단위로 모아서 '밥'과 같이 표기합니다. 영어처럼 풀어쓴다면 'ㅂㅏㅂ'과 같이 나란히 썼을 것입니다.

한글이나 영어의 알파벳은 모두 하나의 문자가 하나의 소리를 나타내는 음소 문자인데, 이들 문자를 이용해 단어나 문장을 표기하는 데 있어서 두 언어의 표기 규정은 다릅니다. 한글은 음절 단위로 모아쓰고, 영어는 옆으로 나란히 풀어쓰도록 하였습니다.

한글의 음절 단위 모아쓰기는 《훈민정음(訓民正音)》 '해례' 규정에서 기원합니다. 《훈민정음》 '해례'에서는 단어나 문장을 쓸 때 각 문자를 반드시 음절 단위로 모아서 적으라고 하였습니다. 그리고 모음은 자음의 오른쪽과 아래쪽에 위치하도록 규정하였습니다.

初中終三聲 合而成字 初聲或在中聲之上 或在中聲之左 如君字ㄱ在ㅜ上
業字ㆁ在ㅓ左之類 中聲則圓者橫者在初聲之下 · ㅡ ㅗ ㅛ ㅜ ㅠ是也 縱者在初聲之右
ㅣ ㅏ ㅑ ㅓ ㅕ是也 如吞字 · 在ㅌ下 卽字ㅡ在ㅈ下 侵字ㅣ在ㅊ右之類 終聲在初中之下
如君字ㄴ在구下 業字ㅂ在ㆁㅓ下之類

초성, 중성, 종성의 세 소리가 합해져야 글자를 이룬다. 초성은 중성 위에 쓰는 것도 있고 중성의 왼쪽에 쓰는 것도 있다. 예를 들어 君(군) 자의 ㄱ은 ㅜ 위에 있고, 業(업) 자의 ㆁ은 ㅓ의 왼쪽에 있는 것과 같다. 중성 가운데 둥근 것과 가로로 된 것은 초성 아래에 쓰는데, · ㅡ ㅗ ㅛ ㅜ ㅠ가 이것이다. 세로로 된 것은 초성의 오른쪽에 쓰는데 ㅣ ㅏ ㅑ ㅓ ㅕ가 이것이다. 예를 들어 呑(툰) 자의 · 는 ㅌ의 아래에 쓰고, 卽(즉) 자의 ㅡ는 ㅈ의 아래에 쓰고, 侵(침) 자의 ㅣ는 ㅊ의 오른쪽에 쓰는 것과 같다. 종성은 초성, 중성의 아래에 쓴다. 예를 들어 君(군) 자의 ㄴ은 구 아래에 쓰고 業(업) 자의 ㅂ은 ㆁㅓ 아래에 쓰는 것과 같다.

음절 단위의 모아쓰기는 훈민정음 창제 당시 많이 쓰였던 한자(漢字) 표기와 맞추기 위한 것이기도 합니다. 한자는 1개의 문자가 1개의 음절로 대응됩니다. 예를 들어 '民'은 1개의 문자인데, '민'으로 읽힙니다. 그런데 1개의 문자에 대응되는 한글 문자는 'ㅁ, ㅣ, ㄴ'으로 3개가 됩니다. 만약 한글을 'ㅁㅣㄴ'으로 풀어쓴다면 두 문자는 1:3으로 비대칭하게 될 것입니다. 이런 점을 고려하여 음절 단위의 모아쓰기를 제정하였다고도 볼 수 있습니다.

한국어 학습자들이 '고기'를 'ㄱㅗ기', 'ㄱㅗㄱㅣ'처럼 쓰는 오류를 살펴보겠습니다.

  '고기'를 'ㄱㅗ기', 'ㄱㅗㄱㅣ'처럼 쓰는 학습자가 있습니다. 왜 그럴까요? 음절 단위의 모아쓰기에 익숙하지 않아서 그렇습니다. 예를 들어 영어가 모국어인 학습자의 경우 알파벳 풀어쓰기에 익숙합니다. 'pop'처럼 풀어쓰기에 익숙한 학습자는 한국어의 '밥'도 'ㅂㅏㅂ'처럼 풀어쓰곤 합니다. 이런 풀어쓰기에 대한 익숙함이 'ㄱㅗ기', 'ㄱㅗㄱㅣ' 같은 표기 오류를 만듭니다.

06
모음 'ㅓ, ㅗ, ㅡ, ㅜ'는
어떻게 가르쳐야 효과적일까요?

Q. 학습자들 대부분이 한국어의 모음 'ㅓ, ㅗ, ㅡ, ㅜ'의 발음을 잘 구별하지 못합니다. 이를 효과적으로 가르칠 방법이 있나요?

A. 한국어의 단모음 중 'ㅓ, ㅗ, ㅡ, ㅜ'는 학습자들이 발음상 오류를 많이 내는 모음으로 꼽힙니다. 그런데 학습자의 모국어에 따라 오류 양상은 다르게 나타납니다. 예를 들어 영어가 모국어인 학습자와 중국어가 모국어인 학습자는 한국어 모음 'ㅓ'를 다르게 발음합니다. 이 때문에 한국어 각 모음의 소리 특성을 정확히 알고 있어야 언어권별 오류 양상을 파악할 수 있고, 이에 대해 교정해 줄 수도 있습니다.

한국어 단모음의 소리 특징을 알아봅시다.

현실 발음을 기준으로 한국어 단모음을 정리하면 다음과 같습니다.

구분	전설 모음		후설 모음	
	평순	원순	평순	원순
고모음	ㅣ		ㅡ	ㅜ
중모음	ㅔ(ㅐ)		ㅓ	ㅗ
저모음			ㅏ	

한국어 단모음은 '혀의 높낮이, 혀의 전후, 입술의 돌출 여부'에 의해 다음과 같이 구별됩니다.

- 혀의 높낮이: 고모음, 중모음, 저모음
- 혀의 전후: 전설 모음, 후설 모음
- 입술의 돌출: 평순 모음, 원순 모음

혀의 높낮이에 따른 차이는 'ㅣ'와 'ㅔ'를 발음해 보면 됩니다. 'ㅣ'보다 'ㅔ'가 입이 더 벌어지면서 혀가 낮아지는 것을 알 수 있습니다.

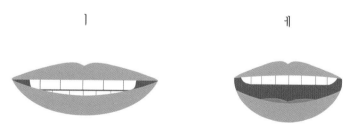

ㅣ   ㅔ

혀의 전후는 'ㅣ'와 'ㅡ'를 비교해 보면 됩니다. 'ㅣ'를 발음할 때보다 'ㅡ'를 발음할 때 혀가 뒤로 끌리는 것을 알 수 있습니다. 혀에 포스트 잇을 붙이고 'ㅣ'와 'ㅡ'를 발음해 보면 다음의 그림과 같이 그 차이를 알 수 있습니다.

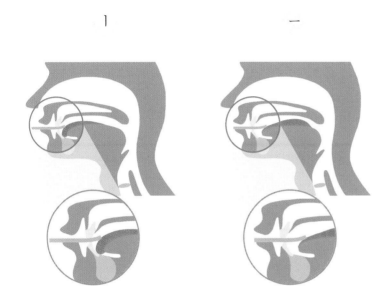

마지막으로, 입술의 돌출 여부에 따른 차이는 'ㅡ'와 'ㅜ'를 발음해 보면 됩니다. 'ㅡ'는 입꼬리가 양옆으로 당겨지는 데 비해 'ㅜ'는 두 입술이 모아져서 앞으로 쭉 나옵니다.

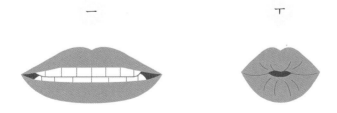

왜 학습자의 모국어에 따라 나타나는 오류가 다를까요?

학습자는 자신의 모국어를 기반으로 외국어의 소리를 듣습니다. 그런데 언어마다 자음 체계와 모음 체계가 달라서, 외국어의 말소리가 들어오면 일단 모국어의 소리 체계 내에서 가장 비슷한 소리를 찾아 그 소리로 대응시켜 인지하고 발음합니다. 예를 들어 영어권 학습자는 한국어의 'ㅓ'를 영어의 모음 /ɔ/에 대응시켜 발음하고, 일본어권 학습자는 /o/에 대응시켜 발음합니다. 한국어 유음 'ㄹ'의 경우 중국인 학습자는 중국어의 유음인 권설음 /ɻ/이나 설측음 /l/로 대응시켜 발음하고, 영어권 학습자는 영어의 치경접근음 /ɹ/이나 설측음 /l/로 대응시켜 발음합니다. 이렇게 한국어를 발음할 때 모국어의 음운 중 가까운 소리를 찾아 발음하기 때문에 동일한 한국어 모음이나 자음이라도 학습자의 언어권에 따라 다른 발음으로 나타납니다.

 영어권 학습자는 한국어 단모음 발음에서 어떤 오류를 나타내나요?

영어권 학습자의 경우 단모음 'ㅓ'의 발음에서 가장 많은 오류를 나타냅니다.

언제 → [온제]	아버지 → [아보지]

이런 오류가 나타나는 이유는 영어권 학습자들이 한국어 'ㅓ'를 영어의 /ɔ/에 대응시켜 발음하기 때문입니다. 영어의 /ɔ/는 입술을 벌리는 정도에서는 한국어의 'ㅓ'와 비슷하지만 원순성이 있다는 점에서 다릅니다. 영어의 /ɔ/는 한국어의 'ㅓ' 정도로 입을 벌리고 'ㅗ'를 발음

하는 것과 비슷합니다.

이렇듯 영어의 /ɔ/는 입술을 둥글게 모으는 발음, 즉 원순성이 있는 발음이라는 점에서 한국어 'ㅓ'와 다릅니다. 영어권 화자가 한국어 '언제'의 '언'을 /ɔn/으로 발음하면 /ɔ/의 원순성 때문에 한국인들은 한국어의 원순 모음인 'ㅗ'와 비슷하게 인지하게 됩니다.

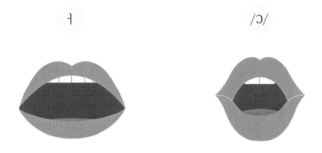

ㅓ   /ɔ/

 영어권 화자에게 'ㅓ'를 어떻게 가르쳐야 할까요?

모음을 가르칠 때는 거울을 준비하여 학습자들이 자신의 발음과 교사의 발음을 비교하도록 하면 좋습니다.

첫 번째, 교사가 'ㅓ' 발음을 하면서 입 모양을 보여 줍니다.

두 번째, 학습자가 이를 따라 하면서 거울을 보고 자신의 입 모양과 교사의 입 모양에 차이가 있는지 비교하게 합니다.

세 번째, 학습자에게 어떤 차이가 있는지 말하게 합니다.

네 번째, 교사가 입 모양을 비교하며 어떤 차이가 있는지 설명해 줍니다. 이때 한국어의 'ㅓ'는 입술의 힘을 빼고 가운데로 동그랗게 모으지 않는다는 점을 강조합니다.

다른 언어권 학습자의 모음 오류 사례도 알아봅시다.

앞에서 언어권별로 발음 오류가 나는 모음이 다르고 발음 오류 양상도 다르다고 했습니다. 모든 언어를 제시할 수는 없으므로, 여기서는 중국어권 학습자와 일본어권 학습자의 모음 오류만 제시하겠습니다.

중국어권 학습자는 'ㅓ, ㅗ, ㅜ' 발음에서 많은 오류를 나타냅니다.

거리 → [고리]	도서관 → [도소관]
언제 → [은제]	방송 → [방숭]
하루 → [하로]	기분 → [기본]

일본어권 학습자는 'ㅓ, ㅜ, ㅡ' 발음에서 많은 오류를 나타냅니다.

어디 → [오디]	거리 → [고리]
수박 → [스박]	그림 → [구림]

 발음 교육을 하려면 다른 언어의 음운 체계를 알아야 할까요?

발음을 교육할 때 학습자의 모국어 음운 체계를 이해한다면 발음 교육에 도움이 됩니다. 하지만 모른다고 해서 발음 교육이 어려운 것은 아닙니다. 한국어 모음 특징에 대해 정확히 알고 있다면 이를 바탕으로 교정해 주면 됩니다. 예를 들어 중국어권 학습자가 발음하는 한국어의 'ㅜ'와 일본어권 학습자가 발음하는 한국어의 'ㅜ'는 다르게 나타납니다. 한국어 'ㅜ'의 발음 방법을 정확하게 설명해 준다면 학습자들이 오류를 쉽게 교정할 수 있습니다.

> ✿ 한국어 모음의 특징에 대해 정확히 알고 있다면, 이를 바탕으로 학습자들의 발음 오류를 쉽게 교정해 줄 수 있습니다.

07

한국어의 'ㄹ' 발음을
어떻게 가르쳐야 할까요?

Q. 한국어 학습자들은 한국어의 'ㄹ'를 잘 발음하지 못합

니다. 어떻게 가르치면 효과적일까요?

A. 한국어 학습자들은 한국어의 'ㄹ'를 자기 모국어에 있는

유음으로 발음할 것입니다. 따라서 한국어의 'ㄹ'와 학습자

모국어의 유음 간 차이를 잘 이해하고 설명해 주어야 합니다.

다음 단어에 쓰인 'ㄹ'는 발음 면에서 어떤 차이가 있을까요?

다음 단어들을 발음해 보세요.

나라   달   실리

앞에 제시된 단어에 쓰인 'ㄹ'는 발음 면에서 어떤 차이가 있습니까? 모음과 모음 사이에 오는 'ㄹ'와 음절 종성이나 'ㄹ' 다음의 'ㄹ'는 음성학적으로 약간 다른 소리입니다. '나라'의 'ㄹ'는 혀를 윗잇몸에 살짝 대었다가 떨어지는 소리입니다. 한편 '달', '실리'의 음절 종성이나 'ㄹ' 다음의 'ㄹ'는 혀를 윗잇몸에 대고 공기를 혀 옆으로 내보내는 소리입니다. '나라'의 'ㄹ'에 비해 '달', '실리'의 음절 종성이나 'ㄹ' 다음에 오는 'ㄹ'가 혀에 힘이 많이 들어가고 혀가 윗잇몸에 붙어 있는 시간도 긴 편입니다.

나라 : 달, 실리
탄설음   설측음

한국인들이 같은 소리로 인식하고 사용하는 한국어의 'ㄹ'는 이렇게 음성적 환경에 따라 다른 소리로 나타납니다. '나라'처럼 모음과 모음 사이에서 나는 소리를 **탄설음**이라고 하고, '달', '실리'와 같이 음절 종성이나 'ㄹ' 다음에 오는 'ㄹ'를 **설측음**이라고 합니다.

 한국어 학습자들은 한국어 'ㄹ'를 발음할 때 어떤 오류를 보일까요?

1부 6과에서 설명했듯이, 사람들은 외국어의 말소리가 들어오면 모국어의 소리 체계 내에서 그와 비슷한 소리를 찾아 발음합니다. 따라

•탄설음(彈舌音)
혀를 윗잇몸에 살짝 대었다가 떨어지는 소리로, '나라'와 같이 모음과 모음 사이에 오는 'ㄹ'가 이에 해당합니다.

•설측음(舌側音)
혀를 윗잇몸에 대고 공기를 혀 옆으로 내보내는 소리로, '달', '실리'와 같이 음절 종성이나 'ㄹ' 다음에 오는 'ㄹ'가 이에 해당합니다.

서 한국어 학습자들은 한국어의 'ㄹ'를 자기 모국어 자음 체계에 있는 /r/이나 /l/ 등의 유음에 대응시킵니다. 그런데 각 나라마다 유음의 소리 특성이 다르기 때문에 우리가 들으면 한국어 'ㄹ' 같지 않아 발음 오류를 보인다고 생각합니다.

→ 중국어권 학습자를 예로 들어 살펴봅시다.

중국어권 학습자는 '나라'를 발음할 때 앞 음절의 받침에 'ㄹ'를 삽입한 것처럼 발음해서, 한국인이 들으면 [날라]처럼 지각됩니다. 또 '달'과 같은 종성의 'ㄹ'는 중국어의 *권설음으로 발음하는 경향이 있어서 한국인이 들으면 한국어의 'ㄹ' 같지 않다는 생각이 듭니다. 이러한 발음 오류는 중국어 유음의 영향 때문입니다.

중국어의 유음에는 설측음 /l/과 권설음 /ɻ/이 있습니다. 설측음은 중국어 음절의 초성에서만 나타나고, 권설음은 중국어 음절의 초성과 종성에서 모두 나타납니다. 이처럼 중국어의 유음에는 탄설음이 없기 때문에 '우리'의 'ㄹ'를 중국어의 초성에서 나타나는 설측음으로 발음합니다. 그래서 중국인 학습자가 발음한 설측음 [l]은 한국인 화자에게는 앞 음절의 종성으로 지각되고, 탄설음에 비해 길이가 길기 때문에 마치 2개의 'ㄹ'가 발음된 것처럼 들립니다. 그래서 중국인 학습자가 발음한 '나라'는 [날라]처럼 들립니다.

중국인 학습자들은 '달'과 같이 종성에 쓰인 'ㄹ'는 중국어의 종성에 오는 유음인 권설음으로 대치하는 경우가 많습니다. 권설음은 혀를 안쪽으로 말아서 내는 소리로, 중국인 학습자가 한국어 종성의 'ㄹ'를 중국어의 권설음으로 발음하면 한국인들은 발음이 이상하다고 느끼게 됩니다.

* **권설음(捲舌音)**
혀를 안쪽으로 말아서 내는 소리를 말합니다.

✿ 중국어권 학습자는 중국어 유음의 영향 때문에 초성과 종성의 'ㄹ'에 대한 발음 오류가 나타납니다.

'ㄹ' 발음 오류는 어떻게 교정해 주어야 할까요?

한국어 학습자의 'ㄹ' 발음 오류를 교정해 주려면, 먼저 한국어의 'ㄹ' 발음 특성을 정확하게 알아야 합니다. 앞에서 'ㄹ'가 모음과 모음 사이에서는 '탄설음'으로 나고, 음절 종성이나 'ㄹ' 다음 위치에서는 '설측음'으로 난다고 했습니다. 이 두 발음의 특징을 먼저 기억하시길 바랍니다. 그런 후 한국어 학습자들이 '나라'나 '달'과 같은 환경에서 'ㄹ'를 어떻게 발음하는지 관찰해 보세요.

 중국어권 학습자를 대상으로 한 오류 교정의 예를 살펴봅시다.

(1) 모음과 모음 사이의 'ㄹ'

'나라'의 'ㄹ'는 혀끝으로 윗잇몸을 한 번 살짝 치는 소리라고 설명하고 따라 하게 합니다. 이때 중국인 학습자들은 '나라'의 'ㄹ'를 설측음으로 발음하기 때문에, 혀에 힘을 주면서 윗잇몸 안쪽에 오래 대고 있을 겁니다. 그러면 혀의 긴장을 풀고 짧게 발음하라고 하면서 '라, 라, 라, 라'를 연속해서 발음하게 해 보면 좋습니다.

(2) 음절 종성이나 'ㄹ' 다음의 'ㄹ'

'달'의 'ㄹ'를 발음하면서 '혀끝이 윗잇몸에 닿고 혀 옆으로 기류가 나가는' 입 모양을 설명해 줍니다. 중국인 학습자들이 종성의 'ㄹ'를 권설음으로 대응시켜 발음할 경우, 한국인보다 입을 덜 벌리고 혀는 구강의 뒤쪽으로 더 말려 들어갈 것입니다. 이러한 차이를 설명해 주면서 발음을 교정해 주면 좋습니다.

08

' ㅂ/ㅍ/ㅃ '와 같은 발음은
어떻게 구별하여 가르쳐야 할까요?

Q. 한국어 학습자들은 한국어 °파열음(=폐쇄음) 계열의
자음 'ㅂ/ㅍ/ㅃ', 'ㄷ/ㅌ/ㄸ', 'ㄱ/ㅋ/ㄲ'의 발음을 잘 구별
하지 못합니다. 어떻게 설명하면 이들이 잘 이해하고 따라
할 수 있을까요?

A. 한국어 파열음(=폐쇄음) 계열의 자음은 한국어 학습자
대부분이 어려워합니다. 한국어처럼 파열음 계열에서 '평
음-격음-경음'의 구별이 있는 언어가 드물기 때문입니다.
무조건 따라 하라고 하기보다, 각 발음의 특성에 대해 먼저
설명해 주고 발음을 연습시키면 좋습니다.

한국어의 '평음-격음-경음'은 어떻게 구별될까요?

● **파열음**

파열음과 폐쇄음은 같은 소리를 가리킵니다. 파열음은 '폐쇄 → 지속 → 파열(개방)'의 과정을 거쳐 소리를 냅니다. 파열의 과정에 주목한 명칭이 '파열음'이고, 폐쇄의 과정에 주목한 명칭이 '폐쇄음'입니다.

예를 들어 'ㅂ/ㅍ/ㅃ'를 살펴봅시다. 이 소리들은 모두 두 입술이 조음점인 파열음입니다. 파열음은 폐에서 올라오는 기류를 입에서 완전히 막았다가 터트리면서 만들어지는 소리입니다. 즉, 'ㅂ/ㅍ/ㅃ'를 발음하기 위해서는 두 입술로 기류를 막았다가 터트려야 합니다.

'ㄷ/ㅌ/ㄸ', 'ㄱ/ㅋ/ㄲ'도 파열음이기 때문에 조음 방법 면에서는 동일합니다. 이들도 폐에서 올라오는 기류를 막았다가 터트리면서 만들어지는 소리입니다. 다만 기류를 막는 지점, 즉 조음 위치가 다릅니다. 'ㄷ/ㅌ/ㄸ'는 치조(=치경) 위치에서 기류를 막고, 'ㄱ/ㅋ/ㄲ'는 연구개 위치에서 기류를 막습니다.

구분	조음 위치	조음 방법
ㅂ/ㅍ/ㅃ	양순	폐쇄음
ㄷ/ㅌ/ㄸ	치조(치경)	폐쇄음
ㄱ/ㅋ/ㄲ	연구개	폐쇄음

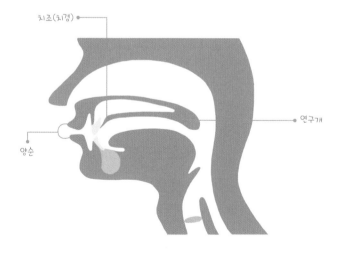

요컨대 'ㅂ/ㅍ/ㅃ'는 조음 위치와 조음 방법이 같은 소리입니다. 'ㄷ/ㅌ/ㄸ'와 'ㄱ/ㅋ/ㄲ'도 각각 그러합니다. 따라서 'ㅂ/ㅍ/ㅃ'처럼 조음 위치와 조음 방법이 같은 평음, 격음, 경음을 구별하기 위해서는 다른 구별 요소가 필요합니다.

'ㅂ'와 'ㅍ'는 발음을 할 때 내뿜는 기류의 양이 다릅니다. 즉 '•기식성의 정도'에서 차이가 납니다. 'ㅂ'에 비해 'ㅍ'가 내뿜는 기류의 양이 많습니다. 입 앞에 손바닥을 놓고 'ㅂ'와 'ㅍ'를 발음해 보세요. 'ㅍ'를 발음할 때 손바닥에 느껴지는 기류가 더 셉니다. 발음할 때 나오는 기류의 양은 '격음 > 평음 > 경음'의 순입니다.

'ㅂ'와 'ㅃ'는 성대의 긴장도에서 차이가 납니다. 'ㅂ'에 비해 'ㅃ'를 발음할 때 성대 부분에 힘이 더 들어가고, 두 입술이 기류를 막고 있는 시간도 더 깁니다. 자연히 두 입술에 힘이 더 들어갑니다.

• 기식성의 정도
조음 시 공기가 폐쇄되었다가 개방되면서 터져 나오는 기류의 정도를 말합니다.

	ㅂ, ㄷ, ㄱ(평음)	ㅍ, ㅌ, ㅋ(격음)	ㅃ, ㄸ, ㄲ(경음)
기식성	-	+	-
긴장성	-	+	+

 '평음-격음-경음' 차이를 어떻게 가르쳐야 할까요?

(1) 평음과 격음

평음과 격음은 기식성에서 차이가 나므로 소리를 낼 때 내뿜는 기류의 차이로 설명합니다. 널리 사용되는 방법은 교사가 얇은 티슈를 입 앞에 놓고 '바'와 '파'를 발음합니다. '바'는 티슈가 살짝 움직이고 '파'는 조금 더 세게 움직이는 것을 학습자에게 관찰하게 합니다. 그리고 티슈를 나누어 주고 학습자가 직접 해 보도록 합니다.

✿ 평음과 격음은 기식성에서 차이가 나므로 소리를 낼 때 내뿜는 기류의 차이로 설명합니다.

(2) 평음과 경음

평음과 경음은 성대의 긴장성 차이로 설명합니다. 'ㅃ'는 두 입술에 힘을 주어 'ㅂ'보다 더 오래 두 입술을 막았다가 떼면서 내는 소리라고 설명합니다. 그리고 이때 목에 힘을 줘야 한다고 설명합니다.

평음과 경음의 경우 학습자의 모국어에 이와 유사한 변이음이 있다면 그 변이음을 활용해 설명해도 좋습니다.

먼저 영어의 변이음을 활용하여 설명하는 예를 살펴보겠습니다. 영어는 어두에 장애음이 3개까지 올 수 있는데, 이 경우 첫 자음은 's', 두 번째 자음은 'p, t, k'류가 옵니다. 이때 's' 다음에 오는 'p, t, k'는 한국어의 경음과 유사하게 소리가 납니다. 학습자에게 한국어 경음이 이 소리들과 유사하다고 설명합니다.

spy, stay, sky

일본어의 변이음을 활용하여 설명할 수도 있습니다. 일본어 단어 'ばった[batta]'를 제시하고 어중에 오는 자음이 한국어의 [ㄸ]와 유사하다고 설명합니다.

변이음에 대해 알아봅시다.

여기서 잠깐

하나의 음운으로 인식하지만, 나타나는 환경 조건에 따라 다른 음성으로 실현되는 소리입니다. 예를 들어 한국인들은 '나라'와 '달'에 쓰인 'ㄹ'를 같은 소리라고 인식하지만, 음성학적으로는 약간의 차이가 있습니다. '나라'의 'ㄹ'는 혀를 윗잇몸에 살짝 대었다가 떨어지는 소리이고, '달'의 'ㄹ'는 혀를 윗잇몸에 대고 공기를 혀 옆으로 내보내는 소리입니다. 영어의 경우도 'pie'와 'spy'에 쓰인 'p'를 영어권 화자는 같은 소리라고 인식하지만, 실제로는 차이가 나는 변이음입니다.

09

한글 자음과 모음 중
어느 것을 먼저 가르쳐야 할까요?

Q. 한국어 학습자에게 한글 자모를 가르칠 때에는 자음과

모음 중 어느 것부터 가르쳐야 할까요?

A. 한글의 모음부터 가르치는 것이 좋습니다. 자음은 홀로

발음할 수 없지만, 모음은 홀로 발음할 수 있기 때문입니다.

모음은 홀로 발음할 수 있지만 자음은 그렇지 못하다는 것을 어떻게 알 수 있을까요?

모음 문자 'ㅏ'를 발음해 보세요.

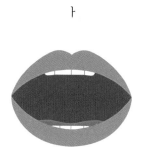

    한글은 음소 문자, 즉 문자 하나가 소리 하나를 나타내는 문자입니다. 따라서 방금 발음한 소리 하나에 'ㅏ'라는 문자가 대응됩니다. 이런 한글의 특성 때문에 한국어 수업에서는 글자 모양을 가르치면서 그 글자가 나타내는 발음도 함께 가르칩니다. 예를 들면 'ㅏ' 소리를 내면서 'ㅏ'라고 쓰거나, 먼저 'ㅏ'라고 쓴 후 이 글자 모양에 대응하는 발음을 제시합니다. 즉, 글자 모양을 가르치면서 그 글자가 나타내는 발음도 함께 가르칩니다.

    이번에는 자음 문자 'ㄱ'를 발음해 보세요. 모음 없이 순수하게 'ㄱ'만의 소리를 발음할 수 있습니까? 없습니다. 그래서 'ㄱ' 소리를 발음할 때 흔히 [그]로 발음하는데, 이것은 'ㄱ'에 해당하는 소리만을 낼 수 없기 때문에 모음 'ㅡ'를 함께 발음하는 것입니다. 이처럼 자음은 모음 없이 홀로 소리를 낼 수 없습니다.

    자음을 '닿소리'라고 하고 모음을 '홀소리'라고 부르기도 하는데, 이 명칭은 자음과 모음의 특성을 반영한 것입니다. 닿소리는 '닿아 나는 소리'라는 의미이고, 홀소리는 '홀로 나는 소리'라는 의미입니다.

이처럼 자음은 모음의 도움을 받아야 소리를 낼 수 있기 때문에 한글 자모를 가르칠 때에는 '모음 → 자음'의 순서로 제시하는 것이 좋습니다.

✿ 자음은 모음의 도움을 받아야 소리를 낼 수 있기 때문에 한글 자모를 가르칠 때에는 '모음 → 자음'의 순서로 가르치는 것이 좋습니다.

 초성과 종성의 자음 표기는 동일하니까 종성의 자음은 따로 가르치지 않아도 될까요?

같은 자음 문자로 표기하더라도 위치에 따라 소리가 다르게 나타나는 경우가 있어서, 초성과 종성 자음은 분리하여 가르쳐야 합니다. 예를 들어 '파'와 '앞'의 'ㅍ'는 문자로서는 동일하지만 소리는 다르게 납니다. '파'와 같이 초성에 쓰인 'ㅍ'는 [피]로 제 소리가 나지만, '앞'과 같이 종성에 쓰인 'ㅍ'는 소리가 [ㅂ]로 납니다. 따라서 초성의 자음을 먼저 가르친 후 종성에서는 소리의 변화가 있다는 것을 가르쳐야 합니다.

파 → [파]	앞 → [압]

한국어 교재 중 종성 자음에 대해 따로 설명하지 않는 경우가 있는데, 종성 자음은 초성 자음과 별도로 교육되어야 합니다. 결론적으로 자모의 교육 순서는 '모음 → 초성 자음 → 종성 자음'이 적절합니다.

종성 자음 중 초성에서와 다르게 소리 나는 것은 어떻게 가르쳐야 할까요?

한글 표기에서 초성과 종성의 자음은 문자로는 같지만 종성 자음이 7개의 소리로만 발음되기 때문에 문자와 소리의 불일치가 있음을 설명해 주어야 합니다. 한국어에서 음절 종성에 오는 자음은 다음과 같은 특징을 가집니다.

- 음절 종성에 오는 모든 자음은 불파음으로 실현된다.
- 종성에 쓰이는 자음 문자는 16개이지만, 소리는 7개만 나타난다.

 '불파음'으로 실현된다는 것은 무슨 의미일까요?

한국어의 파열음(=폐쇄음)은 '폐쇄 → 지속 → 파열(개방)'의 과정을 거치며 생성되는 소리로, 우리말의 초성에 오는 'ㄱ, ㄷ, ㅂ'가 바로 파열음에 해당합니다. 'ㅂ'를 발음해 보면, 입술을 모아 기류가 나오지 않게 폐쇄한 후 그 상태를 잠깐 지속하다가 입술을 떼어 기류를 방출하며 생성됨을 관찰할 수 있습니다. 그런데 'ㄱ, ㄷ, ㅂ'가 종성에 위치할 때는 기류가 방출되지 않습니다. 즉, 마지막 단계인 파열(개방)이 일어나지 않은 채 '폐쇄 → 지속'만이 일어납니다. 예를 들어 '압'을 발음해 보면 마지막에 입이 열리지 않고 두 입술이 맞닿은 상태로 끝나는 것을 관찰할 수 있습니다.

이런 이유 때문에 초성에 오는 파열음은 밖으로 파열한다는 뜻의 '외파음(外破音)', 종성에 오는 파열음은 파열하지 않는다는 뜻의 '불파음(不破音)'이라고 구분하여 부르기도 합니다. 한국어 음절의 종성은 모두 불파음으로 실현되어야 하므로, 한국어 종성 자음은 [ㄱ, ㄴ, ㄷ, ㄹ, ㅁ, ㅂ, ㅇ]의 7개 소리만 나타납니다.

 음절 종성 자음을 가르칠 때에는 불파음화와 7개의 대표음을 염두하면 됩니다.

다시 한번 정리해 보겠습니다. 한국어 자음 19개 중 종성에 쓰이는 자음 문자는 'ㄱ, ㄴ, ㄷ, ㄹ, ㅁ, ㅂ, ㅅ, ㅇ, ㅈ, ㅊ, ㅋ, ㅌ, ㅍ, ㅎ, ㄲ, ㅆ'로 총 16개입니다. 16개의 자음이 종성에서는 7개의 소리로 발음됩니다.

한 걸음 더

'ㄱ, ㄴ, ㄷ, ㄹ' 등을 '기역, 니은, 디귿, 리을'이 아닌 '그, 느, 드, 르'로 발음하여 가르칩니다.

'기역, 니은, 디귿, 리을'은 'ㄱ, ㄴ, ㄷ, ㄹ'의 문자 이름입니다. 즉, '기역'은 'ㄱ'의 소리가 아니라 'ㄱ'이라는 문자에 대해 부르는 이름이지요. 보통 한국어 학습 초기에는 문자와 함께 발음을 가르치는데, 'ㄱ, ㄴ, ㄷ, ㄹ' 문자를 가르치면서 이 문자들이 어떤 소리에 대응하는지 설명합니다. 그래서 'ㄱ, ㄴ, ㄷ, ㄹ'를 '그, 느, 드, 르'로 발음하며 가르칩니다. 이때 자음은 홀로 발음할 수 없기 때문에 'ㅡ' 모음을 함께 써서 '그로 제시하는데, 'ㅡ'가 한국어 모음 중 가장 •무표적인 모음이기 때문입니다.

'ㅡ'를 무표 모음으로 보는 이유는 'ㅡ'가 한국어에서 탈락이나 삽입이 일어나는 모음이기 때문입니다.

> • **무표**
> 무표(성)·유표(성) 개념은 프라그 학파의 언어학 개념에서 유래합니다. '유표성'은 두드러진 특수한 자질을 가진 경우를 의미하고, '무표성'은 그렇지 않은 경우를 말합니다.

(1) 'ㅡ' 모음 탈락

쓰- + -어 → [써]	예쁘- + -어 → [예뻐]
(cf.) 개- + -어 → [개어]	
보- + 으니까 → [보니까]	울- + 으며 → [울며]

(1)은 어간의 끝모음 '一'가 모음으로 시작하는 어미 앞에서 탈락하거나 어미의 첫 모음 '一'가 어간이 모음으로 끝나거나 'ㄹ'로 끝날 때 탈락하는 현상을 보여 주는 예입니다.

(2) '一' 모음 삽입

strike → [스트라이크]	stamp → [스탬프]

(2)는 한국인이 영어를 발음할 때 '一' 모음을 삽입하여 발음하는 경우입니다. 외국어의 음절 구조가 한국어의 음절 구조와 불일치할 때, 외국어를 한국어의 음절 구조에 맞게 발음하는 조정 현상이 일어납니다. 이때 한국어에서 가장 무표적인 모음인 '一'가 삽입됩니다.

다른 언어에서도 외국어를 발음할 때 자신의 모국어에 맞게 음절 구조 조정이 일어납니다. 이때 삽입되는 모음은 그 언어의 가장 무표적인 모음으로, 예를 들어 영어의 무표 모음은 /ə/이고, 일본어의 무표 모음은 /u/입니다.

'一'가 한국어에서는 무표 모음이지만, 학습자들은 한국어의 '一' 모음을 발음하기 어려워하는 경우가 많습니다. 따라서 이 경우 '가, 나, 다, 라'와 같이 앞에서 배운 모음 중 발음하기 쉬운 모음을 활용하여 가르쳐도 됩니다. 중요한 것은 문자를 처음 배울 때 굳이 '기역, 니은, 디귿, 리을'과 같은 자모의 이름까지 가르칠 필요는 없다는 점입니다. 한글 자모의 복잡한 이름 때문에 한국어 학습자들이 힘들어할 수도 있습니다.

'어간'과 '어미'는 무엇입니까?

용언(동사, 형용사)이 활용할 때 변하지 않는 부분을 어간이라 하고, 변하는 부분을 어미라고 합니다. 동사 '먹다'는 문장에서 다음과 같이 활용합니다.

먹다: 먹고	먹으니	먹어서	먹자

'먹다'에서 변하지 않는 부분인 '먹-'을 어간이라고 합니다. 그리고 변하는 부분 '-다, -고, -으니, -어서, -자' 등을 어미라고 합니다.

10

교육상 효과적인 모음 제시 순서가 궁금합니다.

Q. 모음을 설명할 때, 항상 10개의 모음 'ㅏ, ㅑ, ㅓ, ㅕ, ㅗ, ㅛ, ㅜ, ㅠ, ㅡ, ㅣ'를 제시하곤 했습니다. 그런데 이중 모음을 가르치면서 궁금한 점이 생겼습니다. 'ㅣ' 계열, 'ㅗ/ㅜ' 계열 모음으로 나누어 가르치라고 하던데, 과연 모음을 어떤 순서로 가르치는 것이 효과적일지 궁금합니다.

A. 'ㅏ, ㅑ, ㅓ, ㅕ, ㅗ, ㅛ, ㅜ, ㅠ, ㅡ, ㅣ'를 한꺼번에 가르치기보다는 단모음과 이중 모음을 구분하여 가르치는 것이 좋습니다. 또 이중 모음도 '반모음 ㅣ:/j/' 계열, '반모음 ㅗ/ㅜ:/w/' 계열로 구분하여 가르치는 것이 좋습니다.

• 한글 맞춤법
한국어를 한글로 표기할 때 지켜야 할 규칙으로, 표준어를 소리 나는 대로 어법에 맞게 쓰는 것을 원칙으로 합니다. 자세한 내용을 알고 싶다면 국립국어원 누리집(https://www.korean.go.kr)에서 '어문 규범 → 한글 맞춤법'을 검색해 보세요.

✿ 반모음에 대한 자세한 내용은 1부 3과를 참고하세요.

→ 모음 'ㅏ, ㅑ, ㅓ, ㅕ, ㅗ, ㅛ, ㅜ, ㅠ, ㅡ, ㅣ' 순서로 가르치는 것보다 단모음과 이중 모음을 구분해서 가르치는 게 바람직한 이유는 무엇일까요?

교사가 'ㅏ, ㅑ, ㅓ, ㅕ, ㅗ, ㅛ, ㅜ, ㅠ, ㅡ, ㅣ' 순서로 가르치는 이유는 '•한글 맞춤법'에 제시된 자모 순서 때문에 그런 것 같습니다.

'한글 맞춤법' 제2장 제4항에는 다음과 같은 규정이 있습니다.

제4항 한글 자모의 수는 스물넉 자로 하고, 그 순서와 이름은 다음과 같이 정한다.

ㄱ(기역) ㄴ(니은) ㄷ(디귿) ㄹ(리을) ㅁ(미음) ㅂ(비읍) ㅅ(시옷)
ㅇ(이응) ㅈ(지읒) ㅊ(치읓) ㅋ(키읔) ㅌ(티읕) ㅍ(피읖) ㅎ(히읗)
ㅏ(아) ㅑ(야) ㅓ(어) ㅕ(여) ㅗ(오) ㅛ(요) ㅜ(우) ㅠ(유) ㅡ(으) ㅣ(이)

'한글 맞춤법'의 제4항 규정은 한국어를 한글로 표기할 때 쓰는 문자에 대해 규정한 것으로, 발음 교육을 고려해 그 순서를 정한 것이 아닙니다. 따라서 발음 교육에서는 이 순서대로 가르치는 것이 효과적이지 않을 수 있습니다. 1부 2과에서 설명했듯이 단모음인 'ㅏ, ㅓ, ㅗ, ㅜ, ㅡ, ㅣ, ㅔ' 등과 이중 모음인 'ㅑ, ㅕ, ㅛ, ㅠ, ㅘ, ㅝ' 등은 발음 면에서 다른 속성을 가진 소리이기 때문입니다.

- 단모음: 조음 시 입 모양이 변하지 않는 모음
  예 ㅏ, ㅓ, ㅗ, ㅜ

- 이중 모음: 조음 시 입 모양이 변하는 모음(반모음 + 단모음)
  예 ㅑ, ㅕ, ㅘ, ㅝ

이런 차이 때문에 단모음은 단모음끼리 모아서 가르치고, 이중 모음은 이중 모음끼리 가르치는 것이 좋습니다. 즉 '단모음 → 이중 모음' 순으로 가르치면 효과적입니다.

 그럼 이중 모음도 결합하는 반모음에 따라 '반모음 ㅣ' 계열, '반모음 ㅗ/ㅜ' 계열의 모음으로 나누어 가르치는 것이 좋을까요?

그렇습니다. 결합하는 반모음의 종류별로 나누어 제시하는 방법이 좋습니다. '표준 발음법' 제2장 제5항에 따른 한국어의 이중 모음은 다음과 같습니다.

| 단모음과 이중모음의 구분('표준 발음법' 기준) |

단모음	ㅏ, ㅓ, ㅗ, ㅜ, ㅡ, ㅣ, ㅔ, ㅐ, ㅚ, ㅟ
이중모음	ㅑ, ㅕ, ㅛ, ㅠ, ㅢ, ㅖ, ㅒ, ㅘ, ㅝ, ㅞ, ㅙ

현실 발음에서는 'ㅔ, ㅐ'의 합류로 'ㅖ, ㅒ'가 변별되지 않고, 'ㅞ, ㅙ' 역시 변별되지 않습니다.

이처럼 반모음들은 'ㅣ' 계열, 'ㅗ/ㅜ' 계열로 분류할 수 있는데, 'ㅑ, ㅕ, ㅛ, ㅠ, ㅢ, ㅖ, ㅒ'는 '반모음 ㅣ' 계열이고, 'ㅘ, ㅝ, ㅞ, ㅙ'는 '반모음 ㅗ/ㅜ' 계열입니다. '반모음 ㅣ' 계열을 먼저 가르치든 '반모음 ㅗ/ㅜ' 계열을 먼저 가르치든, 같은 계열의 반모음을 묶어 제시하는 것이 좋습니다.

✿ 'ㅔ, ㅐ'의 합류는 1부 1과, 2과를 참고해 주세요.

✿ '반모음 ㅣ' 계열을 먼저 가르치든 '반모음 ㅗ/ㅜ' 계열을 먼저 가르치든, 같은 계열의 반모음을 묶어 제시하는 것이 좋습니다.

교재에 따라 모음과 자음 그리고 받침의 제시 순서가 다를 수 있습니다. 여러 가지 모음과 받침 중 어떤 것을 먼저 가르쳐야 한국어 학습자들이 더 잘 익힐 수 있을지 살펴봅시다.

'ㅐ, ㅒ, ㅔ, ㅖ, ㅘ, ㅙ, ㅚ, ㅝ, ㅞ, ㅟ, ㅢ'처럼 단모음과 이중 모음이 섞여 제시된 교재도 있습니다. 이 역시 '한글 맞춤법'의 자모 제시 순서에 영향을 받은 것 같습니다. 앞에서 살폈던 '한글 맞춤법' 제2장 제4항에는 다음과 같은 붙임 조항이 있습니다.

제4항 한글 자모의 수는 스물넉 자로 하고, 그 순서와 이름은 다음과 같이 정한다.

ㄱ(기역)	ㄴ(니은)	ㄷ(디귿)	ㄹ(리을)	ㅁ(미음)
ㅂ(비읍)	ㅅ(시옷)	ㅇ(이응)	ㅈ(지읒)	ㅊ(치읓)
ㅋ(키읔)	ㅌ(티읕)	ㅍ(피읖)	ㅎ(히읗)	
ㅏ(아)	ㅑ(야)	ㅓ(어)	ㅕ(여)	ㅗ(오)
ㅛ(요)	ㅜ(우)	ㅠ(유)	ㅡ(으)	ㅣ(이)

[붙임 1] 위의 자모로써 적을 수 없는 소리는 두 개 이상의 자모를 어울러서 적되, 그 순서와 이름은 다음과 같이 정한다.

ㄲ(쌍기역)	ㄸ(쌍디귿)	ㅃ(쌍비읍)	ㅆ(쌍시옷)	ㅉ(쌍지읒)	
ㅐ(애)	ㅒ(얘)	ㅔ(에)	ㅖ(예)	ㅘ(와)	ㅙ(왜)
ㅚ(외)	ㅝ(워)	ㅞ(웨)	ㅟ(위)	ㅢ(의)	

[붙임 1]은 2개 이상의 문자를 합해서 표기하는 것에 대한 설명입니다. 그런데 여기서 주의할 점은 문자를 2개 합해서 표기했다고 모두 2개의 소리를 나타내는 것은 아니라는 점입니다. 예를 들어 'ㄲ'은 2개의 'ㄱ'을 결합한 문자로, 하나의 소리인 경음(=된소리)을 나타냅니다. 모음의 'ㅔ'도 문자 'ㅓ'와 'ㅣ'를 결합했지만, 하나의 소리인 단모음 /e/에 대응됩니다.

'한글 맞춤법' 제2장 제4항은 문자에 대한 설명이지, 발음에 대한 설명이 아닙니다. 한국어 어문 규정 중 '한글 맞춤법'은 한국어를 한글로 표기할 때 지켜야 할 규칙입니다. 따라서 단어 등의 표기에 대한 구체적인 내용을 밝히기에 앞서 한글 문자에 대한 설명을 '한글 맞춤법' 제2장 제4항의 '자모' 항목으로 먼저 제시한 것입니다.

일반적으로 한국어 교육에서는 초반에 문자 교육을 하면서 발음을 함께 제시합니다. 이 때문에 한국어 교육에서는 '한글 맞춤법' 제2장 제4항에 제시된 순서를 따르지 말고 발음 측면에 주의하여 제시 순서를 결정하는 것이 필요합니다. 이에 1부 9과에서 한글 자모의 발음은 '모음 → 초성 자음 → 종성 자음'의 순서로 제시하여 가르치길 권했습니다. 이때 모음의 경우 단모음과 이중 모음을 분류하여 가르치면 더욱 바람직합니다. 따라서 '표준 발음법' 제2장 제4항~제5항 기준에 제시된 것처럼, 모음들은 단모음과 이중 모음으로 구분하여 살피시기 바랍니다.

| 단모음과 이중 모음의 구분('표준 발음법' 기준) |

단모음	ㅏ, ㅓ, ㅗ, ㅜ, ㅡ, ㅣ, ㅔ, ㅐ, ㅚ, ㅟ
이중 모음	ㅑ, ㅕ, ㅛ, ㅠ, ㅢ, ㅖ, ㅒ, ㅘ, ㅝ, ㅞ, ㅙ

　모음의 경우 '단모음'을 '이중 모음'보다 먼저 가르쳐야 하겠지요? 따라서 한국어 교육에서 자모의 제시 순서는 '단모음 → 초성 자음 → 종성 자음 → 이중 모음'이거나 '단모음 → 이중 모음 → 초성 자음 → 종성 자음'이 될 수 있습니다. 하지만 후자처럼 단모음과 이중 모음을 모음 항목으로 묶어 한꺼번에 가르치는 것은 한국어 학습자에게 부담으로 작용할 수 있습니다. 한국어의 단모음 발음도 어려운데, 이중 모음까지 가르치면 한국어 모음이 너무 많아 복잡하고 어렵다고 느껴 학습에 흥미를 잃을 수 있으니 유의해야 합니다.

11

받침 발음은 어떻게 가르쳐야 할까요?

Q. 한국어의 받침(종성)은 글자와 소리가 다른 경우가 있어서 교육이 어렵습니다. 어떻게 가르쳐야 할까요?

A. 1부 9과에서 한국어의 종성에는 16개의 자음 문자가 쓰이지만, 실제로 발음 나는 소리는 [ㄱ, ㄴ, ㄷ, ㄹ, ㅁ, ㅂ, ㅇ]의 7개라고 했습니다. 그러므로 16개의 자음 'ㄱ, ㄴ, ㄷ, ㄹ, ㅁ, ㅂ, ㅅ, ㅇ, ㅈ, ㅊ, ㅋ, ㅌ, ㅍ, ㅎ, ㄲ, ㅆ'이 각각 어떤 소리로 변하는지 제시해 주어야 합니다. 이때 한국어의 자음은 총 19개이지만, 이 중 'ㄸ, ㅃ, ㅉ'은 종성에 쓰이지 않으므로 받침의 글자와 소리에 대해 설명할 때 언급할 필요가 없습니다.

받침에 있는 'ㄲ, ㅅ, ㅈ, ㅊ, ㅍ'의 소리는 어떻게 발음이 될까요?

다음 단어들을 읽어 보세요.

낚시　　낫　　낮　　낯　　무릎

받침에 있는 'ㄲ, ㅅ, ㅈ, ㅊ, ㅍ'의 소리는 어떻게 나타납니까? 제대로 발음했다면 '낚시[낙씨], 낫[낟], 낮[낟], 낯[낟], 무릎[무릅]'으로 소리 냈을 것입니다. 'ㄲ'는 [ㄱ]로, 'ㅅ, ㅈ, ㅊ'는 [ㄷ]로, 'ㅍ'는 [ㅂ]로 각각 소리 납니다. 예를 좀 더 볼까요?

ㄲ, ㅋ → ㄱ	ㅅ, ㅈ, ㅊ, ㅆ, ㅌ, ㅎ → ㄷ	ㅍ → ㅂ
낚시[낙씨], 부엌[부억]	낫[낟], 낮[낟], 낯[낟], 먹었다[머걷따] 같다[갇따] 낳는다[낟는다 → 난는다]	앞[압]

'ㄲ, ㅋ'는 대표음 [ㄱ]로, 'ㅅ, ㅈ, ㅊ, ㅆ, ㅌ, ㅎ'는 [ㄷ]로, 'ㅍ'는 [ㅂ]로 각각 소리 납니다. '낳는다'의 경우 [낟는다]가 아닌 [난는다]로 소리 나는데, 이 단어는 먼저 'ㅎ'가 [ㄷ]로 바뀐 후 뒤에 오는 'ㄴ' 때문에 비음화 규칙을 적용받았기 때문입니다.

이처럼 한국어에는 19개의 자음이 있지만, 받침에서는 총 7개의 대표 소리, 즉 [ㄱ, ㄴ, ㄷ, ㄹ, ㅁ, ㅂ, ㅇ]만 실현될 수 있습니다. 이 중 'ㄱ, ㄷ, ㅂ' 대표음으로 나는 음운 현상을 '음절 말 평폐쇄음화 현상'이라고 합니다.

여기서 잠깐

'음절 말 평폐쇄음화 현상'

'ㄲ, ㅋ, ㅅ, ㅆ, ㅈ, ㅊ, ㅌ, ㅎ, ㅍ'가 받침에서 [ㄱ, ㄷ, ㅂ] 중 하나의 소리로 나는 현상을 말합니다.

> ㄲ, ㅋ → [ㄱ]
> ㅅ, ㅆ, ㅈ, ㅊ, ㅌ, ㅎ → [ㄷ]
> ㅍ → [ㅂ]

 음절 종성에 오는 소리는 무조건 대표음으로 날까요?

항상 대표음으로 소리 나는 것은 아닙니다. 음절 말 평폐쇄음화는 '부엌[부억]'처럼 'ㅋ' 뒤에 오는 형태소가 없거나, '낚시[낙씨]'처럼 'ㄲ' 뒤의 음절이 자음으로 시작할 때 각각의 종성에서 나타나는 현상입니다. 이와 달리 '부엌에'와 같은 경우에는 [부어케]로 발음합니다. '부엌' 뒤에 '에'와 같은 모음으로 시작하는 말이 이어지면 원래 받침에 있던 소리가 뒤 음절의 첫소리로 이어져 그대로 발음됩니다. 이러한 소리 현상을 '연음(連音)'이라고 합니다.

 부엌에[부어케]를 [부어게]로, 꽃을[꼬츨]을 [꼬슬]로 발음하는 경우가 많습니다. 둘 다 맞는 발음일까요?

요즘 한국 사람들 중에 '낫이, 낮이, 낯이'를 모두 [나시]로 발음하거나 '무릎을'을 [무르블]로, '부엌에'를 [부어게]로 발음하는 경우가 있는데, 모두 틀린 발음입니다. 연음해서 발음해야 하는 환경이니 각각 [나시], [나지], [나치], [무르플], [부어케]로 발음하는 것이 맞습니다.

12

'옷 안'은 왜 [오산]으로 발음하지 않나요?

Q. '옷이[오시]', '옷 안[오단]'을 가르칠 때 '옷'의 발음이 달라 한국어 학습자들이 어려워합니다. '옷 안'의 경우 'ㅅ' 받침 뒤에 모음이 이어지는데, 왜 [오산]으로 연음하여 발음하지 않나요?

A. '옷' 뒤에 오는 말의 자격이 달라서 그렇습니다. 뒤에 오는, 모음으로 시작하는 말이 실질적인 뜻을 가졌는가 그렇지 않은가에 따라 연음 발음 규칙의 적용이 다릅니다.

말의 자격이 다르다는 건 어떤 의미일까요?

'옷이'의 '이'는 '을/를, 에, 에서'와 함께 조사에 속합니다. 조사는 문장에서 실질적인 뜻을 나타내지 못합니다. 다만 앞의 단어가 주어나 목적어 등의 자격이 있음을 나타내는 문법적 기능을 하거나, 앞말에 뜻을 더해 주는 요소입니다. 이에 비해 '옷 안'의 '안'은 '밖', '속'과 같이 문장에서 실질적인 뜻을 나타내는 단어입니다. 우리 머릿속에 쉽게 그 실체의 이미지가 떠오르지요. 이렇듯 '옷이'와 '옷 안'에서 '옷' 뒤에 오는 '이'와 '안'은 말의 자격이 다릅니다.

'옷' 뒤에 조사 '이'처럼 문법적 기능을 나타내는 말이 오면 연음되어 [오시]로 발음해야 합니다. 이와 달리 '안'처럼 실질적인 뜻을 나타내는 말이 오면 '옷'의 받침이 다음 음절로 연음되지 않고, 먼저 음절 말 평폐쇄음화를 일으켜 [옫]으로 변합니다. 대표음으로 변한 후 [안]이 결합되면 연음되어 '옷 안'은 최종적으로 [오단]으로 발음됩니다.

- 옷 + 이(조사)　　　　　　　　　　　　　　　　→ [오시]
　　　　　　　　　　　　　　　　　　　　　　　연음

- 옷 + 안(실질적 의미를 가지는 단어) → [옫] + [안] → [오단]
　　　　　　　　　　　　　　음절 말 평폐쇄음화　　연음

앞에서 보았던 단어 '부엌'도 '부엌에'처럼 조사 '에'가 오면 [부어케]로, '•부엌어멈'처럼 '부엌'과 '어멈'이 결합된 합성어에서는 [부어거멈]으로 발음됩니다.

•부엌어멈
'남의 집에 고용되어 부엌일을 하는, 나이가 지긋한 여자'를 말합니다.

'음절 말 평폐쇄음화'와 '연음'에 대해 다시 한번 정리해 봅시다.

• **형식 형태소**
문법적 기능을 가지
는 말, 즉 조사, 어미,
접사 같은 것들을 말
합니다.

'음절 말 평폐쇄음화'와 '연음'은 다음의 경우에 실현됩니다.

음절 말 평폐쇄음화

(가) 후행하는 형태소가 없는 경우

　　예 옆[엽], 옷[옫]

(나) 자음으로 시작하는 형태소가 오는 경우

　　예 덮고[덥꼬]

연음

모음으로 시작하는 •형식 형태소가 오는 경우

　예 옷이[오시], 옷을[오슬], 덮어[더퍼], 덮은[더픈]

음절 말 평폐쇄음화 → 연음

모음으로 시작하는 실질 형태소가 오는 경우

　예 부엌어멈 [부억] + [어멈] → [부어거멈]

　　옆얼굴 [엽] + [얼굴] → [여벌굴]

　　겉옷 [걷] + [옫] → [거돋]

 한 걸음 더

'목요일', '금요일'은 각각 [모교일], [그묘일]로 소리가 납니다. 이들 발음의 원리를 함께 살펴봅시다.

　'목요일', '금요일'은 연음이 되어서 각각 [모교일], [그묘일]로 소리 납니다. 간혹 [몽뇨일], [금뇨일]과 같이 발음하는 사람들이 있는데, 이는 잘못된 발음입니다. [몽뇨일], [금뇨일]은 'ㄴ' 소리 첨가 현상을 적용한 경우이나, 두 단어는 'ㄴ' 소리 첨가 현상의 환경이 아니므로 잘못된 발음입니다. 따라서 '목요일', '금요일'의 표준 발음은 연음하여 발음한 [모교일], [그묘일]이 맞습니다.

13

'끝이'는 왜 [끄티]가 아니고 [끄치]로 발음하나요?

Q. '옷이'는 [오시], '꽃이'는 [꼬치]로 발음한다고 했는데, '끝이'는 왜 [끄티]가 아니고 [끄치]로 발음하나요?

A. '끝이'는 '끝'에 주격 조사 '이'가 결합했기 때문에 연음의 적용을 받는 환경이므로 [끄티]로 발음해야 합니다. 그런데 [끄티]처럼 'ㅌ' 뒤에 'ㅣ' 모음이 오는 경우 구개음화 규칙의 적용을 받아 [ㅌ]가 [ㅊ]로 바뀝니다.

구개음화 규칙이 무엇인가요?

✿ 구개음화는 구개음이 아닌 'ㄷ, ㅌ'가, 구개음인 'ㅈ, ㅊ'로 바뀌는 것을 말합니다. 이 구개음화는 실질 형태소가 아닌 형식 형태소와 결합할 때 나타납니다.

구개음화 규칙이란 'ㄷ, ㅌ'가 'ㅣ'로 시작하는 형식 형태소 앞에서 [ㅈ, ㅊ]로 발음되는 것을 말합니다. 이때 형식 형태소란 기능적인 뜻을 가지는 말, 즉 조사, 어미, 접사 같은 것들을 말합니다.

| 구개음화 |
어휘 형태소의 끝 자음 'ㄷ, ㅌ'가 'ㅣ'나 '반모음 /j/'로 시작하는 형식 형태소(조사, 어미, 접사) 앞에서 [ㅈ, ㅊ]로 발음되는 현상을 말합니다.

굳이 → [구디] → [구지]
      연음   구개음화

끝이 → [끄티] → [끄치]
      연음   구개음화

같이 → [가티] → [가치]
      연음   구개음화

 끝을[끄틀]을 [끄츨]로 발음하는 사람이 많습니다. [끄츨]도 표준 발음일까요?

'끝을'을 [끄츨]로 발음하는 것은 잘못된 발음입니다. 이는 구개음화 규칙 환경이 헷갈려 일어난 오류입니다. 구개음화는 'ㅡ' 모음 환경에서는 일어나지 않기 때문에 [끄틀]로 발음해야 맞습니다.

여기서 한 가지 주의할 점이 있습니다. 구개음화는 고유어에서만 나타나는 현상이라는 점입니다. 외래어에서는 '디스크[disk]/라디오[radio], TV[tiː viː]/파티[party]'처럼 'ㄷ, ㅌ'가 'ㅣ' 모음 앞에서 변하지 않고 나타납니다.

14
겹받침 발음은 어떻게 가르쳐야 하나요?

Q. 한국어의 겹받침 발음 규칙이 너무 어렵습니다. 어떻게 가르치면 한국어 학습자들이 좀 더 쉽게 이해할 수 있을까요?

A. 한국어는 표기와 발음이 불일치하는 경우가 많은데, 그중의 하나가 겹받침입니다. 한국어의 겹받침은 'ㄳ, ㄵ, ㄶ, ㄺ, ㄻ, ㄼ, ㄽ, ㄾ, ㄿ, ㅀ, ㅄ'와 같이 총 11개입니다. 겹받침은 음절 종성에서 하나는 탈락하고 하나만 발음되는데, 이러한 현상을 '자음군 단순화 현상'이라고 합니다. 자음군 단순화 현상은 하나의 규칙으로 정리하기 어려우므로, 겹받침별로 어떤 소리가 탈락하고 어떤 소리가 남는지 하나씩 설명해 주어야 합니다.

겹받침 발음에서 어떤 현상이 일어나는지 살펴봅시다.

다음을 발음해 보세요.

값　　　흙　　　삶네

이 단어들은 각각 값[갑], 흙[흑], 삶네[삼네]로 발음합니다. 즉, 받침에 오는 두 자음 중 하나가 탈락하여 'ㅄ → [ㅂ], ㄺ → [ㄱ], ㄻ → [ㅁ]'로 발음됩니다. 한국어는 종성(받침)에 하나의 자음만 올 수 있기 때문에 겹받침이 올 경우 둘 중 하나가 탈락합니다.

 겹받침 중 어떤 소리가 남을까요?

겹받침 중 어떤 소리가 남는지 한번 살펴볼까요?

(1) ㄳ → [ㄱ]	넋[넉], 넋과[넉꽈]
(2) ㄵ → [ㄴ]	앉다[안따]
(3) ㄶ → [ㄴ]	많네[만네], 많소[만쏘]
(4) ㄺ → [ㄱ]/[ㄹ]	맑다[막따], 닭[닥], 흙과[흑꽈] / 맑게[말께], 묽고[물꼬]
(5) ㄻ → [ㅁ]	삶[삼:], 젊다[점:따]
(6) ㄼ → [ㄹ]/[ㅂ]	여덟[여덜], 넓다[널따] / 밟다[밥:따]
(7) ㄽ → [ㄹ]	외곬[외골]
(8) ㄾ → [ㄹ]	핥다[할따]
(9) ㄿ → [ㅂ]	읊고[읍꼬]
(10) ㅀ → [ㄹ]	뚫네[뚤레]
(11) ㅄ → [ㅂ]	없다[업:따]

두 자음 중 탈락하는 자음이 대체로 일정합니다. 다만 '(4) ㄺ'와 '(6) ㄼ'만 환경에 따라 탈락하는 자음이 다릅니다. 그래서 한국어가 모국어인 사람들도 'ㄺ'와 'ㄼ' 받침 발음에서 자주 오류를 범합니다.

 'ㄺ'와 'ㄼ'는 탈락하는 자음이 일정하지 않아서 어렵습니다. 어떤 기준이 있을까요?

---

(4) 'ㄺ' 받침의 경우

대부분은 [ㄱ]로 발음됩니다. 다만 용언(동사, 형용사)의 어간 받침이 'ㄺ'이고, 뒤에 오는 어미가 'ㄱ'로 시작되면 [ㄹ]로 발음됩니다.

예) 읽다[익따] / 읽고[일꼬], 읽거나[일꺼나]
　　 맑다[막따] / 맑고[말꼬], 맑거나[말꺼나]

---

(6) 'ㄼ' 받침의 경우

대부분은 여덟[여덜], 넓다[널따]처럼 [ㄹ]로 발음됩니다. 다만 '밟다'의 활용형과 '넓죽하다, 넓둥글다'와 같이 일부 복합어에서는 [ㅂ]로 발음됩니다.

예) 여덟[여덜], 넓다[널따] /
　　 밟다[밥ː따], 밟지[밥ː찌], 넓죽하다[넙쭈카다], 넓둥글다[넙뚱글다]

한국어 학습자들은 한국어의 겹받침을 매우 복잡하다고 느낍니다. 실제로 많은 학습자들이 중급 수준에 도달해도 겹받침을 헷갈려 합니다. 그래서 단계별로 하나씩, 반복적으로 가르쳐야 합니다. 예를 들어 초급에서 '값'이라는 어휘를 배우게 되는데, 이때 'ㅄ → [ㅂ]' 규칙을 제시해 주면 좋습니다.

자음군 단순화 현상은 단어가 '흙'과 같이 단독형으로 쓰이거나(①) '흙도'와 같이 자음으로 시작하는 형태소가 결합될 때 일어납니다(②). 그러나 '흙'이 모음으로 시작하는 조사 '이'와 결합하여 '흙이'가 되면 발음은 [흘기]가 됩니다(③). 즉, 뒤에 모음으로 시작하는 조사나 어미가 오면 겹받침 중 앞의 자음은 받침으로, 뒤의 자음은 다음 음

✿ 겹받침은 단계별로 하나씩, 반복적으로 가르쳐야 합니다. 겹받침 어휘를 배울 때마다 규칙을 제시해 주면 좋습니다.

절의 초성으로 발음됩니다.

① 흙[흑] (자음군 단순화 현상)
② 흙도[흑또] (자음군 단순화 현상)
③ 흙이[흘기] (연음)

 '닭이 운다'에서 '닭이'의 발음은 [달기]가 맞나요, [다기]가 맞나요?

앞에서 겹받침 단어 뒤에 모음으로 시작하는 조사나 어미가 오면 겹받침 중 앞의 자음은 받침으로, 뒤의 자음은 다음 음절의 초성으로 발음된다고 설명하였습니다. 이에 따라 '닭이'는 [달기]로 발음하는 것이 맞습니다. [다기]로 발음하는 것은 비표준 발음입니다.

닭이 → [달기]

15

'좋아요'의 발음은 왜 [조아요]인가요?

Q. '좋아요'의 발음은 왜 [조하요]가 아니라 [조아요]인가요?

A. '좋아요'의 발음이 [조아요]가 되는 것은 'ㅎ' 탈락 현상이 일어났기 때문입니다. 한국어에서 동사나 형용사의 어간이 'ㅎ'로 끝나고 뒤에 모음으로 시작하는 어미가 결합하면 어간의 'ㅎ'는 탈락합니다.

'ㅎ' 받침은 연음 규칙의 적용을 받지 않을까요?

　다음의 (가)과 (나)는 앞 음절의 받침이 뒤 음절의 초성으로 연음이 되어야 할 환경입니다. 그런데 (가)와 (나)의 발음을 비교해 보세요. (나)에 어떤 현상이 일어났습니까?

　(가) 잡은[자븐], 잡았다[자받따], 잡아요[자바요]
　(나) 좋은[조은], 좋았다[조앋따], 좋아요[조아요]

　(가)는 '잡-'의 받침 'ㅂ'가 뒤 음절의 초성으로 발음된 예로, 1부 12과에서 설명한 연음 규칙의 적용을 받은 경우입니다. 연음 규칙은 받침이 있는 단어 뒤에 모음으로 시작하는 조사나 어미가 오면 원래 받침에 있던 소리가 뒤 음절의 첫소리로 이어져 그대로 발음되는 현상을 말합니다.

　이런 연음 규칙을 따른다면, (나)의 단어도 [조흔], [조핟따], [조하요]와 같이 발음해야 할 것입니다. 그런데 (나)의 단어 모두 'ㅎ'가 탈락하여 발음되었습니다. (나)의 단어들처럼 어간이 'ㅎ'로 끝나는 용언이 모음으로 시작하는 어미와 결합하면 어간의 'ㅎ'가 탈락하는 현상을 'ㅎ' 탈락 현상이라고 합니다.

| 'ㅎ' 탈락 현상 |

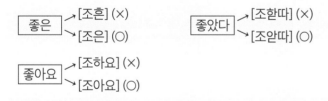

'외할머니'를 [외할머니], [외알머니]라고도 발음합니다. 어느 것이 맞을까요?

한국어의 표준 발음에서는 'ㅎ' 탈락 현상을 용언이 활용될 때로 한정하고 있습니다. 즉, 'ㅎ' 탈락 현상은 동사나 형용사가 활용 시 모음으로 시작하는 어미와 만날 때 일어납니다. 그런데 '외할머니'는 명사입니다. 따라서 표준 발음은 [외할머니]가 되어야 하는데, 'ㅎ'를 탈락시켜 [외알머니]로 발음하는 경우가 빈번합니다. 'ㅎ'를 탈락시켜 발음하는 것이 현실 발음에서 의사소통상 문제가 되는 것은 아니지만, 'ㅎ'가 탈락한 발음이 표준 발음이 아니라는 점에 유의해야 합니다.

 '놓고'가 [노코]로 발음되는 것도 'ㅎ'가 탈락한 예일까요?

아닙니다. 이 경우는 받침의 'ㅎ'와 뒤에 오는 자음 'ㄱ'가 결합하여 'ㅋ'가 된 것입니다. 'ㅎ' 받침 뒤에 자음으로 시작하는 어미가 결합하면 'ㅎ'와 뒤에 오는 자음이 결합하는 *유기음화(=격음화) 현상'이 일어납니다.

좋- + -고 → [조코] (ㅎ + ㄱ → ㅋ)
놓- + -다 → [노타] (ㅎ + ㄷ → ㅌ)

---

*유기음화
'ㄱ, ㄷ, ㅂ, ㅈ'가 'ㅎ'와 결합하여 [ㅋ, ㅌ, ㅍ, 치로 발음되는 현상을 말합니다.

16

한국어 학습자들은 왜
'신라'를 [신라]로 잘못 발음할까요?

Q. 한국어 학습자들은 '신라'를 [실라]로 발음하지 않고 [신라]로 발음합니다. 왜 그런가요? 어떻게 가르쳐야 올바르게 발음할까요?

A. 한국어에서는 'ㄴ'와 'ㄹ'를 이어서 내야 할 때 'ㄴ'–'ㄹ'의 소리가 [ㄹㄹ]나 [ㄴㄴ]로 변하는 현상이 있습니다. 그래서 '신라'를 [실라]로 발음하고, '칼날'을 [칼랄]로 발음합니다. 그런데 한국어 학습자의 모국어에 이 규칙이 없다면 'ㄴ'는 [n]로, 'ㄹ'는 [l]로 발음합니다. 왜냐하면 한국어를 발음할 때 자기 모국어 음운 규칙의 영향을 받기 때문입니다.

관련한 구체적인 예를 살펴봅시다.

다음 영어의 발음을 살펴봅시다.

online[ɔnlain]   enroll[inroul]   hazelnut[heɪzlnʌt]

영어 모국어 화자는 'online'의 경우 [ɔnlain]으로 발음합니다. 이 때 'n' 소리가 [l]로 변하지 않습니다. 그런데 한국 사람들은 이 단어를 [올라인]이나 [온나인]으로 발음합니다. 한국어에서는 'ㄴ'와 'ㄹ'가 연속해서 소리 날 수 없기 때문입니다. 한국어에서 '신라[실라]'에서와 같이 'ㄴ' 발음 소리가 [ㄹ]로 변하는 현상을 '유음화 현상'이라고 하는데, 영어에는 '유음화 현상'이 존재하지 않습니다. 그래서 역으로, 영어 모국어 화자는 한국어의 '신라'를 소리 그대로 [신라]와 같이 잘못 발음하곤 합니다.

 유음화 현상에 대해 구체적으로 살펴봅시다.

(1) 'ㄹ'-'ㄴ' → [ㄹㄹ]
'ㄹ'-'ㄴ' 소리가 이어질 때는 예외 없이 유음화가 일어납니다. 즉, 모두 [ㄹㄹ]로 소리가 납니다.

예 달님[달림], 칼날[칼랄], 가을날[가을랄]

(2) 'ㄴ'-'ㄹ' → [ㄹㄹ], [ㄴㄴ]
'ㄴ'-'ㄹ' 소리가 이어질 때는 다음과 같이 조건에 따라, 유음화가 일어나기도 하고 비음화가 일어나기도 합니다.

☆ 한국어 학습자의 모국어에 유음화 현상이 없는 경우, 한국어의 유음화 규칙의 적용을 받는 소리를 잘못 발음하곤 합니다.

(가) 'ㄴ'-'ㄹ' → [ㄹㄹ] (유음화)

　　예 난로[날:로], 신라[실라], 천리[철리]

(나) 'ㄴ'-'ㄹ' → [ㄴㄴ] (비음화)

　　예 의견란[의:견난], 생산량[생산냥], 결단력[결딴녁],
　　　　공권력[공꿘녁], 동원령[동:원녕]

 'ㄴ'-'ㄹ'가 이어질 때, 언제 유음화가 일어나고 언제 비음화가 일어날까요?

다음을 발음해 보세요.

신라면

　여러분은 [실라면]으로 발음했습니까, 아니면 [신나면]으로 발음했습니까? 어떤 발음이 맞을까요? 사실 둘 다 맞습니다. 다만 의미가 달라집니다. [실라면]으로 발음되는 단어는 '신라 + 면'의 구조로 결합된 단어로 '신라 시대의 면'이라는 뜻을 가집니다. [신나면]으로 발음되는 것은 모 브랜드의 라면 이름인데, 이 단어는 '신 + 라면'의 구조로 결합된 단어로 '매운 라면'이란 뜻을 가집니다.

　규칙을 찾으셨나요? 유음화 규칙의 적용을 받느냐 혹은 비음화 규칙의 적용을 받느냐를 판단하는 중요한 기준은 분리 가능성 여부입니다. '신라 + 면'처럼 '신라'가 하나의 단어로 쓰이고 그 단어 내부에 'ㄴ'-'ㄹ'가 있다면 유음화 규칙을 적용받습니다. 하지만 '신 + 라면'은 '라면'이라는 단어에 '맵다'는 의미를 가진 한자 '신(辛)'이 결합되었습니다. 이처럼 분리될 수 있는 두 요소의 경계에 'ㄴ'와 'ㄹ'가 오면 이

✿ 유음화 규칙의 적용을 받느냐 혹은 비음화 규칙의 적용을 받느냐를 판단하는 중요한 기준은 분리 가능성 여부입니다.

단어는 비음화 규칙을 적용받습니다. '의견란'과 '생산량' 같은 단어도 '의견 + 란'과 '생산 + 량'으로 분리될 수 있기 때문에 두 요소의 경계에 'ㄴ'–'ㄹ'는 비음화가 적용되었습니다.

의견 + 란 → [의견난]   생산 + 량 → [생산냥]
결단 + 력 → [결딴녁]   공권 + 력 → [공꿘녁]
동원 + 령 → [동원녕]

17

영어를 모국어로 사용하는 학습자들은 왜 '집만'을 [집만] 혹은 [지프만]으로 잘못 발음할까요?

Q. 영어를 모국어로 사용하는 학습자들은 대체로 '집만'을 [짐만]으로 발음하지 않고 [집만] 혹은 [지프만]으로 발음 합니다. 왜 그럴까요?

A. 한국어에는 비음화 현상이 있지만, 영어에는 비음화 현상이 없기 때문입니다. 비음화 현상이란 한국어의 파열음 (=폐쇄음) 'ㅂ, ㄷ, ㄱ'가 비음 'ㄴ, ㅁ' 앞에서 비음 'ㅁ, ㄴ, ㅇ'으로 변하는 현상입니다.

'잡는'의 올바른 발음은 [잡는]일까요, [잠는]일까요?

다음을 발음해 보세요.

잡는　　　듣는　　　먹는

'잡는'은 [잠는]으로 발음하는 게 맞습니다. '잡-'의 종성 'ㅂ'가 뒤에 오는 비음 'ㄴ'에 의해 'ㅁ'로 바뀌었습니다. 이런 현상을 '비음화 현상'이라고 합니다. 예를 좀 더 살펴보겠습니다.

잡는[잠는]	ㅂ → [ㅁ]	앞만[암만]	ㅍ → [ㅁ]
듣는[든는]	ㄷ → [ㄴ]	옛날[옌날]	ㅅ → [ㄴ]
있는[인는]	ㅆ → [ㄴ]	낮만[난만]	ㅈ → [ㄴ]
꽃만[꼰만]	ㅊ → [ㄴ]	붙는[분는]	ㅌ → [ㄴ]
놓는[논는]	ㅎ → [ㄴ]	먹는[멍는]	ㄱ → [ㅇ]
부엌만[부엉만]	ㅋ → [ㅇ]	깎는[깡는]	ㄲ → [ㅇ]

이 예들을 정리하여 다음과 같이 규칙화할 수 있습니다.

• ㅂ, ㅍ + ㄴ, ㅁ　　　　　　　　→ ㅁ + ㄴ, ㅁ
• ㄷ, ㅅ, ㅆ, ㅈ, ㅊ, ㅌ, ㅎ + ㄴ, ㅁ → ㄴ + ㄴ, ㅁ
• ㄱ, ㅋ, ㄲ + ㄴ, ㅁ　　　　　　→ ㅇ + ㄴ, ㅁ

사실 '앞만'은 받침 'ㅍ'가 음절 말 평폐쇄음화로 [ㅂ] 소리로 변한 후, 이 [ㅂ]가 비음화 현상을 입어 [암만]으로 발음되는 단어입니다. '옛날'이나 '부엌만' 등도 같은 과정을 거쳐 발음되는 단어들입니다.

✿ 비음화 현상이 일어나는 단어를 한국어 학습자가 발음할 때, 모국어에 비음화 현상이 없다면 발음 오류가 생깁니다. 특정 언어권 학생들의 공통된 발음 오류를 찾아 발음 현상을 설명해 주세요.

앞만 → [압만] (음절 말 평폐쇄음화)	→ [암만] (비음화)	
옛날 → [옏날] (음절 말 평폐쇄음화)	→ [옌날] (비음화)	
부엌만 → [부억만] (음절 말 평폐쇄음화)	→ [부엉만] (비음화)	

결국 비음화의 적용 대상이 되는 자음은 'ㄱ, ㄷ, ㅂ'라고 할 수 있습니다. 따라서 비음화 규칙은 다음과 같이 정리해 볼 수 있습니다.

| 비음화 규칙 |
한국어의 파열음(=폐쇄음) 'ㅂ(ㅍ), ㄷ(ㅅ, ㅆ, ㅈ, ㅊ, ㅌ, ㅎ), ㄱ(ㅋ, ㄲ)'가 종성에 올 때, 다음 초성 자리에 오는 비음 'ㄴ, ㅁ' 앞에서 같은 조음 위치의 비음 'ㅁ, ㄴ, ㅇ'으로 변하는 현상.

'같은 조음 위치의 비음으로 변한다.'는 것은 'ㅂ → ㅁ'로, 'ㄷ → ㄴ'로, 'ㄱ → ㅇ'으로 각각 변한다는 의미입니다. 이때 'ㅂ, ㅁ'는 양순음, 'ㄷ, ㄴ'는 치조음(=치경음), 'ㄱ, ㅇ'은 연구개음으로 각각 조음 위치가 같습니다.

 영어에는 비음화 규칙이 없다고 했는데, 예를 들어 살펴봅시다.

영어 단어 'bookmark'는 'k'와 'm'가 이어지므로 한국어의 경우 비음화 환경입니다. 그래서 한국인들은 이 단어를 [붕마크]라고 발음합니다. 그런데 영어의 경우 이 환경에서 비음화가 일어나지 않아서 영어권 모어 화자는 [búkmɑ̀ːrk]라고 발음합니다. 굳이 한글로 표기한다면 •[북마크] 정도가 됩니다. 이 때문에 모국어가 영어인 학습자들은 한국어의 '집만'을 [짐만]이 아닌 [집만]으로 잘못 발음하곤 합니다.

> •[북마크]
> [붕마크]가 아닌 [북마크]로 표시한 것은 영어의 경우 종성 발음에서 보통 파열되는 소리를 내기 때문입니다.

그렇다면 '집만'을 [지프만]과 같이 발음하는 이유는 뭘까요?

✿ 한국어의 파열음
(=폐쇄음)은 음절 종
성의 위치에서 마지
막 단계인 파열(개방)
이 일어나지 않은 채
'폐쇄 → 지속'만 일어
납니다.

이는 1부 11과에서 설명한 한국어 종성의 특징과 관계가 있습니다. 한국어의 파열음 'ㅂ, ㄷ, ㄱ'는 종성에 위치할 때 불파음으로 소리 납니다. 원래 파열음(=폐쇄음)은 '폐쇄 → 지속 → 파열(개방)'의 과정을 거쳐 만들어지는 소리입니다. 공기의 흐름을 막는 '폐쇄'가 먼저 일어나고 이후 막았던 기류를 터트리는 '파열'의 과정이 있어 같은 소리에 대해 '폐쇄음' 또는 '파열음'이라고 합니다.

그런데 한국어의 파열음(=폐쇄음)은 음절 종성의 위치에서 마지막 단계인 파열(개방)이 일어나지 않은 채 '폐쇄 → 지속'만 일어납니다. 이러한 한국어와 달리, 영어는 종성 발음에서 초성과 똑같이 파열되는 소리를 냅니다.

온라인 사전을 찾아 'cup'의 발음을 들어 보세요. 주의해서 들어 보면 종성의 'p'가 파열되는 것을 인지할 수 있습니다. 그래서 한국인에게는 [커프]처럼 인지되기도 합니다. 한국어와 영어 종성의 다른 점 때문에 영어권 모어 화자는 한국어의 파열음(=폐쇄음)인 'ㅂ, ㄷ, ㄱ'의 종성 발음 때 파열시켜 발음하는 오류를 범합니다.

'집만'의 'ㅂ'를 영어식으로 파열시켜 발음하면 한국인들이 듣기에는 [지프만]으로 지각됩니다. 따라서 영어권 화자를 교육할 때에는 한국어 파열음이 종성에 위치할 때 일으키는 불파음화를 강조할 필요가 있습니다.

18

경음화 현상은 언제 일어납니까?

Q. 한국어의 경음화 현상이 일어나는 환경은 너무 복잡해서 가르치기 어렵습니다. 한국어 학습자들이 쉽게 이해할 수 있는 교수법을 알려 주세요.

A. '경음화 현상'이란 평음(=예사소리 'ㄱ, ㄷ, ㅂ, ㅅ, ㅈ')이 일정한 환경에서 경음(=된소리 'ㄲ, ㄸ, ㅃ, ㅆ, ㅉ')으로 바뀌는 현상입니다. 이 현상은 보통 4가지 유형으로 구분합니다. 즉, 장애음 뒤 경음화, 어간 말 비음 뒤 경음화, 관형사형 어미 '-(으)ㄹ' 뒤 경음화, 한자어의 경음화입니다.

• 장애음
장애음은 구강 통로
가 폐쇄되거나 마찰
이 생겨서 나는 소리
입니다. 자음 중 기류
가 방해받는 정도가
높은 파열음, 마찰음,
파찰음을 장애음이
라고 합니다.

 • 장애음 뒤 경음화 현상을 알아봅시다.

다음 단어에서 평음이 경음으로 바뀌는 소리가 무엇이고, 또 어떤
환경에서 그렇게 바뀌는지 관찰해 보세요.

국가[국까]	부엌도[부억또]	낚시[낙씨]
닫다[닫따] 낱개[낟깨] 옷깃[옫낃] 있다[읻따] 잇고[읻꼬] 꽃병[꼳뼝]		
밥도둑[밥또둑]	옆집[엽찝]	

이는 'ㄱ, ㄷ, ㅂ, ㅅ, ㅈ'가 경음 'ㄲ, ㄸ, ㅃ, ㅆ, ㅉ'로 변했기 때문에 '경
음화 현상'을 일으키는 경우입니다. 이 현상은 'ㄱ, ㄷ, ㅂ, ㅅ, ㅈ' 앞에 'ㄱ,
ㅋ, ㄲ, ㄷ, ㅌ, ㅅ, ㅆ, ㅈ, ㅊ, ㅂ, ㅍ'와 같은 장애음들이 올 때 나타납니다.
그래서 이 현상을 '장애음 뒤 경음화'라고 부릅니다.

| 장애음 뒤 경음화 현상 |
어간 말 '장애음(ㄱ, ㅋ, ㄲ, ㄷ, ㅌ, ㅅ, ㅆ, ㅈ, ㅊ, ㅂ, ㅍ)' 뒤에 연결되는 'ㄱ,
ㄷ, ㅂ, ㅅ, ㅈ'는 'ㄲ, ㄸ, ㅃ, ㅆ, ㅉ'로 발음한다.

 어간 말 비음 뒤 경음화 현상을 알아봅시다.

다음 단어는 어떤 환경에서 경음화가 일어나는지 관찰해 보세요.

신다[신따]	신고[신꼬]	신소[신쏘]	신자[신짜]
안다[안따]	안고[안꼬]	안소[안쏘]	안자[안짜]
감다[감따]	감고[감꼬]	감소[감쏘]	감자[감짜]

이 경음화 현상은 용언 어간의 종성 'ㄴ, ㅁ' 뒤에 'ㄱ, ㄷ, ㅂ, ㅅ, ㅈ'
가 올 때 'ㄱ, ㄷ, ㅂ, ㅅ, ㅈ'가 경음으로 바뀌는 현상입니다.

'신다, 안다, 감다'는 모두 동사로, 어간이 '신-, 안-, 감-'입니다. 이들 어간의 종성은 'ㄴ'나 'ㅁ'로, 이 뒤에 'ㄱ, ㄷ, ㅂ, ㅅ, ㅈ'가 오면 경음으로 변합니다. 다만 앞의 예에서 'ㅂ'가 경음화되는 예가 빠진 이유는 한국어에 'ㅂ'로 시작하는 어미가 없기 때문입니다.

| 어간 말 비음 뒤 경음화 현상 |
어간 말 비음 'ㄴ, ㅁ' 뒤에 연결되는 'ㄱ, ㄷ, ㅂ, ㅅ, ㅈ'는 'ㄲ, ㄸ, ㅃ, ㅆ, ㅉ'로 발음한다.

 관형사형 어미 '-(으)ㄹ' 뒤 경음화 현상을 알아봅시다.

다음은 어떤 환경에서 경음화가 일어나는 경우인지 관찰해 보세요.

내가 갈 곳이 없다.   → [갈꼬시]
어찌할 바를 모르겠다.   → [어찌할빠]
내가 그 일을 할 수는 없다.   → [할쑤는]
그 사람이 그럴 줄 몰랐어요.   → [그럴쭐]

이 단어들은 관형사형 어미 '-(으)ㄹ' 뒤에서 평음(예사소리) 'ㄱ, ㄷ, ㅂ, ㅅ, ㅈ'가 경음(된소리)으로 바뀌었습니다. 이처럼 관형사형 어미 '-(으)ㄹ' 뒤에서도 경음화 현상이 일어납니다.

| 관형사형 어미 '-(으)ㄹ' 뒤 경음화 현상 |
관형사형 어미 '-(으)ㄹ' 뒤에 연결되는 'ㄱ, ㄷ, ㅂ, ㅅ, ㅈ'는 'ㄲ, ㄸ, ㅃ, ㅆ, ㅉ'로 발음한다.

관형사형 어미란 무엇일까요?

여기서 잠깐

문장에서 용언(동사, 형용사)의 어간에 붙어 용언을 관형어가 되게 하는 어미입니다. '-(으)ㄴ', '-는', '-(으)ㄹ' 등이 있습니다.

밥을 먹은 사람
밥을 먹는 사람
밥을 먹을 사람

한자어의 경음화 현상에 대해 알아봅시다.

다음은 어떤 환경에서 경음화가 일어나는 경우인지 관찰해 보세요.

갈등(葛藤)[갈뜽]	발달(發達)[발딸]	
결실(結實)[결씰]	달성(達成)[달썽]	
결정(決定)[결쩡]	물질(物質)[물찔]	
결과(結果)[결과]	물건(物件)[물건]	발견(發見)[발견]
결별(訣別)[결별]	설비(設備)[설비]	불발(不發)[불발]

이 단어들은 한자어 단어의 첫 음절이 'ㄹ'로 끝날 때, 'ㄹ' 뒤의 평음 'ㄷ, ㅅ, ㅈ'가 경음으로 변합니다. 단, 'ㄹ' 뒤에 'ㄱ, ㅂ'가 올 경우에는 경음화가 일어나지 않습니다.

| 한자어의 경음화 현상 |
한자어 단어의 첫 음절 받침 종성 'ㄹ' 뒤에 연결되는 'ㄷ, ㅅ, ㅈ'의 소리는 'ㄸ, ㅆ, ㅉ'로 발음한다.

한
걸음
더

수의적으로 일어나는 경음화 현상도 살펴봅시다. '교과서', '효과'를 [교꽈서], [효꽈]로 발음하는 경우가 많은데, 이는 잘못된 발음일까요?

이 단어들은 사이시옷에 의한 경음화와 관련이 있습니다. '바닷가'와 같은 단어는 '바다'와 '가'가 결합해 합성어가 되었는데, 이때 'ㅅ'이 들어가 '바닷가'가 되었고, [바닫까]로 발음됩니다. 'ㅅ'이 받침에서 [ㄷ]로 발음되고 이 소리 때문에 경음화 환경이 되어 뒤의 평음이 경음으로 발음됩니다.(장애음 뒤 경음화 현상)

'등불[등뿔]'과 같은 단어는 문법적으로는 '등'과 '불' 사이에 사이시옷이 들어간 '등ㅅ불'의 구성을 가지지만, 받침에 2개의 자음이 올 수 없어서 표기는 반영되지 않습니다. 하지만 사이시옷이 뒤의 평음을 경음화시켰다고 봅니다. '봄비[봄삐]', '손가락[손까락]' 같은 경우도 이에 해당합니다.

하지만 모든 경우에 사이시옷이 들어가는 것은 아닙니다. 예를 들어 '불고기[불고기]'에서는 경음화가 일어나지 않지만, '물고기[물꼬기]'에서는 경음화가 일어납니다. 이 때문에 단어별로 발음을 외워야 합니다.

질문한 단어, '교과서'와 '효과'의 발음은 각각 '교과서[교과서/교꽈서]', '효과[효과/효꽈]'와 같이 경음화된 발음과 그렇지 않은 발음 모두를 표준 발음으로 인정하고 있습니다. 원래는 [교과서], [효과]만을 표준 발음으로 인정했었는데, 일반인의 언어생활과 동떨어진 발음이라는 불만이 제기되어 왔습니다. 그래서 국립국어원에서 [교꽈서], [효꽈]도 표준 발음으로 인정했습니다. 이런 단어로 '관건[관건/관껀]'과 같은 단어도 있습니다.

19

단어 소리의 길이 차이를
가르쳐야 할까요?

Q. 사람의 신체 부위 일부인 '눈(目)'과 내리는 '눈(雪)'은
소리의 길이가 다르다고 알고 있습니다. 단어 소리의 길이
차이를 가르쳐야 할까요?

A. 한국어에는 장단(長短), 즉 음의 길이에 따라 구별되는
단어가 있습니다. 이에 '표준 발음법'에서는 단어를 장단에
따라 구별하여 발음해야 한다고 규정하고 있습니다. 하지만
현대 한국인들은 (일부 방언 화자를 제외하고는) 대부분
장단에 따른 구별을 하지 못합니다. 따라서 한국어를 가르칠
때 굳이 장단을 가르칠 필요는 없습니다.

'표준 발음법'의 장단 규정을 살펴봅시다.

제3장 음의 길이

제6항 모음의 장단을 구별하여 발음하되, 단어의 첫음절에서만 긴소리가 나타나는 것을 원칙으로 한다.

(1) 눈보라[눈ː보라]　　말씨[말ː씨]　　밤나무[밤ː나무]
　　많다[만ː타]　　　　멀리[멀ː리]　　벌리다[벌ː리다]

(2) 첫눈[천눈]　　　　　참말[참말]　　쌍동밤[쌍동밤]
　　수많이[수ː마니]　　눈멀다[눈멀다]　떠벌리다[떠벌리다]

다만, 합성어의 경우에는 둘째 음절 이하에서도 분명한 긴소리를 인정한다.

　　반신반의[반ː신바ː늬 / 반ː신바ː니]
　　재삼재사[재ː삼재ː사]

[붙임] 용언의 단음절 어간에 어미 '-아/-어'가 결합되어 한 음절로 축약되는 경우에도 긴소리로 발음한다.

　　보아 → 봐[봐ː]　　　기어 → 겨[겨ː]　　　되어 → 돼[돼ː]
　　두어 → 둬[둬ː]　　　하여 → 해[해ː]

다만, '오아 → 와, 지어 → 져, 찌어 → 쪄, 치어 → 쳐' 등은 긴소리로 발음하지 않는다.

'표준 발음법' 제3장 제6항에 따른다면, 다음과 같은 단어는 소리 길이의 장단을 구별해서 발음해야 합니다.

밤[밤](먹는 밤)　　　　　밤[밤ː](낮과 밤)
눈[눈](사람의 눈)　　　　눈[눈ː](내리는 눈)

먹는 '밤'은 짧게 발음하고, '낮과 밤'의 '밤'은 길게 발음해야 합니다. 신체 부위의 일부로서 '눈'은 짧게 발음하고 하늘에서 하염없이 내리는 '눈'은 길게 발음해야 합니다. 하지만 이러한 발음상 구별은 현대

에 와서는 거의 없어져서, 현재 한국인들 대부분은 음의 길이를 구분하여 인지하지 못합니다. 예를 들어 '밤'을 길게 발음해도 이것이 '먹는 밤'을 가리키는지, '어두운 밤'을 가리키는지 알지 못합니다. 보통 단어들이 쓰이는 맥락에서 그 의미를 파악합니다. '밤이 길어.'라고 하면 맥락을 통해 '어두운 밤을 의미하는구나.' 하고 이해합니다. 이렇듯 한국인들도 장단 구별을 하지 못하기 때문에, 한국어 발음을 교육할 때에도 굳이 가르칠 필요는 없습니다.

단어 소리의 길이는 국립국어원의 《표준국어대사전》(https://stdict.korean.go.kr)에서 단어를 검색하여 확인할 수 있습니다. 단어별로 발음이 표기되어 있는데, 장음으로 발음되는 단어의 경우 ':' 표시가 있고, 단음으로 발음되는 단어의 경우 아무런 표시가 없습니다.

2부
통사

01
한국어 조사에는 어떤 종류가 있습니까?

Q. 한국어는 조사가 발달하여 한국어 학습자들이 어려워 합니다. 한국어 조사에는 어떤 종류가 있는지, 이를 어떻게 가르치면 적절할지 궁금합니다.

A. 조사는 '도울 조(助), 말 사(詞)'로 구성된 한자어로, '도와 주는 말'입니다. 한국어 고유어로 '토씨'라고도 합니다. '이/가, 을/를'처럼 앞말에 붙어 앞말과 다른 말과의 문법적인 관계를 나타내는 격 조사, '은/는, 만, 도'처럼 앞말에 특정한 의미를 더하는 보조사, '와/과, (이)랑, 하고'처럼 앞말과 뒷말을 이어 주는 접속 조사 등이 있습니다.

격 조사에 대해 살펴봅시다.

격 조사(格助詞)는 앞말 뒤에 붙어 앞말이 '주어, 목적어, 보어, 관형어, 부사어, 독립어, 서술어'의 자격을 가진다는 것을 표시하는 조사입니다.

(1) 주격 조사

(가) 동생이 방에서 책을 읽고 있어.

(나) 경치가 아름답구나!

(다) 아버지께서 오셨어.

주어에 붙는 주격 조사는 (가)의 밑줄 친 '이', (나)의 '가', (다)의 '께서'입니다. '께서'는 높여야 할 사람 뒤에 붙어서 주어를 표시하는 동시에, 그 사람을 높여 주는 역할을 합니다.

(2) 목적격 조사

(라) 손흥민은 축구를 잘해요.

(라)의 '잘하다'는 동작의 주체와 동작의 대상이 있어야 문장의 의미가 완전하게 전달됩니다. 이때 동작의 대상이 되는 말이 목적어입니다. 한국어에서 목적어는 주로 목적격 조사 '을/를'로 나타납니다.

(3) 보격 조사

(마) 물이 얼음이 되었다.

(바) 삼촌은 의사가 아니다.

•보격 조사는 보어에 붙는 조사로 (마), (바)의 밑줄 친 '이 / 가'입니다. 주격 조사와 보격 조사의 형태가 같아서 헷갈릴 때가 많겠지만, 보어는 서술어 '되다, 아니다' 앞에 오는, 주어가 아닌 요소임을 기억해 두면 구별하는 데 도움이 됩니다.

(4) 관형격 조사

(사) 선생님의 말씀을 잘 기억해.

관형격 조사에는 '의'가 있습니다. (사)에서 밑줄 친 '의'는 앞말 '선생님'에 붙어서 뒤에 오는 •체언 '말씀'을 수식하는 역할을 합니다. 관형격 조사가 붙은 '선생님의'는 관형어입니다. 관형격 조사는 문장 내에서 종종 생략됩니다.

(5) 부사격 조사

(아) 주말에 속초로 여행을 떠나요.

부사격 조사는 다양합니다. (아)의 밑줄 친 '에, (으)로' 외에도 '에게, 한테, 께, 에서, 와 / 과' 등이 부사격 조사입니다. 부사격 조사는 앞말에 붙어서 부사어를 나타내는데, 장소·시간·도구·출발점·이유·근거·공동 / 동반 등의 의미를 나타냅니다.

부사격 조사의 종류	부사격 조사	의미
처격(處格) 조사	에, 에서	장소
여격(與格) 조사	에게, 한테	무엇을 받는 상대
구격(具格) 조사	(으)로	기구나 도구
공동격(共同格) 조사	와 / 과	서로, 함께(동반)
비교격(比較格) 조사	처럼, 만큼, 같이, 보다	서로 같거나 다른 정도를 견줌.

(6) 호격 조사

(자) 원준아, 학교 가라.

(차) 하늘에 계신 우리 아버지 예수 그리스도여.

(자)의 '원준아'는 명사에 호격 조사 '아'가 붙어서 독립어로 역할합니다. 이외에도 (차)의 밑줄 친 기도문이나 시 등에서 '(이시)여'가 높임을 나타내는 호격 조사로 사용됩니다.

(7) 서술격 조사

(카) 원준이는 의사이다.

(타) 나는 선생이고, 너는 학생이야.

서술격 조사 '이다'는 앞말이 문장에서 서술어로 역할하도록 합니다. 다른 조사와 달리 '이다, 이어서, 이고, 인데, 이요, 이야, 이에요' 등과 같이 다양한 형태로 •활용할 수 있습니다.

 보조사에 대해 살펴봅시다.

(파) 누나: 나는 책도 읽었고 밥도 먹었어.

　　동생: 나도 그거 다 했거든.

(파)에서 밑줄 친 '는, 도, 도, 도'는 보조사(補助詞)입니다. 이 조사들은 주어나 목적어나 부사어 등을 표시하는 역할을 하지 않고 자신의 고유한 의미를 앞말에 더해 줍니다. '도'와 같은 보조사는 격 조사와 달리 주어 자리(나도)에, 목적어 자리(책도, 밥도)에 모두 나타날 수 있습니다.

✿ '이다'와 모음으로 끝나는 체언이 결합하면 '이'가 수의적으로 생략됩니다. 따라서 '의사이다(○)' 또는 '의사다(○)', '사과이다(○)' 또는 '사과다(○)' 등으로 쓸 수 있습니다.

•**활용**
동사, 형용사, 서술격 조사에 어미와 같은 문법 형태들이 결합하여 문장 유형(평서문, 의문문 등), 문장의 내용(과거, 피동 등) 등 문법적 특성을 나타내는 것을 말합니다.

보조사는 앞말에 붙어 특정한 의미를 더해 주는 역할을 합니다. (파)의 '나도'에서 '도'는 '이미 앞에서 언급한 것에 더해서 말을 한다.'는 의미를 덧붙입니다. '도'의 사용으로 동생 역시 누나처럼 밥을 먹은 상황임을 알 수 있습니다. 이처럼 '도'가 '역시'의 의미를 대신합니다. '밥도'의 '도' 역시 '책을 읽은 행위'에 더해서 '밥을 먹은 행위'를 했다는 의미를 나타냅니다.

보조사는 '은/는, 만, 도, 뿐, 까지, 마저, 조차, 부터, (이)나/(이)나마, (이)든지, 마다, 요' 등 종류가 다양합니다. 보조사는 문장에서 다음과 같이 자신의 고유한 의미를 드러냅니다.

보조사	의미
은/는	주제, 대조
만	단독(오직)
도	포함(역시)
뿐	배타, 한정(유일)
까지, 마저, 조차	포함(역시)
부터	범위의 시작
(이)나/(이)나마	소극적 선택, 임의의 선택, 강조
(이)든지	무엇이나 가리지 않음.
마다	빠짐없이 모두
요	존칭(종결)

접속 조사에 대해 살펴봅시다.

(하) 나와 너는 친구야.

나랑 너는 친구야.

나하고 너는 친구야.

(하)에서 밑줄 친 '와, 랑, 하고'는 모두 '나'와 '너'를 이어 주는 접속의 역할을 합니다. 그래서 이 조사를 접속 조사라고 부릅니다. 접속 조사에는 '와/과, 하고, (이)나, (이)랑' 등이 있습니다.

(거) 영수와 내가 학교에 갔어.

(너) 영수가 나와 같이 학교에 갔어.

(더) 수지는 <u>어머니와</u> 닮았다.

(거), (너)는 모두 '영수'하고 '나'가 학교에 갔다는 상황을 표현합니다. 이때 (거)에서 '체언(영수)'과 '체언(나)'을 이어 주는 '와'는 접속 조사이고, (너)에서 '와'는 부사(어) '같이'가 결합되어 부사격 조사로서 사용되었습니다. (더)에서처럼 '닮다'와 같은 상호 동사가 서술어인 문장에서 '와/과'는 동반의 의미를 나타내는 부사격 조사로 쓰입니다. 결국, '와/과'가 접속 조사로 사용되려면 (거)처럼 체언에 해당하는 말이 '와/과'의 앞뒤에 자리해야 합니다.

이러한 특징 때문에 접속 조사를 부사격 조사의 하나로 분류하는 견해도 있습니다. 하지만 학교 문법에서는 격 조사와 보조사 외에, '와/과, 하고, (이)랑' 등과 같이 접속 조사를 따로 분류하고 있습니다. 접속 조사를 인정하는 학자들은 '영수와 내가 학교에 갔다.'라는 문장을 '영수가 학교에 갔다.'와 '내가 학교에 갔다.'라는 두 문장이 접속된 문장이라고 생각합니다. 따라서 부사격 조사와는 다른 접속 조사 분류가 필요하다고 주장합니다.

문장 성분이 무엇인지 구체적으로 살펴봅시다.

　문장 성분은 문장을 이루는 부분, 즉 단위를 말합니다. 한국어의 문장 성분에는 주로 격 조사가 붙어 문장 내 기능을 나타내며, '주어, 목적어, 보어, 서술어, 관형어, 부사어, 독립어'가 있습니다. 학교 문법에서 '접속어'는 문장 성분에 포함되지 않습니다.(접속 부사 '그리고, 그러나' 등은 앞 문장과 뒤 문장을 연결하는 부사어로 기능합니다.)

　문장 성분은 각 성분이 문장에서 하는 기능·역할에 따라 구분됩니다. 즉, 주어는 서술어의 주체 역할을 하고, 목적어는 서술어의 동작이나 작용이 미치는 대상으로 역할합니다. 보어는 서술어의 의미를 보충해 주는 역할을 하고, 서술어는 동작이나 상태를 서술하는 역할을 합니다.

　특히 문장 성분 중 주어, 목적어, 보어, 서술어는 한국어의 문장 구성상 반드시 있어야 하는 '필수 성분'입니다. '철수가 잔다.'와 같이 주어와 서술어가, '철수가 책을 읽어.'와 같이 주어, 목적어, 서술어가, '철수는 학생이 아니에요.'처럼 주어, 보어, 서술어가 있어야 하나의 문장으로서 의미를 전달할 수 있기 때문입니다.

　필수 성분이 없으면 문장이 완성되지 않아서 의미가 명확하게 나타나지 않습니다. 예를 들어 '철수가 되었어요.'에서 '되다' 앞에는 보어가 필요한데, 보어로 역할하는 문장 성분이 없어서 문장의 의미가 모호합니다. 즉, '철수'가 '의사'가 된 것인지 '아기 아빠'가 된 것인지 등을 밝히는 보어가 필요합니다.

　관형어와 부사어는 다른 말을 꾸며 주는 역할을 합니다. 관형어는 명사나 명사구를 꾸며 줍니다. 또 부사어는 서술어, 관형어, 다른 부사어, 문장 전체를 꾸며 주는 역할을 합니다. 이렇게 필수 성분들의 내용을 자세하게 꾸며 주는 관형어와 부사어는 문장의 '부속 성분'입니다.

문장 성분		기능
필수 성분	주어	서술어의 주체
	목적어	서술어의 동작이나 작용이 미치는 대상
	보어	서술어의 의미를 보충
	서술어	동작이나 상태를 서술
부속 성분	관형어	다른 말(주로 명사나 명사구)을 꾸며 줌.
	부사어	다른 말(주로 서술어, 관형어, 다른 부사어, 문장 전체)을 꾸며 줌.
독립 성분	독립어	문장의 어떤 성분과도 직접적 관련이 없음.

독립어는 문법적으로 문장의 어떤 성분과도 직접적인 관련이 없는 독립된 성분을 일컫습니다. 이때 '선생님, 안녕하세요?'와 같이 독립어 '선생님'에 맞춰 '안녕'이 아닌 '안녕하세요'가 쓰이는 것처럼, 독립어는 화용적 의미를 염두해야 합니다.

학교 문법에서 단어는 기능, 의미, 형태에 따라 '명사, 대명사, 수사, 조사, 동사, 형용사, 관형사, 부사, 감탄사'의 9가지 '품사(品詞)'로 분류됩니다. 이와 달리 문장 성분은 이들 단어가 문장 내에서 어떤 기능을 하느냐에 따라 '주어, 목적어, 보어, 서술어, 관형어, 부사어, 독립어'로 분류됩니다.

문장 성분은 어떤 형태로 나타납니까?

문장은 주어, 목적어, 보어, 서술어, 관형어, 부사어, 독립어와 같은 성분이 규칙에 따라 배열되어 구성됩니다. '철수가 책을 읽어.'는 주어, 목적어, 서술어의 성분으로 이루어진 문장으로, '철수가 책을 읽어.'에서 주어는 '철수가'입니다.

(가) 철수 책 읽어.
(나) 철수가 책을 읽어.
(다) 우리 철수가 책을 읽어.
(라) 게임만 하던 철수가 책을 읽어.

(가)~(라)에서 주어는 각각 '철수', '철수가', '우리 철수가', '게임만 하던 철수가'로, 각각 '단어, 구, 절(문장)'의 형태로 나타나 있습니다. 이런 이유에서 조사는 체언에 해당하는 명사, 대명사, 수사와 같은 단어에서부터 명사구나 명사절과 같은 체언 상당 어구 또는 체언 구실을 하는 말에 결합한다고 설명합니다.

02

한국어 조사는 영어 전치사와
어떻게 다른가요?

Q. 한국어 조사는 종종 영어 전치사와 비교되곤 합니다. 한국어 조사와 영어 전치사가 어떻게 다른지 궁금합니다.

A. 한국어 조사와 영어 전치사는 사용되는 위치도 다르지만, 영어의 전치사가 뒷말과 띄어서 써야 하는 반면 한국어 조사는 앞말에 붙여서 써야 한다는 점에서도 차이를 나타냅니다.

한국어의 부사격 조사와 영어의 전치사가 어떻게 대응하는지 알아 봅시다.

영어를 한국어로 번역할 때, 영어의 전치사는 부사격 조사로 번역되는 경우가 많습니다. 거꾸로, 한국어를 영어로 번역할 때에는 부사격 조사가 영어의 전치사로 번역되는 경우가 많습니다. 이때 한국어에서는 조사가 명사 뒤에 오지만, 영어의 전치사는 명사 앞에 놓입니다.

(가) I go to school.
　　나는 학교에 간다.

(가)에서 보듯이 영어에서 처소를 나타내는 전치사 'to'는 명사 'school' 앞에 놓이지만, 한국어에서 처소를 나타내는 조사 '에'는 명사 '학교' 뒤에 옵니다.

전치사와 관련 있는 대표적인 부사격 조사에는 '에, 에서, 에게, (으)로' 등이 있습니다. 부사격 조사는 주로 '장소(처소), 방향, 도구' 등의 의미를 나타냅니다. 부사격 조사는 앞말에 붙어서 그 말이 문장의 부사어임을 표시해 줍니다.

 전치사와 관련하여 알아두어야 할 또 다른 조사가 있을까요?

(나) 할아버지 땅이 여기부터 저기까지야.
　　Grandpa's land is from here to there.

(나)에서 밑줄 친 '부터, 까지'는 '시작과 끝'을 의미하는 보조사입니다. 한국어의 보조사는 '은/는, 만, 밖에, 뿐, 도, 부터, 까지, 마저, 조

> ✿ 전치사와 관련 있는 대표적인 부사격 조사에는 '에, 에서, 에게, (으)로' 등이 있습니다.

차' 등 다양합니다. 이 중에서 '부터(from), 까지(to)'가 전치사로 번역
되는 보조사입니다.

한국어와 영어의 어순을 살펴봅시다.

한 걸음 더

한국어와 영어는 '문장 성분의 배열에 나타나는 일정한 순서'인 어순에서도 큰 차이를
보여 줍니다.

(가) I love you.　(주어 + 서술어 + 목적어)
(나) 나 너 사랑해. (주어 + 목적어 + 서술어)

영어에서는 주어 다음에 서술어가 오지만, 한국어에서는 문장의 마지막에 서술어가
자리합니다. (가)의 문장에서 'I'와 'you'는 각각 주어와 목적어로, 전치사나 다른 장치 없
이 어순만으로 주어와 목적어임을 파악할 수 있습니다. 한편 (나)의 문장 '나 너 사랑해.'
에서는 '나'와 '너'는 조사 없이 쓰였는데, 단어의 배열 순서대로 '나'는 주어이고 '너'는
목적어임을 알 수 있습니다. 물론 주격 조사와 목적격 조사를 사용하여 문장을 구체적
으로 표현할 수 있습니다.

(다) 내가 너를 사랑해. (주어 + 목적어 + 서술어)
(라) 너를 내가 사랑해. (목적어 + 주어 + 서술어)

조사가 붙는 문장일 경우 (라)처럼 어순을 바꿔도 '나'가 주어이고 '너'가 목적어라고
이해되기 때문에, (라)는 (다)와 유사한 의미의 문장으로 이해됩니다. 이처럼 한국어에서
는 문장 성분을 표시해 주는 조사(격 조사)가 있어서, 영어보다는 어순을 바꿔 쓰는 것
이 조금 더 자유롭습니다.

03

'의'를 생략할 수 있는 경우에 대해 알고 싶어요.

Q. '의'를 생략할 수 있는 경우와 그렇지 않은 경우를 구분하는 방법이 궁금합니다.

A. '의'는 체언(명사, 대명사, 수사)과 체언 사이에 위치하여 앞말이 뒷말을 꾸며 주는 역할을 하게 하는 관형격 조사입니다. 이때 '체언, 의, 체언' 구성에서 두 체언의 의미 관계가 '소유, 관계, 소재, 생산지, 제작자, 소속'을 의미하는 경우에는 관형격 조사 '의'를 생략해도 됩니다.

그러나 두 체언이 (1) 비유적 표현인 경우, (2) '체언, 의, 명사형 어미'로 구성되어 있는 경우, (3) 역사적 서술에서 앞 체언이 뒤 체언에 대해 주체로 해석되는 경우, (4) 체언과 그 체언의 수량을 표현하는 경우, (5) 두 체언의 의미 관계상 '위치-대상'을 나타내는 경우, (6) 앞 체언이 '최선, 최악, 최고'인 경우에는 관형격 조사 '의'의 생략이 어렵습니다.

'의'가 자유롭게 생략되는 경우를 알아봅시다.

'체언, 의, 체언' 구성에서 두 체언의 의미 관계에 대해 알아봅시다.

(가) 이건 내(나의) 신발이야.　　　〔소유〕

(나) 영희는 내(나의) 친구야.　　　〔관계〕

(다) 지리산의 천왕봉은 오르기 힘들어. 〔소재〕

(라) 사과는 영천의 사과가 제일이야.　〔생산지〕

(마) 선생님의 말씀을 기억해야.　　　〔제작자〕

(바) 우영우는 한바다의 변호사야.　　〔소속〕

'소유, 관계, 소재, 생산지, 제작자, 소속'은 '체언, 의, 체언' 구성의 대표적인 의미 관계입니다. 이런 의미 관계를 갖는 구성에서는 '의'가 자유롭게 생략됩니다.

 '의'가 생략되면 어색한 경우를 살펴봅시다.

(1) 비유적 표현

'체언, 의, 체언'의 구성으로 이루어진 관용적 비유 표현에서 '의'를 생략하면 어색합니다.

(사-1) 태양의 후예

(사-2) ??태양 후예

(아-1) 마음의 소리에 귀 기울여라.

(아-2) ??마음 소리에 귀 기울여라.

> ✿ 관형격 조사 '의'가 생략되는 경우를 먼저 가르친 후, '의'가 생략되지 않는 경우를 설명하면 좀 더 쉽게 교육할 수 있습니다.

(사-1), (아-1)의 '태양의 후예', '마음의 소리'는 비유적 표현입니다. '꿈의 구장', '마음의 등불' 등도 역시 비유적 표현입니다. 이들 비유적 표현에서 '의'가 생략되면 '태양 후예', '마음 소리', '마음 등불', '꿈 구장'처럼 어색한 표현이 됩니다. 이렇게 '체언, 의, 체언' 구성으로 이루어진 비유적 표현에서 '의'는 생략하기 어렵습니다.

(2) '체언, 의, 명사형 어미' 구성

뒤에 나오는 체언이 동사나 형용사 어간에 '-(으)ㅁ', '-기'가 붙은 명사형일 경우에도 '의'를 생략하기 어렵습니다.

(자-1) 우리는 <u>그녀의 담력</u>에 놀랐다.

(자-2) 우리는 <u>그녀 담력</u>에 놀랐다.

(차-1) 우리는 <u>그녀의 담대함</u>에 놀랐다.

(차-2) ??우리는 <u>그녀 담대함</u>에 놀랐다.

(자), (차)의 각 문장 쌍은 비슷한 의미를 표현하고 있습니다. 그런데 '담력, 담대함'과 같이 명사의 형태가 다릅니다. (자-1)에서 '그녀의' 다음에 일반 명사인 담력이 오는 경우에는 (자-2)처럼 '의'가 생략되어도 문장이 자연스럽습니다. 반면 (차-1)의 '담대함'은 '담대하다'라는 형용사에 '-(으)ㅁ'을 붙여 만든 명사형이어서, 이 경우에는 (차-2)처럼 '의'가 생략되면 어색합니다.

(3) 역사적 서술에서 앞 체언이 뒤 체언에 대해 주체로 해석되는 경우

역사적 사건을 서술할 때 '체언, 의, 체언'의 구성으로 된 표현을 종종 보게 됩니다. 이때 앞 체언(인물이나 단체)이 뒤에 오는 체언이 의미하는 내용의 주체로 해석되는 경우 '의'가 생략되면 어색합니다.

(카-1) 신라의 삼국 통일   (카-2) ??신라 삼국 통일

(타-1) 간디의 독립운동   (타-2) ??간디 독립운동

(파-1) 이순신의 거북선   (파-2) ??이순신 거북선

(하-1) 우륵의 가야금   (하-2) ??우륵 가야금

(카-1)의 '신라의 삼국 통일'은 한국 전근대 국가였던 신라가 주체가 되어 삼국을 통일한 상황을 나타냅니다. (타-1) '간디의 독립운동'도 인도 독립운동을 이끈 주체가 '간디'임을 말합니다. (파-1)의 '이순신', (하-1)의 '우륵'은 각각 거북선과 가야금을 만든 주체입니다. 이처럼 주체를 의미하는 체언에 붙은 관형격 조사 '의'가 생략되면 어색합니다.

(4) 체언과 그 체언의 수량을 표현하는 경우

체언과 그 체언의 수량을 표현할 때, '의'가 생략되면 어색한 경우가 있습니다.

(거-1) 다섯 개의 사과가 저기 있어.

(거-2) ??다섯 개 사과가 저기 있어.

(너-1) ??사과의 다섯 개가 저기 있어.

(너-2) 사과 다섯 개가 저기 있어.

(거-1)은 앞 체언 자리에 수량을 나타내는 '다섯 개'가 먼저 나오고 뒤 체언으로 명사 '사과'가 나옵니다. 이때 '의'가 생략되면 (거-2)처럼 어색한 문장이 됩니다. '다섯 개'는 '다섯'이라는 수 관형사와 '개'라는

의존 명사로 구성된 명사구입니다. 명사구가 뒷말을 수식하는 기능을 할 때에는 수식 기능을 분명히 나타낼 수 있는 '의'를 쓰는 게 자연스럽습니다.

(너-1)은 체언이 먼저 나오고 수량 표현이 뒤에 나오는 경우로, '사과의 다섯 개'처럼 '의'가 나타나면 오히려 어색한 문장이 됩니다. '사과' 바로 다음에 수식의 관형사 '다섯'이 오기 때문에 '의'가 나타나지 않는 (너-2)처럼 '사과 다섯 개가'가 더 자연스럽습니다.

(5) 두 체언의 의미 관계가 '위치−대상'을 나타내는 경우

'체언, 의, 체언'의 구성에서 두 체언의 의미 관계가 '위치−대상'일 때 '의'가 생략되면 어색합니다.

(더-1) 책상의 화병이 너무 크다.
(더-2) ??책상 화병이 너무 크다.

(더-1)의 '책상'과 '화병'은 '위치−대상'의 의미 관계입니다. 이때 '의'가 생략되면 어색합니다. 그런데 이와 비슷해 보이지만 구별되는 경우도 있습니다.

(러) 지리산(의) 천왕봉은 오르기 힘들어. 〔소재〕

(러)의 '지리산'과 '천왕봉'은 의미상 소재 관계인데, 얼핏 보면 '책상의 화병'과 마찬가지로 '위치−대상'의 관계로 오해할 수 있습니다. '천왕봉'은 '지리산' 내에 소재하지만, '책상'과 '화병'처럼 포함 관계를 형성하지 못합니다. (더-1)처럼 '위치−대상'의 관계일 때는 '의'를 생략하기 어렵지만, (러)처럼 소재 관계일 때는 '의'가 생략되어도 자연스럽습니다.

(6) 앞 체언이 '최선, 최악, 최고'인 경우

'체언, 의, 체언'의 구성에서 앞 체언이 '최선, 최악, 최고'를 의미할 경우 '의'가 생략되면 어색한 표현이 됩니다.

(머-1) 최악의 선택   (머-2) ??최악 선택

(버-1) 최선의 방법   (버-2) ??최선 방법

(서-1) 최고의 결과   (서-2) ??최고 결과

(머-1) ~ (서-2)의 '최악, 최선, 최고'는 정도를 의미하며, 뒤에 오는 체언을 수식하는 기능을 합니다. 이런 경우 '의'를 생략하면 어색합니다.

한 걸음 더

조사의 형태적 특성에 대해 알아봅시다.

조사는 '의', '도', '만'처럼 하나의 형태로 쓰이는 경우도 있고, '이/가', '을/를', '은/는', '(으)로' 등과 같이 이형태(異形態: 한 형태소의 여러 다른 모양)로 쓰이는 경우도 있습니다. 이형태가 많은 이유는 조사가 주로 문법적인 기능을 담당하기 때문이라고 보는 견해가 있습니다.

조사는 생략이 쉽습니다. 특히 의미 손실이 적고 맥락에서 쉽게 복원될 수 있는 주격 조사, 목적격 조사, 관형격 조사가 많이 생략됩니다. 어휘적인 의미를 나타내는 보조사, 일부 부사격 조사는 생략되지 않습니다. 조사 생략은 문어보다는 구어에서, 긴 문장보다 짧은 문장에서 더 많이 나타납니다.

조사는 여러 개가 결합된 형태로도 나타납니다. 예를 들어 '여기까지가 끝인가 보다.', '나만의 당신, 당신만을 영원히 사랑할게요.', '지금까지와는 다른 모습을 보여 드리겠습니다.', '집에서뿐만이 아니라 회사에서도 전화를 놓지 않습니다.'와 같이 조사 여러 개가 연속하여 결합합니다.

조사는 결합 순서에 규칙이 있습니다. '여기까지가'에서처럼 의미적 기능이 있는 부사격 조사가 주격 조사보다 앞에, '나만의, 당신만을'에서처럼 보조사가 관형격 조사 앞과 목적격 조사 앞에 나타납니다. '지금까지와는'에서는 보조사, 부사격 조사, 보조사의 순서로, '집에서뿐만이'에서는 부사격 조사, 보조사, 주격 조사의 순으로 나타납니다. 이처럼 조사 결합 때 위치가 자유롭게 나타날 수 있는 보조사는 격 조사 앞뒤에 나타나고, 문법적 기능이 강한 조사일수록 가장 마지막에 위치하는 특성을 보입니다.

04

'집에 간다'를 '집 간다'라고 표현해도 괜찮은가요?

Q. '집에 간다'를 '집 간다'라고 표현해도 괜찮은가요? '에'를 생략해도 의미 표현에 문제가 없는지 궁금합니다.

A. '집에 간다'가 '집 간다'보다 자연스러운 표현입니다. 부사 격 조사는 특성상 생략이 자유롭지 않기 때문입니다. 그런데 몇 년 전부터 젊은 세대 간 일상 대화에서 종종 부사격 조사 '에'가 생략된 '집 간다'라는 표현을 사용하고 있습니다. 방송 프로그램에서도 이 표현이 등장함으로써 젊은이들의 일상에 서 구어적으로 허용되고 있음을 짐작할 수 있습니다.

조사 생략은 언제 발생하는지 알아봅시다.

일상적인 한국어 대화에서 조사는 생략되는 경우가 많습니다.

(가) 내가 어제 밥을 먹었어.

(나) 나 어제 밥 먹었어.

한국어에서 (가)의 주격 조사나 목적격 조사를 생략해도 (나)처럼 의미 전달이 가능합니다. 특히 한국어의 기본 어순인 '주어−목적어− 서술어'의 순서를 지켜 말하면 주격 조사나 목적격 조사를 쓰지 않아 도 '나'가 주어이고 '밥'이 목적어라는 사실을 화자와 청자 모두가 어 렵지 않게 이해합니다. 의미적으로 먹는 행위가 이루어지려면 '누가 (사람, 주어) 무엇을(음식, 목적어)' 먹었는지가 필요하다는 것을 알고 있기 때문입니다.

하지만 '에, 에서, (으)로' 등과 같은 부사격 조사는 주격 조사나 목 적격 조사처럼 자유롭게 생략되지 않습니다. 부사격 조사는 '처소, 재 료, 도구, 수단, 원인, 이유, 방향, 자격, *변성, 동반' 등과 같이 각기 다 양한 의미 기능을 가지고 있어서 생략이 쉽지 않습니다.

그런데 부사격 조사도 특정한 환경에서는 생략이 가능합니다.

(다) 난 또 학교에/로/를/*∅ 간 줄 알았지.

(라) 엔지니어들이 실리콘 밸리 가서 달러를 벌었죠.

(마) 그냥 서울 올라가서 별안간 과거 급제를 했대요.

'장소 명사 + 에'에서 부사격 조사 '에'는 '가다, 나가다, 나오다, 내려 가다, 올라가다' 등의 이동 동사와 함께 사용될 때 자주 생략됩니다.

> ***변성**
> 성질의 변함, 즉 변 화된 결과를 뜻합니 다. '물이 얼음으로 변했다.'에서 '(으)로' 가 변성의 의미 기능 을 갖는 부사격 조사 입니다.
>
> ***∅**
> 생략을 나타내는 기 호입니다.
>
> ✿ 일상 대화에서(구 어) 주격 조사나 목적 격 조사는 잘 생략되 지만, 부사격 조사는 각기 다양한 의미 기 능을 갖고 있어 생략 이 쉽지 않습니다. 그 런데 부사격 조사도 특정한 환경에서는 생략이 가능합니다.

●언중
같은 언어를 사용하
면서 공동생활을 하
는 언어 사회 내 대중
을 말합니다

(다)～(마)에서 보듯이, '학교, 실리콘 밸리, 서울' 등과 같은 장소 명사
가 나올 때에는 '에'가 생략되어도 자연스럽습니다.

 ### '집 가다'라고 표현해도 괜찮을까요?

'학교 가다'가 자연스럽고 '집 가다'는 어색한 이유는 무엇일까요?
부사격 조사 '에'에 대한 이전 연구에서는, '학교 가다'와 달리 '에' 앞
에 오는 명사가 단음절(單音節, 1음절)어이거나 음절 수가 많을 경우
조사 생략이 어렵다고 설명했습니다. 최근 젊은 층에서 '집 가다'를 빈
번하게 쓰고 있으니, 이런 설명은 ●언중의 현실을 대변하기에는 부족
합니다. 언어 규범을 중요하게 생각한다면 '집 가다'가 틀렸다고 할 수
있습니다. 하지만 오히려 이 표현이 많이 쓰이고 있다면 자연스러운
언어 변화로 받아들일 수 있습니다.

다음 두 문장 쌍을 비교해 봅시다.

(바-1) 이제 집에 가려고.

(바-2) 이제 집 가려고.

(사-1) 나 이제 산/강에 가려고.

(사-2) ??나 이제 산/강 가려고.

(바-1)과 (사-1)의 '집'과 '산'은 모두 1음절 단어입니다. 그런데 많은
사람들이 사용하는 (바-2)와 달리 (사-2)에서 '에'를 생략한 표현은
잘 쓰이지 않습니다. '??나 이제 산 가려고.' 혹은 '??나 이제 강 가려
고.'라는 표현은 '집 가려고.'보다 더 어색하게 느껴집니다.

조사 생략과 관련된 최근 연구에서 (바-2)가 자연스러운 까닭은

'집'과 '가다'가 종종 함께 쓰이는 단어이고 '집에 가는 행위' 역시 일상생활에서 빈번하게 일어나는 것이어서 사람들이 '집 + 가다'를 하나의 단위처럼 생각하기 때문이라고 설명합니다. 그래서 한 단위로 인식하는 '집 가다'를 조사 없이 많이 쓰게 되었다고 분석합니다. 마치 '밥 먹다'와 같습니다.

(아-1) 밥 먹었어?
(아-2) 밥을 먹었어?

두 문장 중 구어에서 많이 쓰이는 표현은 (아-2)보다 (아-1)입니다. 이처럼 빈번하게 어울려 쓰이는 단위들은 하나의 의미 단위를 형성하여 '밥 먹다, 학교 가다, 집 가다'처럼 조사 없이 종종 사용됩니다.

'장소 명사 + 에서'의 부사격 조사 '에서'는 생략하기 어렵습니다.

여기서 잠깐

(가-1) 어제 학교에서 놀았어.
(나-2) ??어제 학교 놀았어.

(가-1)에서 '에서'가 생략되면 아주 어색합니다. '어제 학교(에) 갔어.'처럼 이동을 나타내는 동사 '갔어'가 장소 명사 '학교'와 함께 쓰일 때에 부사격 조사 '에'가 생략될 수 있는 것과는 대조적입니다. 이동 동사가 서술어인 문장에서 '장소 명사 + 부사격 조사'는 '이동해서 도달하려고 하는 목적지'라는 의미가 분명하기 때문에 부사격 조사가 비교적 쉽게 생략될 수 있습니다.

05

'이번 시합은 우리 학교에서 이겼다.'에서 '우리 학교에서'는 주어인가요?

Q. '이번 시합은 우리 학교에서 이겼다.'에서 '우리 학교에 서'는 주어인가요, 부사어인가요?

A. '이번 시합은 우리 학교에서 이겼다.'에서 '우리 학교에서' 는 주어입니다. '에서'는 '학교, 정부, 신문사, 재단' 등의 단체 명사 뒤에서 '이기다, 보내다, 발표하다, 차지하다, 계획하다, 보고하다, 통지하다' 등의 행위성이 있는 동사 서술어와 함께 사용될 때 주어를 나타내는 역할을 합니다. 이 경우 '에서'가 '가'를 대신해서 사용된 것으로 봅니다.

어떤 환경에서 '에서'가 주어를 표시할까요?

먼저 주어에 대해 알아봅시다. 주어는 '누가 / 무엇'이 '무엇이다 / 어찌한다 / 어떠하다'와 같은 문장에서 '누가', '무엇이'에 해당하는 말입니다.

(가) 내가 조선의 국모다.
(나) 방탄소년단이 공연을 성황리에 마쳤다.

(가), (나)의 문장에서 밑줄 친 '내가'와 '방탄소년단이'는 모두 주어입니다. 주어는 문장에서 주체를 의미합니다. '이 / 가'는 주어를 나타내는 전형적인 주격 조사입니다.

(다) 이번 시합은 우리 학교가 이겼다.
(라) 이번 시합은 우리 학교에서 이겼다.

(다), (라) 문장에서 '이겼다'의 주체는 모두 밑줄 친 '우리 학교'이므로, 두 문장 모두 '우리 학교'가 주어입니다. 그런데 (라)의 문장에는 주격 조사 '이 / 가' 대신 부사격 조사 '에서'가 쓰여서 주어인지 아닌지 헷갈릴 수 있습니다. '에서'는 보통 앞말에 붙어서 앞말이 부사어임을 나타내 주기 때문입니다. 그런데 (라)를 좀 더 살펴보면, (라)에서 '우리 학교'는 '단체'의 의미로 사용되고 있음을 알 수 있습니다. 이처럼 '기관, 단체'와 같이 인간 집단을 뜻하는 명사는 '에서'와 함께 쓰여 문장의 주어가 되기도 합니다.

그럼 '에서'가 붙은 주어와 부사어는 어떻게 구분해야 할까요?

(마) 한 청년이 닭장 안에서 닭을 안고 있다.

(바) 하지만 기대한 선제골은 상대 팀에서 나왔다.

'에서'는 (마)의 '닭장 안에서'처럼 장소를 나타내는 단어에 붙어서 '장소/처소'의 의미를 나타내기도 하고, (바)의 '상대 팀에서'처럼 '출발점/근원'의 의미를 나타내기도 합니다. 이 경우 '에서'는 보통 앞말이 부사어임을 표시해 주는 역할을 합니다.

(사) 한 청년이 닭장 안에서/*닭장 안이 닭을 안고 있다.

(아) 하지만 기대한 선제골은 상대 팀에서/*상대 팀이 나왔다.

(자) 이번 시합은 우리 학교에서/*학교가 열렸다.

(차) 이번 시합은 우리 학교에서/학교가 이겼다.

(사) ~ (자)의 밑줄 친 '명사 + 에서'는 '장소, 출처'의 의미를 나타내는 부사어여서, 주격 조사인 '이/가'와 바꿔 쓸 수 없습니다. 그러나 (차)에서 밑줄 친 '우리 학교'는 '단체'의 의미를 나타내고 '에서'를 '이/가'와 바꿔 써도 문장이 자연스러우니 주어입니다. (차)처럼 '에서' 대신 '이/가'로 바꿔 써서 문장의 의미가 이해되면 주어입니다.

단체 명사와 결합한 '에서'는 언제나 주격 조사일까요?

'에서'가 단체 명사와 함께 쓰여서 주어가 될 수 있다면 '에서'도 주격 조사로 봐야 하는 것이 아닌가 생각할 수 있습니다. 그러나 '에서'가 주어가 되는 경우는 매우 제한적이어서, '에서'를 무조건 주격 조사로 보기는 어렵습니다.

> (가) 우리 회사가 나날이 성장하고 있어.
> (나) ??우리 회사에서 나날이 성장하고 있어.

(가)처럼 단체 명사가 주어인 경우에도 뒤에 오는 서술어에 따라 주격 조사 '이/가' 대신 '에서'를 쓰면 (나)처럼 어색한 경우들이 많습니다. 특히 상태를 나타내는 '열리다, 쫓기다' 등과 같은 피동사, '크다'와 같은 형용사가 서술어로 사용된 문장에서 '에서'는 '이/가'로 대신할 수 없습니다. 즉, '에서'가 붙을 경우 모두 주어라고 보기는 어렵습니다. 따라서 '단체 명사 + 에서'가 주어가 되는 경우는 부사격 조사 '에서'의 특별한 용법이라고 설명하는 견해도 있습니다.

✿ 상태를 나타내는 '열리다, 쫓기다' 등과 같은 피동사, '크다'와 같은 형용사가 서술어로 사용된 문장에서 '에서'는 '이/가'로 대신할 수 없습니다. 즉, '에서'가 붙을 경우 모두 주어라고 보기는 어렵습니다.

06

호격 조사를 가르쳐야 할까요?

Q. 한국어 학습자들에게 호격 조사를 가르쳐야 할까요?

A. 일상 대화에서 누군가를 부르는 일은 빈번히 일어납니다. 이때 한국어에서는 '엄마!'처럼 일반 명사나 '철수 씨'처럼 '씨' 라는 의존 명사를, '원준아'와 같이 '아'라는 호격 조사를 사용합니다. 또한 높임 표현이 중요한 한국어에서는 남을 어떻게 부르는지를 통해 화자가 상대방을 어떻게 대우하는지를 짐작할 수 있습니다. 이렇게 호격 조사는 누군가를 부르는 기본 기능 이외에 그 대상에 대한 화자의 높임 정도를 알 수 있게 하는 표지 역할을 하니, 한국인과의 원활한 의사소통을 위해서는 교육하는 것이 좋겠습니다.

호격 조사의 사용으로 화자가 부르는 대상에 대한 높임 정도를 어떻게 알 수 있을까요?

✿ 어미가 생략되어 알 수 없게 된 화자와 청자의 높임 등급을 알 수 있게 해 주는 것이 호칭어입니다.

한국어는 높임 표현이 발달하였는데, 대화에서 서술어가 생략되는 경우 높임법 어미도 함께 생략됩니다. 그런데 서술어가 생략되어도 명령문이나 청유문에서는 상대방을 부르는 일(호칭하는 일)이 주위를 환기시키는 차원에서 나타납니다. 이 과정에서 어미가 생략되어 알 수 없게 된 화자와 청자의 높임 등급을 알 수 있게 해 주는 것이 바로 호칭어입니다.

(가) 철수야, 이것 좀. (해 주라)

(나) 영숙아! (이리 좀 오렴)

(다) 선생님, 이것 좀. (해 주세요)

(라) 김철수 씨. (앞으로 나와 주세요.)

호격 조사는 일반적으로 평대(혹은 하대)하는 명사에 '아 / 야'를 붙여서 존대하는 명사와 구별합니다. (가)의 '철수야, 이것 좀. (해 주라)', (나)의 '영숙아! (이리 좀 오렴)'처럼 화자보다 높임의 대상이 아닌 경우 호격 조사 '아 / 야'가 쓰였고, (다)의 '선생님, 이것 좀. (해 주세요)', (라)의 '김철수 씨. (앞으로 나와 주세요)'처럼 존대하는 경우에는 '님, 씨' 등 높임 표현이 사용되었습니다. 즉, 평대(혹은 하대)의 명사에 '아 / 야'를 붙여서 높임의 정도를 표현합니다.

07

'은/는'과 '이/가'는
어떤 차이가 있습니까?

Q. 한국어 초급 학습자들은 '은/는'과 '이/가'의 구별을 어려워합니다. '은/는'과 '이/가'는 어떤 차이가 있습니까?

A. '은/는'은 주제, 대조의 의미를 나타내는 보조사이고, '이/가'는 주어 자격을 나타내는 주격 조사입니다. '이/가'는 결합한 앞말이 주어임을 표시하는 기능을 해서 주어 자리에만 나타나는 데 비해, '은/는'은 의미에 관여해 '이/가', '을/를' 등이 예상되는 위치에서도 나타납니다.

'은/는'에 대해 알아봅시다.

✿ 일반적으로 '은/는'은 '주어' 자리에 많이 나타납니다.

'은/는'은 (어떤 것에 대하여) 말하는 화제(주제)를 나타내거나 대조의 의미를 나타내는 보조사입니다.

(가) 저는 한국인입니다.
(나) 여름에는 비가 많이 와요.
(다) 동생은 한국어는 할 수 있지만 영어는 못합니다.

(가) ~ (다)에서 '저는, 여름에는, 동생은'에서 밑줄 친 '은/는'은 주제를, (다)의 '한국어는, 영어는'에서의 '은/는'은 대조의 의미를 각각 나타냅니다. 그런데 '은/는'은 주어 자리에서 주격 조사로 주체를 나타내는 '이/가'와 달리, 주어, 부사어, 목적어 자리에 나타나 주제나 대조의 의미로 실현됩니다. 이것은 '은/는'이 격 조사가 아니라는 것을 나타냅니다. 하나의 조사가 주격, 부사격, 목적격을 모두 나타낸다고 설명할 이론적 근거가 없기 때문입니다.

주격 조사인 '이/가'도 있는데 주어 자리에 '은/는'이 사용되는 이유는 '은/는'이 보조사로서 앞말에 '주제, 대조'의 의미를 더하기 때문입니다. 즉 대화 상황과 화자가 전달하고자 하는 의도에 따라 '은/는'과 같은 보조사를 선택해 사용합니다.

그렇다면 '은/는'은 '이/가'와 어떻게 달리 사용될까요?

다음 (라)에서처럼 구어나 문어에서 화제가 시작됨을 알리거나 처음 등장하는 주체 뒤에는 '이/가'를 쓰고, 앞서 언급된 대상이 다시 등장할 때에는 '은/는'을 씁니다. 이런 관점에서 '이/가'는 신 정보를, '은/는'은 구 정보를 표시한다고 설명하는 견해도 있습니다.

(라) 옛날옛날 한 마을에 호랑이가 살고 있었어요. 오랫동안 혼자 지내던 호랑이는 외로웠어요.

일상 대화에서는 '이/가'보다 '은/는'을 쓰는 일이 많습니다. 상대방과 어떤 대상에 대해 이야기할 때, 서로 그 대상을 보거나 떠올리는 방식 등으로 정보가 이미 공유된 상황에서 대화가 진행되기 때문입니다. 따라서 대화를 그대로 문자화하여 쓸 때에는 (마), (바)와 같이 주어에 '은/는'을 쓰는 것이 자연스럽습니다.

(마) (옷 가게에서 첫 대화로 상대에게 옷을 권하며)

　　이건 어때?
　　이것+은

(바) (자기소개 상황)

　　저는 홍길동입니다.

'이/가'는 무엇인가 새로운 말을 시작하는 환경에서 주로 사용됩니다. 새로운 말을 시작하는 환경에는 크게 2가지가 있는데, 그 하나는 몰랐다가 처음 알게 되는 사실을 말할 때이고 다른 하나는 문장의 *내포문을 말할 때입니다.

✿ 글쓰기에서 첫 단락의 첫 문장에는 글의 주제를 소개하는 내용이 필요합니다. 그래서 주제의 의미를 나타내는 '은/는'을 씁니다.

* **내포문**
하나의 문장 안에 주어와 서술어의 관계가 두 번 이상 이루어지며, 성분 절을 가진 문장을 말합니다.

(사) 근데 여기가 좀 더럽네.

(아) 내가 여기에 있을 테니까 너는 저기로 가.

(사)의 '여기가'에서 '가'는 대화 장소에 대해 화자가 처음 안 사실을 표현하거나, 다른 곳이 아닌 더러운 장소로(서) '여기'를 배타적으로 지정하거나, 단순 주어임을 표시하고자 선택한 경우로 설명할 수 있습니다. 만약 화자가 '여기는 좀 더럽네.'라고 '은/는'을 사용했다면 '이전에 둘러본 장소와는 다르게'라는 대조의 의미를 전달하려는 의도로 해석할 수 있습니다.

(아)에서 화자는 '는'을 사용하여 '나는 여기에 있을 테니까'로 문장을 시작할 수도 있는데, '내가 여기에 있을 테니까'로 '가'를 선택했습니다. '나'와 '네'가 있어야 하는 공간의 차이를 표현하기보다는 대화 속에 처음 등장한 상황에서의 자신을 표현하거나, 여기에 있을 사람은 다른 사람이 아닌 바로 '나'라는 배타성으로 자신을 지정하고자 선택한 것입니다.

이처럼 '이/가'도 '은/는'처럼 화자의 의도에 따라 선택되는데, 주로 처음 언급되는 대상을 표현하거나 배타적으로 대상을 지정할 때 사용됩니다. 이런 이유에서 (자-1)처럼 내포문(안긴 문장)의 주어 자리에서는 '이/가'를 쓰며, (자-2)처럼 '은/는'을 쓰면 어색한 문장이 됩니다.

(자-1) 〔제가 처음 찾아간〕 곳은 학교였습니다.

(자-2) ??〔저는 처음 찾아간〕 곳은 학교였습니다.

08
한국어의 기본 문형이 궁금합니다.

Q. 한국어의 기본 °문형은 몇 가지이고, 어떻게 가르치면 좋을까요? 영어처럼 5가지 문형으로 가르쳐도 될까요?

A. 한국어의 기본 문형은 서술어의 특성에 따라 크게 3가지로 구분됩니다. 즉, 한국어에서 기본 문형은 서술어가 체언과 서술격 조사의 결합형이냐, 형용사 혹은 동사이냐에 따라 3가지로 나뉘어집니다. 여기에 동사의 특성과 형용사를 수식하는 부사어 유무 등의 특성이 더해져, 한국어는 9개의 대표적 문형으로 나뉠 수 있습니다.

한국어의 기본 문형에 대해 자세히 살펴봅시다.

한국어의 기본 문형을 이해하기 위해서는 우선, 문장의 필수 성분을 알아야 합니다. 앞에서 살핀 대로 문장의 필수 성분은 문장에서 반드시 필요한 성분을 일컫는데, '주어, 목적어, 보어, 서술어'를 말합니다. 이때 문장의 의미적 완전함을 구현하기 위해 꼭 필요한 부사어를 '필수 부사어'라고 하여 필수 성분으로 포함하기도 합니다.

● **문형**
문장을 구성하는 문장 성분이 문장 속에서 어떻게 배열되는지를 형식화하고 규칙화하여 분류한 것을 말합니다.

✿ '필수 부사어'에 대한 자세한 내용은 125쪽 '한 걸음 더'를 살펴봅시다.

(1) 서술어의 특성에 따른 기본 문형의 분류

한국어에서는 서술어가 문장의 필수 성분의 수와 종류를 결정하기 때문에, 한국어의 기본 문형은 문장을 이루고 있는 서술어의 특성에 따라 구분됩니다. 즉, 한국어의 서술어에는 체언 + 서술격 조사 '이다', 형용사, 동사가 자리할 수 있으므로, 한국어의 기본 문형은 다음과 같이 크게 3가지로 구분할 수 있습니다.

(가) <u>엄마는</u>　<u>한국 사람이에요.</u> (누가 무엇이다.)
　　　주어　　서술어(체언+서술격 조사 '이다')

(나) <u>공부가</u>　<u>어려워요.</u> (무엇이 어떠하다.)
　　　주어　　서술어(형용사)

(다) <u>꽃이</u>　<u>피었어요.</u> (무엇이 어찌한다.)
　　　주어　서술어(동사)

(가)는 '체언 + 서술격 조사('이다')'가 서술어인 문장이고, (나)는 형용사가 서술어인 문장이며, (다)는 동사가 서술어인 문장입니다.

(2) 서술어로서 형용사의 특성에 따른 기본 문형

형용사가 서술어인 문장은 다시, 단순 형용사 문형과 필수적 부사어를 필요로 하는 문형으로 나눌 수 있습니다.

(라) 날씨가 추워.
　　　 주어　서술어(형용사)

(마) 일본은 온천으로 유명합니다.
　　　 주어　 필수 부사어　서술어(형용사)

(바) 빨간색이 파란색보다 나아요.
　　　 주어　　 필수 부사어　 서술어(형용사)

(라)는 (나)처럼 '주어 + 서술어'로 이루어진 기본 문형이고, (마)와 (바)는 '주어 + 필수 부사어 + 서술어'로 이루어진 기본 문형입니다.

(3) 서술어로서 동사의 특성에 따른 기본 문형

동사가 서술어인 문장은 그 동사가 '목적어를 필요로 하지 않는 자동사'인지, 아니면 '목적어를 필요로 하는 타동사'인지에 따라 문형이 달라집니다. 이때 (다)와 같이 서술어에 자동사가 자리한 문형은 (사) ~ (자)처럼 주어만을 필요로 하는 완전 자동사문과 '되다, 아니다'처럼 보어를 필요로 하거나 필수적 부사어를 필요로 하는 불완전 자동사문으로 나눌 수 있습니다.

(사) 친구가 노래해요.
　　　 주어　서술어(완전 자동사)

(아) 난 축구 선수가 되고 싶어.
　　　 주어　　 보어　　서술어(불완전 자동사)

(자) 내가 친구 생일 파티에 가요.
　　　 주어　　 부사어　　　서술어(불완전 자동사)

(사)는 '주어(친구가) + 동사(노래하다)'로 구성되어 (다)와 같이 '주어 + 자동사'인 기본 문형입니다. (아)는 '되다, 아니다' 앞에 의미를 보충해 주는 보어(축구 선수가)가 함께 나타나, '주어 + 보어 + 자동사'의 기본 문형을 보여 줍니다. 또 (자)는 '친구 생일 파티에'와 같은 부사어가 함께 나타나, '주어 + 부사어 + 자동사'의 기본 문형을 보여 줍니다.

마찬가지로 타동사가 자리한 문형은 목적어만을 필요로 하는 완전 타동사 문형과 목적어 이외에 필수적 부사어를 필요로 하는 불완전 타동사 문장으로 나눌 수 있습니다. 특히 불완전 타동사 문형의 경우에는 필수적 부사어가 목적어의 앞에 오는 경우와, 목적어의 뒤에 오는 경우로 다시 나뉩니다.

(차) 나는 친구를 좋아해요.
　　 주어　　목적어　 서술어(완전 타동사)

(카) 저는 할머니께 선물을 드릴 거예요.
　　 주어　　부사어　　목적어　 서술어(불완전 타동사)

(타) 할머니는 강아지를 아들로 삼았어.
　　 주어　　　목적어　　부사어　 서술어(불완전 타동사)

세 문장 (차) ~ (타)는 목적어(친구를, 선물을, 강아지를)가 필요한, 타동사가 서술어인 문장입니다. (차)는 '주어 + 목적어 + 서술어'로 이루어진 기본 문형입니다. (카)는 '선물을 드리는 대상'인 부사어를 필요로 한 문장으로 '주어 + 부사어 + 목적어 + 서술어'로 이루어진 기본 문형입니다. (타)도 목적어와 부사어를 필요로 하지만 필수 부사어의 위치가 달라진, '주어 + 목적어 + 부사어 + 서술어'로 이루어진 기본 문형입니다.

한국어 기본 문형은 어떻게 가르치면 좋을까요?

> ☆ 한국어의 기본 문형은 서술어의 특성에 따라, 9개의 문형을 제시할 수 있습니다.

지금까지 살펴본 한국어의 기본 문형을 표로 정리해 보면 다음과 같습니다.

구분		단어의 갈래	문형
		품사	기본 문형
문장 성분	서술어	(서술격) 조사	① 주어 + 서술어 〔(가)〕
		형용사	② 주어 + 서술어 〔(나), (라)〕
			③ 주어 + 부사어 + 서술어 〔(마), (바)〕
		동사 / 자동사	④ 주어 + 서술어 〔(다), (사)〕
			⑤ 주어 + 보어 + 서술어 〔(아)〕
			⑥ 주어 + 부사어 + 서술어 〔(자)〕
		동사 / 타동사	⑦ 주어 + 목적어 + 서술어 〔(차)〕
			⑧ 주어 + 부사어 + 목적어 + 서술어 〔(카)〕
			⑨ 주어 + 목적어 + 부사어 + 서술어 〔(타)〕

이들 9개의 한국어 기본 문형은 서술어를 기준 삼아, 서술어의 특성상 문장에서 필수 성분을 찾은 후 이를 채우는 연습을 통해 익힐 수 있습니다. 예를 들어, 서술어를 말했을 때 무엇이 궁금한지, 문장을 완성하려면 어떤 성분이 필요한지 생각해 보는 방식입니다.

"노래해."라는 말을 들었다면 "누가?"라는 질문이 떠오릅니다. 이때 "누가"는 그 문장을 완성하는 데 필요한, 문장의 필수 성분입니다. "비슷해."라는 서술어를 들었을 때에는 "무엇이 무엇과?"가 떠오르지요? '무엇이', '무엇과'에 해당하는 2개 성분이 문장의 필수 성분으로 자리해야 의미 전달이 명확한 문장을 구현할 수 있습니다.

기본 문형표를 제시하고 한국어의 기본 문형을 설명하기보다, 의미가 통하도록 문장을 완성하는 훈련을 통해 기본 문형을 교육하면 좋

습니다. 이를 위해 선생님들은 기본 문형의 구성 원리를 이해하고, 학
습자들과 필수 성분을 찾아 문장을 완성하는 연습을 거듭하면 더욱
좋겠습니다.

＋

한 걸음 더

보어와 필수 부사어에 대해 살펴봅시다.

　보어는, 주어와 서술어만으로 문장의 의미를 표현하는 데 불완전한 문장의 의미를 보
충해 주는 성분입니다. 학교 문법에서는 동사 '되다', 형용사 '아니다' 앞에 자리하는 '주
어가 아닌 성분'을 보어라고 합니다.

　(가) ??영희가 되었다.　→　영희가 <u>선생님이</u> 되었다.
　(나) ??영희는 아니다.　→　영희는 <u>화가가</u> 아니다.

　(가)의 밑줄 친 '선생님이', (나)의 밑줄 친 '화가가'가 바로 보어입니다. 보어가 생략되면
문장이 어색해집니다. 그래서 보어는 문장의 필수 성분입니다.

　(다) ??영희가 많이 닮았다.　→　영희가 <u>어머니와</u> 많이 닮았다.
　(라) ??영희는 산다.　→　영희는 <u>서울에</u> 산다.

　(다)의 밑줄 친 '어머니와', (라)의 '서울에'는 부사어입니다. 그런데 이 부사어를 생략
하면 문장이 어색해집니다. 용언의 불완전함을 보충해 주기 위해 부사어가 필요합니다.
(다), (라)처럼 부사어가 생략되면 문장이 어색한 경우에 그 부사어는 필수 성분이 되고,
이런 부사어를 '필수 부사어'라고 부릅니다.

　(마) 영희가 (어머니와) 외출했다.
　(바) 차를 (도로에) 세우지 마세요.

　(마)의 '어머니와', (바)의 '도로에'는 생략되어도 문장의 의미가 자연스럽습니다. 따라
서 모든 부사어가 필수 성분은 아닙니다.
　'되다/아니다' 앞에 오는 보어는 모든 경우에 필수 성분이지만, 부사어는 필수적인 경
우도 있고 그렇지 않은 경우도 있습니다. 그래서 학교 문법에서는 부사어와 보어를 구분
하고 있습니다.

09

이어진 문장, 안은 문장, 안긴 문장은 무엇입니까?

Q. 한국어 문법서를 읽다 보면 이어진 문장, 안은 문장, 안긴 문장과 같은 용어가 나옵니다. 설명을 읽어도 너무 복잡해서 이해가 잘 되지 않습니다.

A. 한국어의 문장은 하나의 주어와 서술어로 이루어진 단순문, 2개 이상의 주어와 서술어로 구성되는 복합문으로 나눌 수 있습니다. 이 가운데 이어진 문장, 안긴 절을 내포하는 안은 문장은 복합문에 해당됩니다. '이어진 문장'은 절과 절이 대등하게 연결된 문장입니다. 그리고 한 쌍의 주어, 서술어가 중심이 되는 문장이 다른 절을 안을 때 각각 '안은 문장', '안긴 절'이라고 합니다.

한국어의 문장 구성 방식에 대해 알아봅시다.

✿ 복합문은 이어진 문장(접속문)과 안은 문장(내포문)으로 나뉩니다. 따라서 '이어진 문장, 안은 문장, 안긴 절/안긴 문장' 은 문장의 구성을 일컫는 용어입니다.

문장(sentence)은 문장의 종결을 나타내는 부호(., ?, ! 등)를 가진 단위를 말합니다. 문장은 하나 이상의 서술어와 그 서술어에 딸린 문장 성분(주어, 목적어, 부사어 등)으로 구성됩니다.

문장 성분은 단어(word), 구(phrase), 절(clause)이 하나의 단위가 됩니다. 이 중에서 절은 주어와 서술어로 구성된 문법 단위입니다. 주어와 서술어로 구성된 문법 단위에는 절과 문장이 있는데, 완결성을 갖춘 단위를 절과 구별하여 문장이라고 합니다.

문장은 하나의 주어와 서술어로 이루어진 단순문과, 2개 이상의 절이 모여 문장을 구성하는 복합문으로 나뉩니다. 복합문은 다시, 이어진 문장(접속문)과 안은 문장(내포문)으로 나뉩니다. '이어진 문장, 안은 문장, 안긴 절/안긴 문장'은 문장의 구성을 일컫는 용어입니다.

 이어진 문장에 대해 좀 더 살펴봅시다.

이어진 문장은 절과 절이 대등하게 이어진 문장입니다.

(가) 만남은 쉽고 이별은 어렵다.

(나) 나는 머리가 짧지만 언니는 머리가 길어.

(다) 먹든지 말든지 마음대로 해.

(가)는 2개의 절 '만남은 쉽다, 이별은 어렵다'를 '-고'로 연결한 이어진 문장입니다. (나)는 2개의 절을 '-지만'으로 연결하여 대조의 의미를 나타냅니다. (다)는 '-든지'로 두 절을 연결하여 선택의 의미를 나타냅니다.

안은 문장과 안긴 절에 대해 좀 더 살펴봅시다.

복합문은 2개 이상의 주어와 서술어가 나옵니다. 이때 한 쌍의 주어와 서술어가 중심이 되어 다른 절을 안을 수 있습니다.

(라-1) 나는 〔영화 보는 것을〕 좋아해.
　　　　안은 문장의 주어　　　　　안은 문장의 서술어

(마-1) 〔나무 타는〕 냄새가 좋았다.
　　　　　　　　　안은 문장의 서술어

(바-1) 〔연락도 없이〕 왔니?
　　　　　　안은 문장의 서술어

(라-1) ~ (바-1)은 모두 안긴 절을 가진, 안은 문장입니다. 안은 문장의 서술어는 문장의 가장 뒤에 오는 서술어입니다.

(라-2) 나는 〔(내가) 영화(를) 보다〕을 좋아해.
　　　　　　　목적어로 안긴 절

(마-2) (나는) 〔나무(가) 타다〕 냄새가 좋았다.
　　　　　　　　관형어로 안긴 절

(바-2) 〔(너는) 연락도 없다〕 왔니?
　　　　　　부사어로 안긴 절

안긴 절은 안은 문장(중심이 되는 절)의 문장 성분 중 하나가 됩니다. (라-2)에서 안긴 절〔(내가) 영화(를) 보다〕이 안은 문장의 목적어입니다. (마-2)에서 안긴 절〔나무(가) 타다〕은 '냄새가'를 수식하는 관형어입니다. (바-2)에서 안긴 절〔(너는) 연락도 없다〕은 안은 문장의 부사어입니다.

이때 안긴 절이 문장의 주어, 목적어〔(라)처럼〕가 되면 명사절입니다. 또 (마)처럼 안긴 절이 명사(냄새)를 수식하면 관형사절, (바)처럼 서술어를 수식하면 부사절입니다.

여기서 잠깐

안긴 문장 또는 안긴 절의 종류에 대해 알아봅시다.

안긴 절에는 '명사절, 관형사절, 부사절, 인용절, 서술절'이 있습니다. 명사절은 문장의 주어, 목적어의 역할을 하는 절입니다. 관형사절은 뒤에 오는 명사나 명사구를 수식하는 절입니다. 부사절은 서술어나 다른 부사어, 문장 전체를 수식하는 절을 말합니다. 인용절은 다른 사람의 말을 인용하는 절을 말합니다. 이러한 절들은 각각의 절을 표시하는 어미와 함께 나타납니다.

이에 비해 서술절은 주어가 2개 나오는 문장에 나타나는 절입니다. "코끼리는 코가 길다."라는 문장은 2개의 절로 구성되어 있습니다. 주어인 "코끼리는"과 서술절로 이루어진 서술어 "코가 길다"가 하나의 절을 이룹니다. 서술절인 "코가 길다"에서 "코가"는 주어이고 "길다"는 서술어입니다. 서술절은 절을 표시하는 어미 없이 나타나서 다른 절과 다릅니다.

10

한국어에서 '-는 것'과 '-기'와 '-(으)ㅁ'의 차이가 무엇인가요?

Q. 한국어에서 '-는 것'과 '-기'와 '-(으)ㅁ'은 어떻게 쓰이나요?

A. '-는 것'과 '-기', '-(으)ㅁ'은 명사절을 만든다는 점에서 문법적 유사성을 갖습니다. 그러나 의미적으로 '-는 것'은 '-기, -(으)ㅁ'을 대체하여 사용할 수 있으나 '-기'와 '-(으)ㅁ'은 상호 교차적으로 사용하기 어렵습니다. '-기'는 주로 미완료된 일을 나타낼 때, '-(으)ㅁ'은 주로 완료된 일을 나타낼 때 사용하기 때문입니다.

'-는 것', '-기', '-(으)ㅁ'의 유사성에 대해 알아봅시다.

'-는 것'과 '-기'와 '-(으)ㅁ'은 명사절을 만듭니다. 명사절은 문장에서 주어, 목적어의 기능을 합니다.

(가) 당신을 다시 만난 것이 기적이다.

(나) 그는 때가 오기를 기다린다.

(다) 그녀는 전직 첩보원이었음이 밝혀졌다.

(가) ~ (다)에서 밑줄 친 부분은 모두 명사절입니다. (가)의 밑줄 친 부분은 '당신을 다시 만나-'에 '-(으)ㄴ 것'이 결합되어 구성된 명사절로, '기적이다'의 주어 기능을 합니다. (나)의 밑줄 친 부분은 '때가 오-'에 명사형 어미 '-기'가 결합된 명사절로, '기다린다'의 목적어로 기능합니다. (다)의 밑줄 친 부분은 '그녀는 전직 첩보원이었-'에 명사형 어미 '-음'이 결합된 명사절로, '밝혀졌다'의 주어 기능을 합니다.

 그럼 '-는 것'과 '-기'와 '-(으)ㅁ'은 서로 바꿔 쓸 수 있을까요?

'-(으)ㄴ / -는 / -(으)ㄹ / 던 것'은 '-기'나 '-(으)ㅁ'으로 바꿔 쓰는 것이 자연스럽습니다. 그러나 '-기'와 '-(으)ㅁ'은 서로 바꿔 쓰는 것이 어렵습니다.

(라-1) 학교 다니는 거 재밌어요?

(라-2) 학교 다니기 재밌어요?

(라-3) ??학교 다님(이) 재밌어요?

(라-1)을 (라-2), (라-3)으로 변형하면 (라-2)는 자연스럽지만 (라-3)

은 매우 어색합니다. '-기'와 '-(으)ㅁ'의 의미적 차이 때문입니다.

'-(으)ㅁ'은 '결정성, 실체성'의 의미를 가지고 있어서 구체적인 의미를 나타낼 때 쓰입니다. '-기'는 '결정성, 실체성'의 의미를 가지지 않기 때문에 추상적인 의미를 나타낼 때 쓰입니다. 또 '-(으)ㅁ'은 완료된 일을 나타낼 때 사용하고, '-기'는 미완료된 일을 나타낼 때 사용합니다.

 '-기'와 '-(으)ㅁ'의 차이를 익힐 수 있는 방법에 대해 알아봅시다.

'-(으)ㅁ'의 의미를 설명할 때 '결정성, 실체성, 완료'라는 용어가 너무 어렵습니다. 학습자들에게는 이러한 이론적인 설명보다, '-기'와 '-(으)ㅁ' 뒤에 오는 동사, 형용사의 종류에 따라 '-기'와 '-(으)ㅁ'을 구분해서 쓰도록 알려 주면 좋습니다.

(1) '-기'가 올 수 있는 동사, 형용사

(마) 나 병원 가기 싫어.

(바) 금메달을 따기가 쉽지.

(사) 한국어 공부를 열심히 하기로 결심했어.

구분	동사, 형용사
감정 표현	꺼리다, 싫다 / 싫어하다, 좋다 / 좋아하다, 즐기다, 피하다
가치, 수준 표현	가능하다, 까다롭다, 괴롭다, 나쁘다, 불편하다, 수월하다, 쉽다, 알맞다, 어렵다, 용이하다, 적당하다, 좋다, 힘들다
원망(願望) 표현	갈망하다, 기다리다, 기대하다, 기원하다, 바라다, 원하다, 희망하다
관습적 표현	-기 나름이다 / 마련이다 / 십상이다, '제가 알기로는', '제가 생각하기에는', '선생님이 말씀하시기를'
기타 표현	결심하다, 계획하다, 맹세하다, 약속하다, 정하다, 합의하다

✿ 이론적 설명보다 문장을 통해 반복적으로 '-기'와 '-(으)ㅁ'과 결합하는 동사, 형용사 종류를 통해 의미 차이를 보여 주면 좋습니다.

(2) '-(으)ㅁ'이 올 수 있는 동사, 형용사

(아) 시험일이 지났음을 몰랐어.

(자) 시험에 합격했음이 분명해.

(차) 영수가 어제 시험 보러 가지 않았음을 고백했어.

구분	동사, 형용사
감각, 감정 표현	기쁘다 / 기뻐하다, 느끼다, 듣다, 보다, 슬프다 / 슬퍼하다, 의식하다
가치, 수준 표현	부당하다, 분명하다, 어리석다, 이상하다, 타당하다, 틀림없다, 확실하다, 현명하다
인지 표현	기억하다, 깨닫다, 떠오르다, 모르다, 보이다, 알다, 인식하다, 잊다, 의식하다
기타 표현	고백하다, 드러나다, 밝혀지다, 알리다, 암시하다, 주장하다, 지적하다, 한탄하다

> **여기서 잠깐**
>
> **'-는 것'의 구성에 대해 알아봅시다.**
>
> '-는 것'과 '-기'와 '-(으)ㅁ'은 명사절을 만듭니다. 그런데 '-기'와 '-(으)ㅁ' 과 달리, '-(으)ㄴ / -는 / -(으)ㄹ / 던 것'에 대해서는 다른 의견이 있습니다. '-(으)ㄴ / -는 / -(으)ㄹ / 던 것'은 관형형 어미가 의존 명사 '것'을 수식하는 형태여서 '-기'와 '-(으)ㅁ'과 같은 명사형 전성 어미와 다르다고 주장합니다. 이때 '전성 어미'는 용언의 어간에 붙어 다른 품사의 기능을 수행하게 하는 어미를 말하며, 명사형 전성 어미['-기', '-(으)ㅁ'], 관형사형 전성 어미['-(으)ㄴ', '-는, '-(으)ㄹ'], 부사형 전성 어미('-게', '-도록' 등)로 나뉩니다. 그래서 한국어 이론 문법서에서는 명사절을 만드는 요소로 '-기'와 '-(으)ㅁ'만 제시하기도 합니다.

11

직접 인용과 간접 인용은
어떻게 표현하나요?

Q. 다른 사람의 말을 인용할 때, 직접 인용은 쉬운데 간접 인용은 어렵습니다. 어떻게 하면 쉽게 설명할 수 있을까요?

A. 인용에는 직접 인용과 간접 인용이 있습니다. 직접 인용은 문장 부호 " ", ' '를 이용하여 원문을 그대로 가져오는 인용입니다. 간접 인용은 원문의 뜻을 살리되, 화자의 문장으로 표현하는 인용으로 다양한 인용 어미가 사용됩니다.

인용에 대해 살펴봅시다.

'인용'은 남의 말이나 글을 자신의 말이나 글 속에 가져와서 쓰는 것을 말합니다. 인용에는 직접 인용과 간접 인용이 있습니다. 직접 인용은 문장 부호 " "나 ' '를 이용하여 인용하는 글이나 말을 그대로 가지고 옵니다. 그래서 " "나 ' ' 안에 인용하는 말을 넣고, 그 뒤에 '(이)라고, 하고'를 붙여 주면 됩니다.

(가-1) 에디슨은 "실패는 성공의 어머니입니다."라고 했어요.
(나-1) 언니는 "너, 어서 도망가!" 하고 외쳤다.

앞의 직접 인용 문장에는 두 가지 상황이 나타납니다. (가-1), (나-1)에서 ①누군가가 말을 하는 상황이 있고, ②그 말을 전달하는 상황이 있습니다.
이제 (가-1), (나-1)을 간접 인용으로 바꿔 봅시다.

(가-2) 에디슨은 실패는 성공의 어머니라고 했어요.
(나-2) 언니는 나에게 어서 도망가라고 외쳤다.

앞의 간접 인용 문장에는 ① '누군가가 말을 하는 상황'은 없고, ②'그 말을 전달하는 상황'만 있습니다. 그리고 (가-1), (나-1)과 비교할 때, 간접 인용 문장인 (가-2), (나-2)에 변화가 있습니다.

(가-1) 에디슨은 "실패는 성공의 어머니입니다."라고 했어요.
(가-2) 에디슨은 실패는 성공의 어머니라고 했어요.

인용문 (가)의 문장 쌍은 객관적 사실을 전달합니다. 따라서 직접

✿ 직접 인용은 문장 부호를 사용하고, 간접 인용은 간접 인용 어미를 붙여 인용문을 만듭니다.

인용을 간접 인용으로 만들어 주는 규칙을 그대로 적용합니다. 문장 부호 " "를 없애고 '어머니입니다'를 '어머니라고'로 바꿔 주면 됩니다.

(나-1) 언니는 "너, 어서 도망가!" 하고 외쳤다.
(나-2) 언니는 나에게 어서 도망가라고 외쳤다.

한편, (나-1)의 직접 인용문에는 2인칭 대명사 '너'가 나타납니다. 이에 비해 간접 인용문인 (나-2)에서는 인칭 대명사의 조정이 필요합니다. 화자의 관점에서 2개의 상황(누군가가 말을 하는 상황, 그 말을 전달하는 상황)을 1개의 상황(그 말을 전달하는 상황)으로 표현해야 하기 때문입니다.

(나)에서 언니가 "너"라고 말한 대상은 곧 화자 자신이므로 '나'가 됩니다. 여기에 부사격 조사 '에게'를 붙여 주어야 합니다. 이렇게 간접 인용으로 바꿀 때에는 대명사나 시제를 조정하는 과정이 필요한 경우가 있습니다.

 간접 인용을 표현하는 방법을 좀 더 자세히 알아봅시다.

(1) 인용 문장의 종류에 따른 표현 방법

간접 인용문을 만들기 위해서는 인용하려는 문장의 종류가 중요합니다. 일반적인 내용을 진술하는 평서문인지, 질문을 하는 의문문인지, 제안을 하는 청유문인지, 요구를 하는 명령문인지에 따라 간접 인용의 뒤에 따라오는 어미와 동사 표현이 달라집니다. 감탄문은 평서문의 인용 방식과 동일합니다. 이때 인용문의 시제에 따라서 간접 인용의 형태가 달라지기도 합니다.

(다) 누나가 "나 밥 먹었어."라고 말했다.
　　　　　　평서문

→ 누나가 자기가 밥 먹었다고 말했다.

(라) 누나가 "너 밥 먹었니?"라고 물었다.
　　　　　　의문문

→ 누나가 나에게 밥 먹었냐고 물었다.

(마) 누나가 "밥 먹자."라고 말했다.
　　　　　　청유문

→ 누나가 나에게 밥 먹자고 말했다.

(바) 누나가 "밥 먹어."라고 말했다.
　　　　　　명령문

→ 누나가 나에게 밥 먹으라고 말했다.

(사) 누나가 "하늘이 정말 맑구나!"라고 말했다.
　　　　　　　　감탄문

→ 누나가 하늘이 정말 맑다고 말했다.

(2) 문장 유형별 인용 어미

간접 인용을 할 때 인용문의 용언(동사, 형용사) 어간, 명사에 인용 어미를 붙입니다. 문장 유형별 인용 어미는 다음과 같습니다.

문장의 종류	시제	인용 어미
평서문	현재	동사 어간 + -(느)ㄴ다고
		형용사 어간 + -다고
		명사 + (이)라고
	과거	동사 / 형용사 어간 + -았/었/했다고
		명사 + 이었/였다고
	미래	동사 / 형용사 어간 + -(으)ㄹ 거라고
		명사 + (이)ㄹ 거라고

	현재	동사 어간 + -느냐고
의문문		형용사 어간 + -(으)냐고
		명사 + (이)냐고
	과거	동사/형용사 어간 + -았/었/했느냐고
		명사 + 이었/였느냐고
	미래	동사 어간 + -(으)ㄹ 거냐고
	추측	동사/형용사 어간 + -(으)ㄹ 것 같냐고
		명사 + 일 것 같냐고
청유문	(시제 표현 ×)	동사 어간 + -자고
명령문	(시제 표현 ×)	동사 어간 + -(으)라고
감탄문	(시제 표현 ×)	동사 어간 + -(느)ㄴ다고
		형용사 어간 + -다고
		명사 + (이)라고

(3) 인용 어미를 붙이는 순서

간접 인용문을 만들 때 일반적으로 용언(동사, 형용사) 어간에 인용 어미를 붙입니다. 그러나 시제를 나타내는 *선어말 어미가 있으면 시제 선어말 어미 다음에 인용 어미를 씁니다.

(아) 민준이가 <u>농구반에 같이 들자고</u> 해서 그냥 <u>알았다고</u> 했었어.

(아)의 문장은 밑줄 친 것처럼 2개의 간접 인용문이 있습니다. 민준이가 친구에게 "농구반에 같이 들자."라고 말합니다. 청유문에는 시제가 안 나오니, 동사 어간에 인용 어미를 붙였습니다. 민준이의 제안에 친구인 화자는 "알았어."라고 대답했습니다. 과거 시제 표현이 나오니 과거 시제 표현 다음에 인용 어미를 붙였습니다.

*선어말 어미
(先語末語尾)

활용 어미의 맨 뒤에 있는 '어말 어미' 앞에 나타나는 어미를 말합니다. 선어말 어미는 '-(으)시-'와 같이 높임법에 관한 것과 '-았/었-', '-겠-' 등의 시상(時相)에 관한 것이 있습니다.

인용문에 의지를 나타내는 표현이 있으면 간접 인용에서 '-겠-'을 쓰고 그 다음에 인용 어미를 붙여야 합니다. 다음 (자) ~ (차)의 밑줄 친 부분이 그 예입니다.

(자) 내가 <u>과학반으로 가겠다</u>고 했더니 친구가 나보고 변덕스럽대.

(차) 아버지께서 <u>주말에 놀이공원에 데려가 주시겠다</u>고 말씀하셨다.

+

한
걸음
더

문장 유형에 대해 살펴봅시다.

　　문장 유형은 화자가 말을 하는 목적에 따라 평서문, 의문문, 청유문, 명령문, 감탄문으로 나뉩니다. 평서문은 자신의 의견을 설명하거나 진술하는 문장입니다. 의문문은 화자가 청자에게 질문을 던지는 문장입니다. 청유문은 화자가 청자에게 제안을 하는 문장입니다. 명령문은 화자가 청자에게 요구를 하는 문장입니다. 감탄문은 자신의 느낌을 표현하는 문장이고, 느낌표와 함께 쓰이는 경우가 많습니다.

　　문장 유형은 문장을 끝내는 표현(종결 어미)으로 나타냅니다. 이에 따라 평서형 종결 어미, 의문형 종결 어미, 청유형 종결 어미, 명령형 종결 어미, 감탄형 종결 어미가 있습니다.

　　5개의 문장 유형에 약속문을 따로 분류해야 한다는 의견도 있습니다. 약속문은 화자가 청자에게 무엇을 약속하는 문장으로, '-(으)ㅁ세, -(으)ㄹ게, -(으)마' 등과 같은 약속을 의미하는 종결 어미가 결합하여 만들어집니다. 약속문은 문장에 쓰이는 종결 어미가 평서문과 다르지 않아서 평서문으로 보는 경우가 많습니다. 앞서 2부 8과의 기본 문형 설명은 평서문을 기준합니다.

12

피동과 사동을 쉽게 구분하는 방법이 있습니까?

Q. 피동사와 사동사의 형태가 같은 것이 있어서 헷갈립니다. 피동과 사동을 쉽게 구분하는 방법이 있습니까?

A. 피동과 사동의 의미를 잘 이해하고, 의미를 표현하는 방법을 익히면 피동과 사동을 구분할 수 있습니다. 먼저 피동은 '당하다'의 의미로, 사동은 '시키다'의 의미로 각각 실현됩니다. 피동 문장은 능동 문장의 목적어가 주어로 오기 때문에 목적어가 없는 자동사 문장입니다. 사동 문장은 '~에게 ~을/를 시킨다'는 의미를 표현해야 하기 때문에 목적어를 가진 타동사 문장입니다.

피동 표현과 사동 표현이 같을 수 있을까요?

같은 형태가 피동사와 사동사로 쓰이는 경우가 있어 한국어 학습자들이 피동과 사동 구분에 혼란을 겪곤 합니다.

(가) 벽에 걸려 있는 시계가 <u>보였다</u>.

(나) 철수가 나에게 사진첩을 <u>보였다</u>.

'보이다'라는 동사는 피동사와 사동사로 모두 쓰입니다. 그런데 (가)는 '시계'가 '(나에게) 보임을 당했다.'는 의미를 가진 피동 문장이고, (나)는 '철수'가 '나'에게 '사진첩을 보게 했다.'는 의미로 쓰인 사동 문장입니다. 이렇듯 문장의 의미를 파악하면 피동 표현과 사동 표현 구분이 쉬워질 것입니다.

(1) 피동 표현

피동에 대비되는 용어는 능동입니다. 능동은 '행동을 하는 사람이 스스로 행위를 하는 것'을 말하고, 피동은 '주어가 스스로 행위를 하지 않고 어떤 행위를 당하거나 행위를 받는 것'을 말합니다. 능동문에서는 행위를 하는 능동주가 있는 반면, 피동문에서는 행위를 받는/당하는 피동주가 있습니다.

(다) 경찰이 도둑을 잡았다. 〔능동문〕

(라) 도둑이 경찰에게 잡혔다. 〔피동문〕

(다)는 경찰이 스스로 도둑을 잡는 행동을 하고 있습니다. 여기서 '경찰이'는 능동주 주어입니다. 반면 (라)에서 주어인 도둑은 경찰에

게 잡힘을 당한 피동주입니다.

(다), (라)의 능동문과 피동문을 비교해 보면 그 차이를 쉽게 알 수 있습니다.

(다)　　　경찰이　　　　　　도둑을　　　　　　　　　잡았다.

(라)　　　도둑이　　　　　　경찰에게　　　　　　　　잡혔다.
　　　　　　　　　　　　　　　　　　　　　잡-+-히-(피동 접사)+-었-+-다

능동문 (다)의 목적어가 피동문의 주어가 되고, 능동문 (다)의 주어는 '에/에게'와 함께 부사어가 됩니다. (라)와 같은 피동문을 만들기 위해서는 능동문 (다)의 동사가 피동사가 되어야 합니다.

피동사를 만드는 방법은 다음과 같습니다.

---

① 동사 어간 + -이-, -히-, -리-, -기-(피동 접사)
② 동사 어간 + -아/어지다
③ 명사-하다 → 명사-되다
④ 피동 의미를 가진 어휘 사용: 받다, 당하다 등

---

①~③은 •주동사에서 피동사를 만드는 방법입니다. 반면 ④는 동사 자체가 피동의 의미를 가지고 있어서 ①~③으로 만들어지는 피동 문장과 동일한 문장 구조를 갖습니다.

(2) 사동 표현

사동과 대비되는 용어는 주동입니다. 주동은 '주체가 되는 주어가 직접 동작하는 행위를 하는 것'입니다. 이에 반해 사동은 '주체가 되는 주어가 누군가에게 무엇을 시킨다.'는 의미입니다.

•주동사
문장의 주체가 스스로 행하는 동작을 나타내는 동사를 말합니다.

(마) 아이가 책을 읽는다. 〔주동문〕

(바) 엄마가 아이에게 책을 읽힌다. 〔사동문〕

(사) 엄마가 아이에게 책을 읽게 한다. 〔사동문〕

(마)는 주어인 '아이가' 책을 읽고 있는 상황을 표현합니다. 주어가 직접 행동을 하는 주동문입니다. 그런데 (바), (사)는 '아이'가 책을 읽고 있는 상황이 포착되지만, '엄마'가 아이에게 책을 읽는 행위를 시키고 있습니다. (바), (사)의 주어인 '엄마'는 행동을 남에게 시키는 사동주이며, 이 두 문장은 사동문입니다.

이처럼 사동의 의미를 표현하기 위해서는 사동사를 써야 합니다. 사동사를 만드는 방법은 다음과 같습니다.

---

① 동사 어간 + -이-, -히-, -리-, -기-, -우-, -구-, -추-(사동 접사)
② 동사 어간 + -게 하다
③ 명사 + -시키다
④ 사동 의미를 가진 어휘 사용: 시키다

 피동과 사동을 구분하는 방법을 알아봅시다.

피동과 사동의 의미를 잘 이해하고 의미를 표현하는 방법을 익히면 같은 표현이 사용될지라도 사동과 피동을 구분할 수 있습니다. 먼저 피동은 '당하다'의 의미로, 사동은 '시키다'의 의미로 해석됩니다. 다음으로 문장이 자동사 문장인지 타동사 문장인지 살펴봐야 합니다. 피동 문장은 능동 문장의 목적어가 주어로 오기 때문에 목적어가 없는 자동사 문장입니다. 사동 문장은 '~에게 ~을/를 시킨다'는 의미를 표현해야 하기 때문에 목적어를 가진 타동사 문장입니다.

> ✿ 피동은 '주어가 어떤 행위를 당하거나 받는 것'을, 사동은 '주어가 누군가에게 무엇을 시키는 것'을 말합니다.

다음 두 문장을 피동문, 사동문으로 구분해 봅시다.

(아) 해리포터 시리즈가 많이 읽혔다.　〔피동문〕

(자) 형이 동생에게 해리포터를 읽혔다.〔사동문〕

　　(아), (자)에서 서술어로 쓰인 '읽히다'는 피동사와 사동사의 형태가 같은 동사입니다. (아)는 피동 문장이고, (자)는 사동 문장입니다. (아)는 목적어가 없는 자동사 문장이고, (자)는 '해리포터를'이라는 목적어가 있는 타동사 문장임을 통해 각각 피동문과 사동문으로 구분할 수 있습니다. 이때 (아)의 '읽 + -히- + 다'에서 '-히-'는 피동 접사, (자)의 '읽 + -히- + 다'에서 '-히-'는 사동 접사입니다. 같은 형태이지만 다른 동사임을 유의해야 합니다.

13

형용사는 왜 명령형 어미, 청유형 어미와 결합할 수 없나요?

Q. 동사와 달리 형용사는 왜 명령형 어미, 청유형 어미와 결합할 수 없나요?

A. 형용사가 명령형 어미, 청유형 어미와 결합하지 않는 이유는 문장 구성에서 요구되는 의미적 특성과 관계가 있습니다. 형용사가 서술어로 쓰인 문장에서의 주어는, 명령문이나 청유문에서 요구되는 행동을 하는 주체(主體)가 아닌 형용사가 나타내는 성질이나 상태이기 때문입니다.

형용사의 특성에 대해 알아봅시다.

형용사는 '사람이나 사물 따위의 성질이나 상태를 나타내는 말'입니다. 형용사가 서술어로 쓰인 문장에서 주어는, 어떤 행동을 하는 주체가 아니라 형용사가 나타내는 성질이나 상태의 대상입니다.

(가) 하늘이 정말 높네.
(나) 철수가 아프니?
(다) 한복이 정말 아름답구나.

(가)에서 주어 '하늘이'는 '높네'의 대상이 됩니다. (나)의 '철수가'는 사람이어서 행동을 하는 주체가 될 수 있지만, 이 문장에서는 '아프니'의 대상입니다. (다)의 '한복이'도 '아름답구나'의 대상이 됩니다. 형용사가 서술어로 쓰인 구문의 이런 특성 때문에 형용사는 청유문과 명령문의 서술어로 쓰일 수 없습니다.

청유문과 명령문은 모두 화자가 청자에게 어떤 행동을 요구하는 의미적 특성을 가지고 있습니다. 청유문은 '화자가 청자에게 어떤 행동을 함께할 것을 요청, 즉 제안하는 문장'입니다. 또 명령문은 '화자가 청자에게 어떤 행동을 하도록 요구하는 문장'입니다. 그런데 형용사가 서술어인 문장에서 주어는 형용사의 의미적 대상이어서 행동을 지시하는 청유문과 명령문으로는 쓰일 수 없습니다.

(라-1) *하늘이 높자. 〔청유〕   (라-2) *하늘이 높아라. 〔명령〕

(마-1) *철수가 아프자. 〔청유〕   (마-2) *철수가 아파라. 〔명령〕

(바-1) *한복이 아름답자. 〔청유〕   (바-2) *한복이 아름다워라. 〔명령〕

형용사를 명령형 어미나 청유형 어미와 결합하여 사용하는 경우는 없나요?

우리는 일상생활에서 다음과 같은 표현을 종종 씁니다.

> (가) 할아버지 건강하세요.
> (나) 오늘 하루도 행복합시다.

'건강하다, 행복하다'는 형용사여서 문법적으로는 청유형과 명령형과 함께 쓸 수 없습니다. 그런데 이런 표현을 자주 사용하는 이유는 무엇일까요? '건강하다, 행복하다'는 우리가 바라는 상태입니다. 따라서 명령형과 청유형을 씀으로써 상대방의 '건강, 행복'을 바라는 의미를 나타낼 수 있습니다. (가), (나)는 문법적으로는 잘못되었다고 이야기할 수 있지만, 많은 사람들이 '소망, 바람'의 의미를 담아 이러한 표현을 사용하고 있습니다.

 형용사는 청유문과 명령문 이외에 다른 결합 제약이 있습니까?

형용사가 서술어로 쓰인 문장에서 주어는 행동을 하는 주체가 아닌 서술하는 대상이기 때문에, 형용사 어간과 함께 나타날 수 없는 어미도 있습니다.

(사) *하늘이 높으고자 한다.
(아) *철수가 아프느라고 애쓴다.
(자) *한복이 아름다우려고 노력한다.

(사) ~ (자)와 같이 형용사 어간은 '-고자, -느라고, -(으)려고' 등의 목적이나 의도를 나타내는 연결 어미와 함께 결합할 수 없습니다. 형용사가 서술어로 쓰인 문장 (사) ~ (자)에서 주어 '하늘이, 철수가, 한복이'는 행동의 주체가 아니기 때문에 주어의 '의도'를 나타내는 표현

과 어울리지 않습니다.

(차) *하늘이 높<u>자마자</u> 해가 떴다.

(카) *철수가 <u>아프려다</u> 학교에 못 갔다.

(타) *한복이 <u>아름답자마자</u> 많은 사람들의 관심을 받았다.

(차) ~ (타)처럼 형용사가 서술어로 사용될 때, '-자마자, -(으)려다' 처럼 2가지 동작 간의 선후 관계를 나타내는 연결 어미와도 잘 결합 하지 않습니다. 이처럼 형용사는 성질이나 상태를 나타내므로, 목적이 나 의도를 나타내는 연결 어미 그리고 동작 간 선후 관계를 나타내는 연결 어미 등과 결합할 수 없습니다.

14

불규칙 동사를 쉽게 구별할
교육 방법이 궁금합니다.

Q. 규칙 동사와 불규칙 동사를 쉽게 구별하도록 가르치는
방법이 있을까요? 있다면 그 방법이 궁금합니다.

A. 한국어 학습자는 한국어 활용에 대한 모국어 직관이 없
기 때문에 규칙 용언과 불규칙 용언을 구별하는 기준을 가르
치기 어렵습니다. 다만 규칙형 및 불규칙형 용언의 목록을 통
해 규칙 용언과 불규칙 용언을 구별, 확인하는 방법을 사용
할 수 있습니다. 좀 더 손쉽게는 규칙형과 불규칙형의 기본형
이 같은 형태인 단어만 따로 뽑아 가르치는 방법도 있습니다.
예를 들어 기본형은 같으나 활용이 다른 두 동사로서, 규칙형
'(흙에) 묻다'와 불규칙형 '(길을) 묻다'와 같은 단어 쌍을 목록
화하여 제시하는 방법입니다.

왜 '(흙에) 묻다'는 규칙 용언이고, '(길을) 묻다'는 불규칙 용언일까요?

용언(동사, 형용사)의 어간이 어미와 만나 활용할 때, 어간과 어미가 예측되는 방향으로 활용을 하면 '규칙 용언', 그렇지 않으면 '불규칙 용언'이라고 합니다.

(1) 규칙 용언

용언은 활용 시 대개 어간이 고정되어 있고, 여기에 어미가 규칙적으로 결합됩니다.

(가) (밥을) 먹다 : 먹고, 먹으니, 먹어서

(나) (기분이) 좋다 : 좋고, 좋으니, 좋아서

(다) (집에) 오다 : 오고, 오니, 와서

(라) (수를) 세다 : 세고, 세니, 세어서

(가)는 어간 '먹-'에 어미 '-고, -으니, -어서'가 결합되었고, (나)는 어간 '좋-'에 어미 '-고, -으니, -아서'가 결합되었습니다. (다)는 어간 '오-'에 어미 '-고, -니, -아서'가 결합되었고, (라)는 어간 '세-'에 어미 '-고, -니, -어서'가 결합되었습니다.

어간 받침	○	먹-/좋-	+-으니	먹으니/좋으니
	×	오-/세-	+-니	오니/세니
어간 모음	ㅏ, ㅗ(○)	좋-/오-	+-아서	좋아서/와서
	ㅏ, ㅗ(×)	먹-/세-	+-어서	먹어서/세어서

이처럼 용언은 어미와 결합 시, 어간 끝음절의 받침 유무 및 어간 끝음절 모음이 'ㅏ, ㅗ'인지 여부에 따라 결합되는 형태소가 규칙적으

로 달라집니다. 이는 한국어 용언이 활용할 때 일정한 규칙을 따르고 있음을 말해 줍니다.

(가)의 '먹-'과 (나)의 '좋-'은 어간에 받침이 있으므로 '-으니'가 결합되었고, (다)의 '오-'와 (라)의 '세-'는 받침이 없으므로 '-니'가 결합되었습니다. 또 (가)의 '먹-'과 (라)의 '세-'는 어간 모음이 'ㅏ, ㅗ'가 아니므로 '-어서'가 결합되었고, (나)의 '좋-'과 (다)의 '오-'는 어간 모음이 'ㅗ'여서 '-아서'가 결합되었습니다. 이렇게 어간에 어미가 결합할 때 일정한 양상으로 규칙적으로 활용하는 용언들을 '규칙 용언'이라고 합니다.

(2) 규칙 용언과 불규칙 용언의 비교

(마) (흙에) 묻다: 묻고, 묻지, 묻어, 묻으니, 묻어서, 묻으면, 묻을

(바) (길을) 묻다: 묻고, 묻지, 물어, 물으니, 물어서, 물으면, 물을

(마)의 '묻다'는 우리가 예측하는 방향으로 활용되었습니다. 어간 '묻-'은 고정되어 있고, 어미는 받침 유무 및 어간 모음의 종류에 따라 규칙적으로 결합되었습니다. 따라서 규칙 용언이라 할 수 있습니다. 하지만 (바)의 '묻다'는 어미에 따라 어간의 모습이 '물'로 바뀌었습니다. (마), (바) 모두 동일한 환경에 놓였는데, (바)는 왜 어간의 'ㄷ' 받침이 'ㄹ'로 바뀌었는지 알 수 없습니다. 이처럼 어간에 어미가 결합할 때 예측할 수 없는 방향으로 활용이 일어나는 용언을 '불규칙 용언'이라고 합니다. 한국어의 용언은 이와 같이 특정한 환경에서 불규칙하게 활용하는 예들이 매우 다양하게 발달되어 있습니다.

그러한 사례들을 규칙형과 불규칙형으로 대비해 살펴봅시다.

✿ 어간에 어미가 결합하는 활용이 규칙적으로 실현되는 용언들을 '규칙 용언'이라고 하고, 예측할 수 없는 방향으로 활용이 일어나는 용언을 '불규칙 용언'이라고 합니다.

→ 먼저 'ㄷ' 규칙 용언과 'ㄷ' 불규칙 용언에 대해 알아봅시다.

앞에서 살펴본 '(흙에) 묻다'와 '(길을) 묻다'가 대표적인 유형입니다. '(흙에) 묻다'는 '묻어, 묻으니, 묻어서, 묻으면, 묻을'처럼 모음형 어미와의 연결형에서 어간과 어미가 규칙적으로 결합합니다. 이에 비해 '질문하다'라는 뜻의 '묻다'는 어간 '묻-'에 '-어, -으니, -어서, -으면, -을' 등의 모음형 어미가 결합하면 '묻어'가 아니라 '물어, 물으니, 물어서, 물으면, 물을'처럼 'ㄷ' 받침이 'ㄹ'로 바뀝니다. 이러한 경우를 'ㄷ' 불규칙 용언이라고 합니다.

'ㄷ' 규칙 용언과 'ㄷ' 불규칙 용언은 문맥에 따라 충분히 구별되기는 하지만, 이와 같은 차별화된 형태론적 활용을 통해 다른 뜻의 단어임을 알 수 있습니다. 그렇기 때문에 불규칙 활용에 대한 이해는 한국어와 그 용법을 이해하는 데 매우 중요한 요소라고 할 수 있습니다.

! 여기서 잠깐

'ㄷ' 불규칙 동사인 '붇다'의 활용을 살펴봅시다.

'라면이 (붇겠다/불겠다), 면발이 (붇어서/불어서) 먹지 않았다'에서, '라면이 붇겠다', '면발이 불어서 먹지 않았다'가 맞는 표현입니다. 여기서 용언 '붇다'는 'ㄷ' 불규칙 동사이기 때문에 자음형 어미 앞에서는 붇다, 붇고, 붇지, 붇는다'에서처럼 '붇-'으로 활용되고, 모음형 어미 앞에서는 '불어, 불으니, 불으면, 불은'처럼 '불-'로 활용됩니다.

'ㄷ' 불규칙 동사 중 '(물을) 긷다', '(짐을) 싣다' 등도 비슷한 양상을 보입니다. '붇다'가 '불다'로 종종 잘못 발음되는 것처럼, 이 단어들도 서울, 경기 지역 등의 방언을 중심으로 입말 환경상 자음형 어미 앞에서 'ㄹ'형으로 나타나는 경우가 있습니다. 예를 들어 '(짐을) 싣고, 싣지, 싣는다'의 경우 입말에서는 '(짐을) *실고[실꼬], *실지[실찌], *실는다[실른다]'로 쓰기도 하고 '(물을) 긷는다, 길으려'의 경우 '(물을) *길는다[길른다], (물을) *길러 간다'처럼 쓰기도 하는데, 이는 비표준적 표현입니다.

'ㅂ' 규칙 용언과 'ㅂ' 불규칙 용언에 대해 알아봅시다.

(사) (등이) 굽다: 굽고, 굽지, 굽어, 굽으니, 굽으면, 굽을

(아) (고기를) 굽다: 굽고, 굽지, 구워, 구우니, 구우면, 구울

'굽다'는 (사)처럼 '(무엇이 한쪽으로) 휘다'라는 뜻의 *자동사 '굽다'와, (아)처럼 '(고기를) 익히다'라는 뜻의 *타동사 '굽다'의 두 가지 단어로 구분됩니다. (사)의 자동사 '굽다'는 '굽고, 굽지, 굽어, 굽으니, 굽으면, 굽을'처럼 규칙 활용을 하고, (아)의 타동사 '굽다'는 '굽고, 굽지, 구워, 구우니, 구우면, 구울'처럼 불규칙 활용을 합니다. 이들은 자음형 어미 앞에서는 '굽고'와 '굽지'처럼 차이가 없지만, 모음형 어미 앞에서는 규칙형 '굽어, 굽으니, 굽으면, 굽을'과 불규칙형 '구워, 구우니, 구우면, 구울'에서처럼 차이를 보이고 있습니다. 이때 '굽어, 굽으니, 굽으면, 굽을'처럼 활용하는 (사)의 '(등이) 굽다'를 'ㅂ' 규칙 용언이라 하고 '구워, 구우니, 구우면, 구울'처럼 활용하는 (아)의 '(고기를) 굽다'를 'ㅂ' 불규칙 용언이라고 합니다.

'ㅂ' 불규칙 용언은 어미 '-어'와 결합하면 '굽다:구워', '사납다:사나워', '아름답다:아름다워'처럼 '-워' 계열로 활용을 합니다. 다만 '곱다, 돕다' 두 단어만 '고와, 도와'의 '-와' 계열로 활용하는 모습을 보입니다.

*자동사
동사가 나타내는 동작이나 작용이 주어에만 미치는 동사를 말합니다.

*타동사
동작의 대상인 목적어를 필요로 하는 동사를 말합니다.

'ㅅ' 규칙 용언과 'ㅅ' 불규칙 용언에 대해 알아봅시다.

(자) (빙그레) 웃다: 웃고, 웃지, 웃어, 웃으니, 웃으면, 웃을

(차) (전통을) 잇다: 잇고, 잇지, 이어, 이으니, 이으면, 이을

(자)의 '웃다' 같은 단어는 '웃고, 웃지, 웃어, 웃으니, 웃으면, 웃을'처럼 활용 시 어간의 'ㅅ'이 그대로 유지됩니다. 이에 비해 (차)의 '잇다' 같은 단어는 '잇고, 잇지'와 같은 경우에는 어간이 변하지 않지만 '이어, 이으니, 이으면, 이을'의 경우에는 'ㅅ'이 탈락합니다. 모음 어미가 연결될 때 (자)의 '잇다'처럼 어간의 'ㅅ'이 탈락하지 않는 용언을 'ㅅ' 규칙 용언이라 하고, (차)의 '잇다'처럼 어간의 'ㅅ'이 탈락하는 용언을 'ㅅ' 불규칙 용언이라고 합니다.

 'ㅎ' 규칙 용언과 'ㅎ' 불규칙 용언에 대해 알아봅시다.

(카) (기분이) 좋다: 좋고, 좋지, 좋아, 좋으니, 좋으면, 좋을

(타-1) (색깔이) 노랗다: 노랗고, 노랗지, 노래, 노라니, 노라면, 노랄

(타-2) (색깔이) 누렇다: 누렇고, 누렇지, 누레, 누러니, 누러면, 누럴

(파-1) (색깔이) 하얗다: 하얗고, 하얗지, 하얘, 하야니, 하야면, 하얄

(파-2) (색깔이) 허옇다: 허옇고, 허옇지, 허예, 허여니, 허여면, 허열

'ㅎ' 규칙 용언과 'ㅎ' 불규칙 용언도 극명한 대비를 보입니다. 예를 들어 (카)의 '(기분이) 좋다'는 '좋고, 좋지, 좋아, 좋으니, 좋으면, 좋을'처럼 규칙 활용을 하지만, (타-1)과 (타-2)의 '(색깔이) 노랗다'와 '(색깔이) 누렇다'는 각각 '노랗고, 노랗지, 노래, 노라니, 노라면, 노랄'과 '누렇고, 누렇지, 누레, 누러니, 누러면, 누럴'과 같이 불규칙 활용을 합니

✿ 규칙 용언 중 '놓다'는 예외적으로 '놓아', '놓았다' 활용형이 '놓아 → 놔', '놓았다 → 놨다'로 줄어드는 일이 있다.

✿ '놓다'의 피동사인 '놓이다'는 '뇌다'로 줄어들기도 한다. 이 역시 'ㅎ' 규칙 용언 중 '놓다'에서만 일어나는 예외적인 현상이다.

다. (파-1), (파-2)의 '하얗다'와 '허옇다'도 마찬가지입니다.

이들 'ㅎ' 불규칙 용언은 모음 어미와 결합 시 어간과 어미가 모두 변합니다. 예를 들어 '노랗- + -아 → 노래'와 같이 모음 어미 '-아'의 결합 시 어간의 'ㅎ'이 탈락하고 어미 '-아'가 '-애'로 바뀝니다. 이때 '노랗- + -아 → *노랗아'와 같이 활용하지 않고 '노래'와 같이 '-애'의 형식으로 활용하는 데 주의해야 합니다. '누렇다'의 경우 모음 어미 '-어'가 결합할 때 'ㅎ'이 탈락하여 '누렇- + -어 → 누레'로 활용하여, '노래'와 '누레'가 모음 조화 대립쌍처럼 활용됨은 특기할 만합니다. 이런 활용은 '까맣다/꺼멓다, 동그랗다/둥그렇다, 빨갛다/뻘겋다, 파랗다/퍼렇다, 하얗다/허옇다'와 같은 단어 쌍에도 동일하게 적용됩니다.

그러나 '그렇다, 아무렇다, 어떻다, 이렇다, 자그맣다, 저렇다, 조그맣다, 커다랗다' 같은 단어들은 '가맣다/거멓다, 까맣다/꺼멓다, 노랗다/누렇다, 동그랗다/둥그렇다' 같은 단어들과 달리 모음 조화 대립쌍이 없습니다. 이들은 항상 '그래, 아무래, 어때, 이래, 자그매, 저래, 조그매, 커다래'처럼 'ㅐ'형의 표기로 통일되어서 활용됩니다.

 '으' 탈락 용언과 '르' 불규칙 용언, '러' 불규칙 용언에 대해 알아봅시다.

(하) 우러르다: 우러르고, 우러르니, 우러러

(거) 오르다: 오르고, 오르니, 올라

(너) 흐르다: 흐르고, 흐르니, 흘러

(더) 푸르다: 푸르고, 푸르니, 푸르러

(하), (거), (너), (더)는 밑줄 친 활용처럼 어미 '-아/어'가 결합할 때만 각기 다른 활용 양상을 보입니다. 즉, '우러르다', '오르다', '흐르다', '푸르다'는 모두 어간이 '르'로 끝나는 단어이지만, 이 중에서 (하)는 규칙 활용을 하고, (거), (너)는 '르' 불규칙 활용, (더)는 '러' 불규칙 활용을 합니다.

(하) 우러르다: 우러르- + -어 → 우러러(○)   〔'으' 탈락 용언〕

(거) 오르다: 오르- + -아 → 올라(○)/오라(×)   〔'르' 불규칙 용언〕

(너) 흐르다: 흐르- + -어 → 흘러(○)/흐러(×)   〔'르' 불규칙 용언〕

(더) 푸르다: 푸르- + -어 → 푸르러(○)/푸러(×) 〔'러' 불규칙 용언〕

(하)는 어간 '우러르-'에 어미 '-어'가 결합하면서 어간의 'ㅡ'가 탈락하였습니다. 이는 '쓰다'가 '쓰- + -어 → 써'로 활용하는 것처럼 한국어 어간의 끝 모음이 'ㅡ'인 용언에서 규칙적으로 일어나는 현상입니다. 따라서 '우러르다'는 '으' 탈락 용언이라 할 수 있습니다.

(거)의 '오르다'와 (너)의 '흐르다'는 규칙 활용을 한다면 '오르-', '흐르-' 어간의 끝 모음인 'ㅡ'가 탈락하여 각각 '오라', '흐러'가 되어야 합니다. 하지만 어간 '오르-'와 어간 '흐르-'에 어미 '-아/어'가 결합하면 각각 '올라', '흘러'가 됩니다. 이처럼 어미 '-아/어'가 결합되었을 때 'ㄹ라/ㄹ러'형으로 활용하는 용언을 '르' 불규칙 용언이라고 합니다.

(더)의 '푸르다'는 어간 '푸르-'에 어미 '-어'가 결합하면 '푸르러'가 됩니다. 규칙 활용을 한다면 '푸르-' 어간의 끝 모음인 'ㅡ'가 탈락하여 '푸러'가 되어야 합니다. 하지만 어간은 그대로 유지되고 어미가 '-러'로 바뀌었습니다. 이런 불규칙 용언을 '러' 불규칙 용언이라고 합니다.

✿ 학교 문법으로서 '러' 불규칙 용언은 분별하여 제시되지만, 대부분의 한국어 교실 수업에서는 빈도 등을 고려하여 '러' 불규칙 용언을 따로 설명하지 않습니다. 이 때문에 '르' 불규칙 용언의 예외로서 '러' 불규칙 용언을 언급해도 좋습니다.

여기서 잠깐

기본형 형태가 같은 단어들이 활용형 형태는 다른 경우가 있나요?

네, 기본형이 같은 단어가 다른 불규칙 활용을 하는 경우도 있습니다. 예를 들어 '무엇을 세게 <u>누르다</u>'처럼 동사로 사용되는 '누르다'는 '르' 불규칙이어서 '눌러서, 눌렀다'처럼 활용하고, '(색깔이) 누르다'처럼 형용사로 사용되는 '누르다'는 '러' 불규칙이어서 '누르러, 누르렀다'로 활용합니다.

이와 반대로, 기본형 형태가 다른 단어들이 같은 활용형 형태로 실현되는 경우도 있습니다. 예를 들어 '러' 불규칙 용언 '푸르다'의 강조형 '푸르르다'는 '으' 탈락 용언(규칙)에 해당하는데, 이 두 단어의 '어' 활용형은 모두 '푸르러'로 같습니다. 이때 '푸르다'는 '러' 불규칙 활용을 한 것이고 '푸르르다'는 '으' 탈락 규칙이 적용되어, 기본형 형태가 다름에도 같은 활용형 형태로 실현된 것입니다.

 '여' 불규칙 용언 '하다'에 대해 알아봅시다.

'하다'는 '하고, 하지, 하여, 하였다, 하니, 할'처럼 활용하는데, 어미 '-아/어'나 '-았/었-'이 결합할 때 '하여', '하였-'으로 바뀌는 특징을 보입니다. 어미가 '여'로 바뀌는 용언을 '여' 불규칙 용언이라고 합니다. 그런데 '하여, 하여라' 같은 활용형이 구어에서는 '해', '해라'로 줄어서 나타나기 때문에 이를 따로 '애' 불규칙 용언이라고 하기도 합니다.

'우' 불규칙 용언 '푸다'에 대해 알아봅시다.

'푸다'는 '푸고, 푸지, 푸니, 풀' 등으로 활용합니다. 이에 어미 '-어'가 결합하면 '푸어'나 '풔'가 아니라 '퍼'가 됩니다. '두다'나 '주다'가 각각 '두어/둬', '주어/줘'로 활용하는 것을 규칙형이라고 볼 때, 이와 같이 예외적으로 활용하는 '푸다'를 '우' 불규칙 용언이라고 부릅니다.

> ✿ '여' 불규칙은 한국어 수업 현장에서 종결 어미 '-아/어요'를 가르칠 때 '하다'의 '해요' 활용으로써, 불규칙 중 가장 먼저 교육합니다. 그러나 초급 수준의 한국어 학습자들에게 '여' 불규칙이라는 용어가 어려울 수 있으므로, '여' 불규칙이라고 명명하지 않고 원리만 가르쳐도 무방합니다.

지금까지 살핀 규칙 용언, 불규칙 용언, 탈락 용언 각각의 단어를 목록화해 봅시다.

'ㄷ' 규칙 용언	'ㄷ' 불규칙 용언
(팔을) 걷다, (다리가) 곧다, (얼굴이) 굳다, (문을) 닫다, (사람을) 믿다, (물건을) 받다, (물을) 쏟다, (친구를) 얻다	(길을) 걷다, (물을) 긷다, (밥이) 눋다, (물이) 붇다, (물건을) 싣다, (~라고) 일컫다

'ㅂ' 규칙 용언	'ㅂ' 불규칙 용언
(손을) 꼽다, (고기를) 씹다, (옷을) 입다, (손을) 잡다, (길이) 좁다, (물건을) 집다	가볍다, 간지럽다, 곱다, 그립다, 깁다, 달갑다, 덥다, 돕다, 따갑다, 뜨겁다, 맵다, 무겁다, 반갑다, 버겁다, 사납다, 살갑다, 슬기롭다, 싱겁다, 아름답다, 여쭙다, 줍다, 즐겁다, 차갑다, 춥다, 헐겁다

'ㅅ' 규칙 용언	'ㅅ' 불규칙 용언
(옷을) 벗다, (머리를) 빗다, (물건을) 빼앗다, (산이) 솟다, (얼굴을) 씻다, (사람이) 웃다	(병이) 낫다, (나보다) 낫다, (얼굴이) 붓다, (선을) 긋다, (전통을) 잇다, (실을) 잣다, (커피를) 젓다, (집을) 짓다

'ㅎ' 규칙 용언	'ㅎ' 불규칙 용언
낳다, 넣다, 놓다, 닿다, 땋다, 쌓다, 좋다, 찧다	① 가맣다, 까맣다, 노랗다, 당그랗다, 동그랗다, 말갛다, 발갛다, 보얗다, 빨갛다, 뽀얗다, 파랗다, 하얗다 ② 거멓다, 꺼멓다, 누렇다, 덩그렇다, 둥그렇다, 멀겋다, 벌겋다, 부옇다, 뻘겋다, 뿌옇다, 퍼렇다, 허옇다 ③ 가느다랗다, 기다랗다, 고렇다, 그렇다, 덩그맣다, 아무렇다, 어떻다, 요렇다, 이렇다, 자그맣다, 저렇다, 조그맣다, 좁다랗다, 짤따랗다, 커다랗다

'으' 탈락 용언(규칙)	'르' 불규칙 용언
다다르다, 들르다, 따르다, 우러르다, 잦추르다, 치르다	가르다, 가파르다, 거르다, 고르다, 구르다, 기르다, 끄르다, 나르다, 너르다, *누르다¹, 다르다, 두르다, 마르다, 마무르다, 머무르다, 모르다, 무르다, 바르다, 벼르다, 부르다, 빠르다, 사르다, 서투르다, 어르다, 오르다, 으르다, *이르다¹, 자르다, 조르다, 지르다, 찌르다, 흐르다
	'러' 불규칙 용언
	노르다, *누르다², *이르다², 푸르다
	'여' 불규칙 용언
	하다
	'우' 불규칙 용언
	푸다

> • **누르다¹** 물체의 전체나 부분에 대하여 위에서 아래로 힘을 주어 무게를 가하는 것을 말합니다.
> • **이르다¹** 어떤 것을 말하는 것입니다.
> • **누르다²** 황금의 색과 같이 조금 탁하면서도 밝게 노란 것을 말합니다.
> • **이르다²** 어떤 장소나 시간에 닿는 것을 말합니다.

3부
>의미<

01

"칼을 갈다."와 "밭을 갈다."의 '갈다'는 다의어일까요, 동형어일까요?

Q. 한 단어가 여러 개의 의미를 갖고 있다고 알고 있습니다. 예를 들어 "칼을 갈다."와 "밭을 갈다."의 '갈다'가 다의어 인지 동형어인지 판단하기가 어렵습니다.

A. 우리가 쓰는 대부분의 단어는 하나의 형태 표기에 여러 개의 의미를 갖는 다의어입니다. 그런데 형태 표기는 같으나 다른 의미를 가진 동형어도 있습니다. 일반적으로 단어에 담긴 여러 의미들이 서로 유사성을 가진다면 다의어가 되고, 그 의미들이 서로 관련이 없다면 동형어가 됩니다.

다의어에 대해 알아봅시다.

*표제항
사전에서 뜻풀이가
되는 대상을 말합니
다. '표제어', '올림말'
이라고도 합니다.

단어는 의미를 담아 두는 '그릇'이라고도 할 수 있습니다. 이 그릇 안에는 1개의 의미가 담기기도 하지만, 우리가 자주 사용하는 단어 그릇에는 여러 개의 의미가 한꺼번에 담기는 것이 보통이죠.

대표적인 국어사전인 《표준국어대사전》을 한번 볼까요? 사전에는 다양한 언어 정보가 기술되어 있지만, 여기서는 *표제항과 뜻풀이만 옮겨 와 보았습니다.

갈다²

① 날카롭게 날을 세우거나 표면을 매끄럽게 하기 위하여 다른 물건에 대고 문지르다.

　 예 기계로 칼을 갈다.

② 잘게 부수기 위하여 단단한 물건에 대고 문지르거나 단단한 물건 사이에 넣어 으깨다.

　 예 고기를 갈다.

③ 먹을 풀기 위하여 벼루에 대고 문지르다.

　 예 벼루에 먹을 갈다.

④ 윗니와 아랫니를 맞대고 문질러 소리를 내다.

　 예 자면서 뽀드득뽀드득 이를 갈다.

표제항인 '갈다'는 우리가 자주 사용하는 단어이자, [갈다]라는 소리와 언어 형태를 가진 그릇입니다. 《표준국어대사전》에서는 '갈다'라는 그릇에 모두 4개의 의미를 담았습니다.

그런데 4개의 의미 사이에 유사성이 있어 보이나요? ①~④의 뜻풀이를 보면 '문지르다'의 뜻이 공통으로 있음을 확인할 수 있습니다. 이렇듯 1개의 단어 그릇에 담긴 여러 의미들이 서로 관련성이 있으면, 이 단어를 '다의어(多義語, polysemy)'라고 합니다.

동형어에 대해 알아봅시다.

《표준국어대사전》에서 '갈다'를 찾아보면, 앞의 표제항 말고도 '갈다¹, 갈다³'와 같이 여러 개의 항목이 더 있습니다. 다음은 각 '갈다'의 ①에 해당하는 의미만 옮겨 온 것입니다.

> **갈다¹**
> ① 이미 있는 사물을 다른 것으로 바꾸다.
> (예) 컴퓨터의 부속품을 좋은 것으로 갈았다.
>
> **갈다³**
> ① 쟁기나 트랙터 따위의 농기구나 농기계로 땅을 파서 뒤집다.
> (예) 경운기로 논도 갈고 지게질로 객토도 했다.

각 ①의 뜻에서 유사성은 보이지 않습니다. 이처럼 같은 단어 형태를 가졌지만 그것이 지닌 의미가 서로 관련성이 없는 경우, 우연히 같은 형태를 가진 이 단어들을 '동형어(同形語, homonym)' 관계에 있다고 합니다. 그리고 각 동형어들을 구분하기 위해 국어사전에서는 표제항의 오른쪽 위에 어깨번호를 다는 것이 일반적입니다.

✄ 동형어를 동음이의어와 구분하지 않고 동일한 개념으로 설명하는 견해도 있습니다.

한 걸음 더

활용형도 동형어가 될 수 있는지 살펴봅시다.

　동사와 형용사는 실제 문장에서 어간과 어미가 결합하여 다양한 활용형으로 사용되고, 명사는 실제 문장에서 여러 조사와 결합하여 다양한 *어절을 만들어 냅니다. 이 때문에 더 많은 동일한 형태, 즉 동형어가 발생할 수 있습니다.

> **•어절**
> 문장 성분의 최소 단위로 띄어쓰기의 단위가 됩니다.
>
> ✿ 관형사형 어미에 대한 설명은 180쪽을 참고해 주세요.

　　(가) 방금 <u>감은</u> 머리가 찰랑거렸다.

　　(나) 방금 <u>감은</u> 눈을 떴다.

　　(다) 방금 <u>감은</u> 줄을 풀었다.

　　(라) 내가 먹은 <u>감은</u> 홍시였다.

　(가)~(다)에서 밑줄 친 '감은'은 동사 '감-'에 관형사형 어미 '-은'이 결합하여 만들어진 것입니다. 이에 비해 (라)의 '감은'은 명사 '감'에 조사 '은'이 결합하여 만들어진 것입니다. (가)~(다)의 '감은' 간의 동형어 관계는 국어사전의 표제항 '감다'에서 찾을 수 있겠지만, (가)~(다)의 '감은'과 (라)의 '감은'의 동형어 관계는 국어사전의 표제항에서 찾을 수 없습니다. 왜냐하면 (라)의 '감은'은 국어사전에서 '감'으로 확인되기 때문입니다.

　한국어를 모어로 사용하는 경우 (가)~(다)의 '감은'이 동사 '감-'에 관형사형 어미 '-은'이 결합하여 만들어진 어절이고, (라)는 명사 '감'에 조사 '은'이 결합하여 만들어진 어절임을 금방 구분합니다. 그러나 자연 언어를 처리하는 데 목적을 둔 자동 번역기나 대화 분석기 등 인공 지능형 기계는 어느 것이 동사 어절인지, 어느 것이 명사 어절인지 직관적으로 구분하지 못합니다. 그래서 이렇게 한 어절에서 발견되는 동형어는 기계의 자연 언어 처리에 있어서 중요한 문제로 대두하고 있습니다.

02

다의어가 발생하는 이유는
무엇인가요?

Q. 다의어의 각 의미들이 학습자 모국어에서는 각기 다른 단어로 대응되는 경우가 있습니다. 이런 경우 한국어 학습자들이 많이 헷갈려 합니다. 다의어는 왜 발생하는지, 어떻게 가르치면 좋을지 궁금합니다.

A. 다의어가 발생하는 데에는 여러 가지 이유가 있습니다. 단어가 사용되는 문맥에 따라 그 의미가 달라지는 경우, 은유와 환유와 같은 비유, 단어가 사용되는 사회적 환경의 특수성에 따라 다의어가 발생할 수 있습니다. 따라서 다의어를 가르칠 때에도 맥락 중심의 예문을 제시하여 설명하는 게 좋겠습니다.

단어가 사용되는 문맥에 따른 다의어 발생을 살펴봅시다.

다음 (가) ~ (다)의 밑줄 친 '눈'이 사용된 문맥을 살펴봅시다.

(가) 저 아이는 눈이 참 맑다.

(나) 몽골 사람들은 대체로 눈이 좋다고 들었어.

(다) 역시 넌 보는 눈이 정확해.

(가) ~ (다)에서 '눈'은 어떤 서술어와 결합하느냐에 따라 그 의미가 달라짐을 확인할 수 있습니다. (가)에서 서술어 '맑다'와 결합한 '눈'은 '물체를 볼 수 있는 감각 기관'을 뜻하고, (나)의 '눈'은 '좋다'와 결합하여 그 감각 기관의 능력인 '시력'을 뜻합니다. 또 (다)에서 '정확하다'와 결합한 '눈'은 지각 능력을 넘어서서 '사물을 판단하는 능력'을 뜻합니다. 이처럼 한 문장에서 *공기하는 단어가 영향을 주어 다의어가 발생하기도 합니다.

 은유·환유와 같은 비유에 의한 다의어 발생을 살펴봅시다.

'머리'라는 단어는 유사성이 있는 여러 의미들을 가진 다의어입니다. 다음 (라) ~ (바)에서 밑줄 친 '머리'의 의미를 해석해 봅시다.

(라) 그는 머리가 가려운지 연신 머리를 긁어 댔다.

(마) 그는 어깨까지 머리를 길렀다.

(바) 저는 우리 모임의 머리가 되기에는 아직 모자랍니다.

> ***공기(共起)**
> 서로 밀접한 관계가 있는 두 요소가 한 문장 안에 함께 나타남을 말합니다.
>
> ✿ 단어가 사용되는 문맥의 변화를 이해하면 다의어 사용을 정확히 알 수 있습니다.

(라)의 '머리'는 '눈, 코, 입 따위가 있는 얼굴을 포함하여 머리털이 있는 부분'을 가리킵니다. 이는 '머리'의 여러 의미 중에서 가장 기본입니다. (마)의 '머리'는 '머리에 난 털'을 뜻하는데, 정확하게는 '머리털' 또는 '머리카락'이라고 해야 할 것을 '머리'가 대신 쓰인 것입니다. '머리'가 전체라고 한다면 '머리털/머리카락'은 '머리'의 부분이 될 수 있습니다. 이처럼 전체가 부분을 대신 가리키는 것은 환유 덕분입니다. (바)에서는 '머리'가 '단체의 우두머리'라는 뜻으로 사용되었습니다. 머리에는 사람의 감각 기관이 모여 있고, 사람의 모든 생각과 동작을 제어하는 뇌를 포함하고 있습니다. 신체 영역에서 단체 영역으로 옮겨서 '머리'를 사용하게 되면 (바)와 같이 그 단체를 운영하는 인물을 뜻하게 됩니다. 이처럼 한 의미 영역에서 다른 의미 영역으로 이동하여 의미가 확장될 수 있는 것은 은유 덕분입니다.

여기서 잠깐

은유와 환유에 대하여 자세히 살펴봅시다.

전통적으로 은유와 환유는 *수사학에서 다루어져 온 것으로, 시나 소설 등의 문학에서 장식적인 효과를 누리기 위해 사용되는 기법으로 알려져 있습니다. 하지만 다음 예문처럼, 문학이 아니라 일상에서도 은유와 환유는 빈번하게 사용됩니다.

> (가) 시간이 빠르게 흘러간다.
> (나) 시간을 아껴 써야지.
> (다) 나는 차를 반짝반짝 빛나게 닦았다.
> (라) 모내기를 해야 하는데 일손이 부족하구나.

* **수사학(修辭學)**
사상이나 감정 등을 효과적으로 나타내거나 아름답게 표현할 수 있도록, 언어의 사용법을 연구하는 학문입니다.

먼저 은유의 예로 사용된 (가)와 (나)를 살펴봅시다. (가)에서는 '시간'의 의미를 물과 같은 '유체'에 견주고 있습니다. (나)에서는 '시간'의 의미를 '자원'에 견주고 있습니다. 이처럼 서로 다른 의미 영역을 견주어 한쪽 의미를 다른 쪽 의미에 빗대는 개념 작용을 '은유'라고 합니다. 다음으로 환유의 예로 사용된 (다)와 (라)를 살펴봅시다. (다)에서는

'차'가 그것의 부분인 '차의 표면'을 뜻하고, (라)에서는 '일손'이 그것을 포함하는 '일꾼'을 뜻합니다. 이처럼 전체의 의미가 부분의 의미를 대신하거나 부분이 전체의 의미를 대신하는 개념 작용을 '환유'라고 합니다.

 단어가 사용되는 사회적 환경의 특수성에 따른 다의어 발생을 살펴봅시다.

다음 (사) ~ (아)에서 밑줄 친 '국어'의 뜻을 살펴봅시다.

(사) 이 책은 이십여 개 <u>국어</u>로 번역되었다.

(아) 지난 일제 시대에는 <u>국어</u>를 사용하는 것이 자유롭지 않았다.

(사)의 '국어'는 '한 나라의 국민이 사용하는 언어'를 말합니다. 따라서 대한민국의 국민이 사용하는 언어 외에 미국의 국민이 사용하는 언어도 미국에서는 '국어'가 될 수 있습니다. 반면에 (아)의 '국어'는 '우리나라의 언어'로, 한국 사람이 '한국어'를 이르는 말입니다. 이처럼 같은 단어라고 하더라도 어느 사회 환경에서 쓰이느냐에 따라 의미가 변할 수 있습니다.

03

파란색 신호등과 초록색 신호등,
어떤 표현이 맞을까요?

Q. 한국인은 초록색 신호등을 푸른 신호등이라고도 하고, 때에 따라 파란색 신호등이라고도 말합니다. 이를 한국어 학습자들에게 어떻게 설명해야 할까요?

A. 불빛이 파랑인 신호등은 '파란색 신호등' 혹은 '파란 신호등'이라고 하고, 불빛이 초록인 신호등은 '초록색 신호등' 혹은 '푸른 신호등'이라고 합니다. 그런데 '푸른 신호등'이 좀 더 폭넓은 의미로 사용되므로 이들 중 굳이 한 단어를 선택하라고 하면 '푸른 신호등'이라고 하는 것이 좋습니다.

'파란색'과 '푸른색', '초록색'에 대해 좀 더 알아봅시다.

본래 한국어에는 '파란색 / 청색'과 '푸른색 / 초록색 / 녹색'의 구별이 미미했습니다. 이들 계열의 색은 고유어에서는 '파랗다 – 푸르다', 한자어로는 '청색(靑色) – 초록색(草綠色) / 녹색(綠色)'으로 구분하여 표현하는 정도였습니다.

한국어 고유어 계열의 두 단어 '파란색'과 '푸른색'은 모두 '풀'을 나타내는 한국어의 옛말 '플'로부터 기원했습니다. 즉, '풀(>플)'의 색깔을 나타내는 형용사였던 이들은 '파란색 / 청색'과 '푸른색 / 초록색 / 녹색'의 엄격한 구별 없이 '프르다 – 프르다(파랗다 – 푸르다)'로 사용되었습니다.

그런데 근대 한국어를 거쳐 현대 한국어로 들어오면서 이 말들은 '파란색 / 청색'을 나타내는 형용사 '파랗다'와, '푸른색 / 초록색'을 나타내는 형용사 '푸르다'로 분화되었습니다. 그리고 '파랗다 – 푸르다'는 '빨갛다 – 붉다', '노랗다 – 노르다', '까맣다 – 검다', '하얗다 – 희다'의 짝과 같은 관계를 보이며 발달하였습니다. 이때 '파랗다, 빨갛다, 노랗다, 까맣다, 하얗다'가 좀 더 선명한 색을 가리킨다면, '푸르다, 붉다, 노르다, 검다, 희다'는 좀 더 넓은 범위의 색을 가리키다 보니 상대적으로 덜 선명한 색을 가리키는 측면이 있습니다.

오늘날까지도 한국어에서 '푸르다'는 여전히 '파랗다'를 포함하는 넓은 영역에서 사용됩니다. '하늘도 푸르고, 숲도 푸르고, 강물도 푸르고, 바닷물도 푸르다.'고 표현합니다. 물론 '파랗다' 역시 '파란 하늘, 파랗게 돋아나는 새싹, 얼굴이 파랗게 질렸다.'처럼 '푸른색'을 띠는 말에 다양하게 사용되고 있습니다.

하지만 점차 '푸르다'는 상대적으로 'green'에 가깝게 인식되는 경향이 있고, '파랗다'는 'blue'의 의미에 한정되어 '진짜 파란색(좁은 의미의 파란색)'을 지니는 말에 사용되는 경향을 보입니다.

현재 한국어에서 '파란(색) / 청색 신호등'과 '초록(색) / 녹색 신호등(즉, 푸른 신호등)'은 모두 허용되는 표현입니다. 즉, '파란(색) 신호등', '청색 신호등', '푸른 신호등', '초록(색) 신호등', '녹색 신호등'은 모두 '지나가도 좋다.'는 동일한 의미 기호로, 한국의 일반 언중들은 이들을 딱히 구별하지 않고 사용하고 있습니다.

하지만 이들 중 굳이 한 단어를 선택하라면 좀 더 폭넓은 의미를 지니고 사용되는 '푸른 신호등'을 쓰는 것이 좋습니다. 따라서 실제 신호등의 불빛이 초록색으로 보이면 '초록 신호등 / 녹색 신호등', '파란색'으로 보이면 '파란 신호등 / 청색 신호등'이라고 표현하되, 색깔 구별을 요구받지 않은 상황에서는 굳이 이 둘을 구별하여 표현하지 않고 '푸른 신호등'을 쓰면 된다고 이해시키면 좋겠습니다.

 한국어의 색깔 표현을 좀 더 알아봅시다.

한국어는 형용사로 표현되는 색깔 체계와 명사로 표현되는 색깔 체계가 다릅니다. 한국어에서 색깔을 나타낼 때에는 '빨갛다 – 파랗다 – 노랗다 – 하얗다 – 까맣다'의 다섯 가지 색깔 형용사와 '붉다 – 푸르다 – 노르다 – 희다 – 검다'의 색깔 형용사들이 대응 짝을 이루며 사용됩니다.

한편 한국어에서 색깔을 명명할 때에는 '빨강(빨간색) – 주황(주황색) – 노랑(노란색) – 초록(초록색) – 파랑(파란색) – 남색 – 보라(보라색)'의 7가지 색깔 명사와 '하양(하얀색) – 검정(검은색)'의 무채색을 나타내는 명사가 사용됩니다. 7가지 색깔 명사에서 '주황, 초록, 남색, 보라'는 외래어적 요소들이고, '빨강, 파랑, 노랑'은 고유어적 요소입니다. 여기에 무채색 계열의 '하양, 검정' 명사를 포함하면, 한국어의 색깔 표현 체계가 어떻게 구성되어 있는지 파악할 수 있습니다.

한국어에서 색깔을 나타내는 형용사와 명사에 대해 좀 더 알아봅시다.

한국어에서 색깔을 나타내는 형용사와 명사 일부는 의미적으로 대응됩니다. 한국어에서 색깔을 나타내는 말은 5가지 '형용사−명사' 대응 짝, 즉 '빨갛다−빨강, 파랗다−파랑, 노랗다−노랑, 하얗다−하양, 까맣다−검정'으로 실현됩니다.

그런데 색깔 명사 '주황, 초록, 남색, 보라'는 이와 같이 대응 짝을 이룰 색깔 형용사를 가지고 있지 않습니다. 이런 이유로 언중들 중에는 '초록'에 대해 '초랗다'라는 말을 쓴다든지, '보라'에 대해 '보란색' 혹은 '보랗다'라는 말을 쓰는 사람도 있습니다.

이런 표현들은 아직 한국어의 표준어로 인정되지 못했지만, 색깔 명사와 색깔 형용사의 대응 체계를 통해 관련 의미를 구현하려는 언중들의 의도가 반영된 현상입니다.

헷갈리는 색깔 명칭에 대한 표준어를 알아봅시다.

'파랑'과 '파랑색', '파란색' 모두 자주 들어 본 색깔 표현일 것입니다. 하지만 이 중 '파랑색'은 표준어가 아닙니다. 《표준국어대사전》에서 '파랑'의 뜻을 찾아보면 '파란 빛깔이나 물감'이라고 되어 있습니다. 이미 '파랑'이라는 말에 '색'의 의미가 포함되어 있기 때문에 '파랑＋색 → 파랑색'이라고 표현하면 이중 의미가 되어 비표준어가 됩니다. '색'을 결합하려면 '파란＋색 → 파란색'으로 표현하는 것이 적절합니다. 다른 표현들도 마찬가지입니다.

이에 따라 표준어로 인정된 색깔 명사는 '빨강−빨간색', '파랑−파란색', '노랑−노란색', '하양−하얀색', '검정−검은색'입니다. '빨강색, 파랑색, 노랑색, 하양색, 검정색' 등은 앞에서 말한 이유 때문에 비표준어로, 이들 모두 《표준국어대사전》에 등재되어 있지 않습니다. 이 중 '빨강색, 파랑색, 하양색'은 〈우리말샘〉(국립국어원 오픈형 사전)에도 등재되어 있지 않고 '노랑색'은 '노란색'의 방언으로 되어 있는데, 어쩐 일인지 '검정색'의 경우만 '검은색'의 유의어로 〈우리말샘〉에 등재되어 있습니다. 하지만 '검정색'이 〈우리말샘〉에 등재되었더라도 《표준국어대사전》에 등재되지 않았다면 아직까지는 비표준어인 것으로 보아야 합니다.

04
'(국물이) 시원하다'는 표현을
어떻게 설명하면 효과적일까요?

Q. 한국인이 뜨거운 국물을 먹으면서 '아, 시원하다!'라고 하는 것을 한국어 학습자에게 어떻게 설명해야 할까요?

A. '덥거나 춥지 아니하고 알맞게 서늘하다.'의 사전적 의미를 갖는 형용사 '시원하다'가 뜨거운 국물을 먹을 때 사용되는 것을 한국어 학습자들에게 설명하기란 쉬운 일이 아닙니다. 《표준국어대사전》에서는 "음식이 차고 산뜻하거나, 뜨거우면서 속을 후련하게 하는 점이 있다."라는 뜻풀이를 따로 달아놓아 '(국물이) 시원하다'가 '속이 후련하다'와 관련이 있음을 지적하였습니다. 이를 통해 '(국물이) 시원하다'가 '후련하다'의 의미와 통한다는 점을 우선 가르치면 좋겠습니다.

'시원하다'에 대해 좀 더 자세히 알아봅시다.

'시원하다'는 중세 한국어 '싀훤ᄒ다'라는 말에서 기원했습니다. '싀훤ᄒ다'는 '싀다 + 훤ᄒ다'로 이루어진 말입니다. '싀다'는 '새다'의 옛말인 '싀다'의 *큰말로, 오늘날 '(눈이) 시다'의 어원이 되는 말입니다. 오늘날 '시다'는 '맛이 식초나 설익은 살구와 같다.' 혹은 '강한 빛을 받아 눈이 부시어 습벅습벅 찔리는 듯하다.' 등의 의미로 사용됩니다. 하지만 *'시다 ~ 싀다'의 어원적 관계를 고려하여 '시다'의 의미를 이해하자면, 이 말은 본래 '어떤 틈이 생긴 곳으로부터 새어 나오는 모양 혹은 그러한 양상을 띤 모양'을 가리키던 말이었음을 알 수 있습니다.

'싀다'의 현대어인 '새다'가 '기체, 액체 따위가 틈이나 구멍으로 조금씩 빠져나가거나 나오다.' 혹은 '빛이 물체의 틈이나 구멍을 통해 나거나 들다.'의 의미를 지니는 데에는 기원적 의미가 남겨진 까닭입니다. '날이 밝아 오다.'라는 뜻의 '새다'는 '새다'와 *동음이의어로 구별되는 단어인데, 따지고 보면 '날이 밝아 오는 현상' 역시 밤과 낮의 틈 사이로 '태양, 즉 날의 빛이 새어 나오는 현상'을 의미하므로 기원적 의미를 내포한다고 볼 수 있습니다. 이런 관점에서 '싀다 > 시다'의 의미를 다시 살펴보면, '식초나 설익은 살구와 같다.', '강한 빛을 받아 눈이 부시다.' 등의 뜻에는 '눈을 가늘게 떠서 작은 틈으로 바깥을 보게 되는 현상'이 관련되어 있음을 알 수 있습니다.

싀훤ᄒ다(싀다(> 시다) + 훤ᄒ다) > 시원하다
'싀다'의 큰말

---

* **큰말**
단어의 실질적인 뜻은 작은말과 같으나, 표현상 크고 어둡고 무겁게 느껴지는 말을 의미합니다. 예를 들면, '도톰하다'의 큰말은 '두툼하다'입니다.

* **싀다~싀다**
이들은 중세 국어에서 모음 조화의 짝을 이루는 단어입니다.

* **동음이의어 (同音異義語)**
소리는 같으나 뜻이 다른 단어로 '동음어'라고도 합니다.

✿ 결국 '국물이 시원하다.'에서 '시원하다'는 '국물이 알맞게 식었다.'는 뜻이라기보다 '국물이 막힌 데 없이 한 번에 쭉 속으로 들어가다.'라는 의미로 이해해야 합니다.

 '(국물이) 시원하다'의 의미에 대해서 구체적으로 알아봅시다.

'싀훤ᄒᆞ다'를 구성하는 '훤ᄒᆞ다 > 훤하다'는 '앞이 탁 트여 매우 넓고 시원스럽다.'라는 뜻을 가진 말입니다. 결과적으로 '싀훤ᄒᆞ다'는 '눈을 가늘게 뜨고 보아야 할 정도로 앞이 탁 트여 매우 넓은 지역을 바라보는 모양'에서 기원하였다는 이야기입니다. 따라서 이러한 '시원하다'는 '덥거나 춥지 아니하고 알맞게 서늘하다.'의 의미보다 '탁 트여서 막힘이 없는 상태'라는 기원적 의미로부터 '속이 후련하다.'의 의미를 지니게 되었다고 볼 수 있습니다. 결국 '국물이 시원하다.'에서 '시원하다'는 '국물이 알맞게 식었다.'는 뜻이라기보다 '국물이 막힌 데 없이 한 번에 쭉 속으로 들어가다.'라는 '후련하다'의 의미로 이해해야 합니다.

 그럼 '후련하다'는 '시원하다'와 의미적으로 어떻게 연결될까요?

'후련하다'는 《표준국어대사전》에 '좋지 아니하던 속이 풀리거나 내려서 시원하다.' 혹은 '답답하거나 갑갑하여 언짢던 것이 풀려 마음이 시원하다.'로 풀이되어 있습니다. '시원하다'의 뜻풀이가 '후련하다'로 되어 있는데, 정작 '후련하다'는 '시원하다'로 풀이되어 있어서 '후련하다'와 '시원하다'에 대한 설명이 순환적입니다.

'후련하다'가 '시원하다'와 의미적으로 어떻게 연결되는지 살피기 위해 한자어 중 '홀연(欻然)'이라는 단어를 생각해 볼 필요가 있습니다. '홀연(欻然)'은 '어떤 일이 갑자기 순식간에 빨리 일어나는 모양'을 가리키는 말로, 우리말의 '갑자기, 문득' 혹은 한자어 '홀연(忽然)'과 가까운 말입니다. 이를 고려해 보면 '후련하다'는 '홀연(欻然)하다'

에서 유래하여 '(어떤 일이) 갑자기 일어나거나 발생하다.'를 뜻하던 것이, '속이 풀리거나 내려가서 시원하다.'의 뜻으로 바뀌어 사용된 것으로 이해할 수 있습니다.

 ## 한국어 단어의 기원적 의미를 꼭 알아야 할까요?

단어의 진화 과정에서 본래 단어에 있던 의미로부터 뜻하지 않게 다른 의미를 나타내는 말로 발달하게 되는 경우도 많습니다. 또 시간이 오래 지나다 보면 뜻하지 않게 발달하게 된 의미가 오히려 그 단어의 주된 뜻이 되고, 본래의 뜻은 잊혀지는 경우도 많습니다.

'가엾다'를 예로 살피면, 이는 본래 '가이 없다.'에서 온 말로 '가이 없다.'는 "가(邊)', 즉 '끝'이 없다.'는 의미였습니다. 흔히 '(불쌍하기가) 가이 없다.', '(안타깝기가) 가이 없다.'와 같은 문맥에서 '매우 불쌍하다.'나 '매우 안타깝다.'는 뜻으로 사용되었습니다. 그러다가 이러한 뜻이 굳어져서 '가이 없다.'는 '가엾다' 즉 '마음이 아플 만큼 안되고 처연하다.'를 뜻하는 것으로 바뀌게 되었습니다.

앞에서 설명한 것처럼 '시원하다'의 어원을 구성하는 일부 단어 '시다'가 '싀다(틈이 생기다)'로부터 시작해서 '시다(시큼한 맛이 나다)'로 발달하게 되는 과정은 일반적으로 쉽게 이해하기 어려울 수 있습니다. 그럼에도 불구하고 선생님들이 단어의 의미가 극적인 변화를 겪으면서 발달해 왔다는 점을 고려할 때, 언뜻 납득되지 않던 언어 현상들을 좀 더 쉽게 학생들에게 가르칠 수 있을 것입니다.

05
한국어의 압존법이 궁금합니다.

Q. 할아버지께 "아버지가 지금 집에 없어요."라고 말하기가 쉽지 않습니다. 한국어의 압존법을 설명해 주세요.

A. 압존법은 화자가 나이나 지위상 가장 아래에 있고 청자가 가장 위에 있는 상황에서, 대화의 대상이 되는 제3의 인물이 나이나 지위상 화자와 청자 사이에 있는 경우에 고려하는 높임법입니다. 예전에는 청자 앞에서 제3의 인물을 높여 말하지 않았으나, 전통 언어 예절이 변하여 대화 상대가 제3의 인물보다 윗사람일 때에도 제3의 인물을 높이는 것이 일반화되었습니다. 그래서 할아버지 앞에서 "아버지가 지금 집에 없어요."를 대신하여 "아버지께서 지금 집에 안 계세요."로 쓰는 것이 가능해졌습니다.

압존법에 대해 알아봅시다.

화자와 청자가 제3의 인물에 대해 이야기를 한다고 가정해 봅시다. 제3의 인물이 화자보다 나이가 많거나 지위가 높다면 그 인물을 존대하는 것이 당연하다고 생각할 것입니다. 그러나 제3의 인물이 청자보다 나이가 적거나 지위가 높지 않다면, 화자는 그 인물에 대해 높임법을 어떻게 사용해야 할지 혼란스러울 것입니다.

다음은 손자/손녀가 화자로서 청자인 할아버지께 발화하는 상황입니다. 여기서 제3의 인물은 아버지입니다.

(가) (손자/손녀가 할아버지께)

　　아버지가 지금 집에 없어요.

여기서 '지금 집에 있지 않다.'라는 사건의 주체가 '아버지'이므로 그 아버지의 아들/딸이 되는 화자의 입장에서는 마땅히 아버지를 높여야 합니다. 하지만 할아버지와 아버지가 서로 부자 관계임을 고려하여 화자는 (가)와 같이 아버지를 높이지 않았습니다. 이는 제3의 인물(아버지)보다 나이가 많은 청자(할아버지)를 배려하여 '지금 집에 있지 않다.'라는 사건의 주체를 일부러 높이지 않았던 것입니다. (가)와 같이 화자가 청자를 배려하여 화자의 입장에서는 마땅히 높여야 할 문장의 주체를 높이지 않는 언어 사용법을 '압존법(壓尊法)'이라고 합니다.

달라진 압존법에 대해 알아봅시다.

전통 언어 예절에서는 손자/손녀가 아버지, 어머니를 대상으로 삼아서 할아버지, 할머니께 말할 때 아버지, 어머니를 높이지 않는 것이 맞았습니다. 그런데 최근에 들어서서 이 전통이 변하여 아버지, 어머니보다 윗분인 할아버지, 할머니께도 아버지, 어머니를 높이는 것이 자연스러워졌습니다.

(나) (손자/손녀가 할아버지께)
　　아버지께서 지금 집에 안 계세요.

이러한 언어 사용의 현실을 인정하여 국립국어원에서 2011년에 간행한 《표준 언어 예절》에서는 (가)와 (나)를 모두 표준적인 언어 예절이라고 인정하고 있습니다.

 여기서 잠깐

직장 내 압존법의 사용법을 알아봅시다.
직장 내에서 화자는 '대리'이고 청자는 '부장'이며, 지칭하는 제3의 인물이 '과장'이라고 가정해 봅시다. 이때 대리는 부장에게 "김 과장님이 방금 도착하셨습니다."라고 높여 말하는 것이 현대 언어 예절에 적절합니다.

06

'그는 내일 내가 만날 사람이다.'의 시제가 궁금합니다.

Q. 다음 문장, '그는 내일 내가 만날 사람이다.'의 시제가 궁금합니다.

A. 시제는 어떤 사건이나 상황, 사실의 발생을 시간 선상의 위치로 표시하는 것입니다. '그는 내일 내가 만날 사람이다.'에서 시제 표현은 서술어로 판단할 수 있습니다. 이 문장에서 '사람이다', '만나다(만날)'가 서술어인데 '사람이다'는 현재로, '만날'은 미래로 표현되었습니다. 이렇게 화자는 말하는 시점으로 사건을 표현하는 동시에, 문장 내 여러 개의 상황이나 사건이 있으면 하나의 사건(안은 문장의 내용)을 기준으로 하여 또 다른 사건(안긴 문장의 내용)의 시제를 표현할 수 있습니다.

시제는 어떤 기준으로 표현할까요?

---

(1) 화자가 말한 시점을 기준으로 하는 절대 시제

여러분은 서술어에 표시되는 시제에 익숙할 것입니다.

(가) 그는 책을 <u>찢었다.</u>

(가)에서 밑줄 친 서술어 '찢었다'의 '-었-'을 보고 이 문장이 과거 시제로 실현된 것임을 알 수 있습니다. 즉, 이 문장이 과거 시제로 이해되는 것은, 서술어에 과거 시제 선어말 어미 '-었-'을 결합함으로써 화자가 말한 시점과 비교해서 '그가 책을 찢은' 사건이 시간적으로 앞섰음을 표현했기 때문입니다. 이처럼 화자가 발화한 시점을 기준으로 사건의 실행 시점을 비교해서 과거, 현재, 미래의 시제로 표시하는 것을 '절대 시제'라고 합니다.

(2) 사건의 발생 시점을 기준으로 하는 상대 시제

어떤 사건이 벌어진 때를 기준하여 문장의 시제를 표현할 수도 있습니다.

(나) 혜원이는 <u>결혼할</u> 남자를 1998년에 처음 <u>만났어.</u>

(나)에서 화자의 발화 시점을 살펴볼 때, 이 문장의 내용은 과거이므로 서술어를 '만났어'로 표현하였습니다. '만나다'와 '결혼하다'의 두 사건 중에 남자를 만나야 결혼을 하는 것이니, '만나다'라는 사건 발생을 기준으로 '결혼하다'는 미래의 사건입니다. 그래서 •관형사형 어미 '-(으)ㄹ'을 써서 미래로 표시했습니다.

※ 화자가 발화한 시점을 기준으로 사건의 실행 시점을 비교해서 과거, 현재, 미래의 시제로 표시하는 것을 '절대 시제'라고 합니다.

•**관형사형 어미**
문장에서 용언의 어간에 붙어 관형사와 같은 기능을 하게 하는 어미를 말합니다. 관형사형 어미로는 '-(으)ㄴ', '-는', '-(으)ㄹ', '-던' 등이 있습니다.

여러 개의 사건을 한 문장에 모두 표현하려면 문장이 길어질 수밖에 없습니다. 그래서 안긴 문장과 안은 문장으로 구성되는 복합문에서는 안은 문장의 사건과 안긴 문장의 사건 시점을 비교하여 시제를 상대적으로 표현하게 됩니다.

(다)~(바) 각 문장에는 2개의 사건이 포함되어 있습니다. 하나는 '내가 책을 읽다'라는 사건이고, 또 하나는 '그는 책을 찢다'라는 사건입니다. 이 두 사건 사이에는 시간에 따른 상대적인 관계가 존재합니다. 이에 따라 상대적 시간 순서를 표시하는 문법 요소인 관형사형 어미에 의해 시제가 표현된 것입니다.

✿ 안긴 문장과 안은 문장으로 구성되는 복합문에서는 안은 문장의 사건과 안긴 문장의 사건 시점을 비교하여 시제를 상대적으로 표현하게 됩니다. 이때 '안긴 문장'은 '안은 절'이라고도 합니다.

(다) 그는 내가 읽은 책을 찢었다. : '내가 책을 읽다'의 사건이 '그는 책을 찢다'의 사건보다 먼저 발생함(시간적으로 앞섬).

→ 관형사형 어미 '-(으)ㄴ'으로 표시

(라) 그는 내가 읽는 책을 찢었다. : '내가 책을 읽다'의 사건이 '그는 책을 찢다'의 사건과 시간적으로 같음.

→ 관형사형 어미 '-는'으로 표시

(마) 그는 내가 읽을 책을 찢었다. : '내가 책을 읽다'의 사건이 '그는 책을 찢다'의 사건보다 나중 발생함(시간적으로 뒤임).

→ 관형사형 어미 '-(으)ㄹ'로 표시

(바) 그는 내가 읽던 책을 찢었다. : '그는 책을 찢다'의 사건 발생 당시 '내가 책을 읽다'의 사건이 아직 완료되지 않음.

→ 관형사형 어미 '-던'으로 표시

이와 같이 관형사절을 안은 문장의 사건이 일어난 시점을 기준으로 삼아 그 관형사절 사건의 시제를 상대적으로 표현합니다. 이러한 시제를 '상대 시제'라고 합니다.

✿ 관형사절을 안은 문장의 사건이 일어난 시점을 기준으로 삼아 그 관형사절 사건의 시제를 상대적으로 표현하는 시제를 '상대 시제'라고 합니다.

"그는 내일 내가 만날 사람이다."의 시제를 자세히 살펴봅시다.

한국어의 시제 표현은 서술어에 나타납니다. (사)에서 서술어는 '사람이다, 만나다(만날)'입니다. 그런데 ① '사람이다'에는 표면적으로 특별한 시제 표현이 나타나지 않았고, ② '만나다'에는 미래를 실현하는 선어말 어미 '-(으)ㄹ'이 시제 표현으로 나타났습니다.

(사) 그는 내일 내가 만날 사람이다.

화자가 말을 하는 시점에서 볼 때 '그는 (이러이러한) 사람이다'의 사건은 같은 시간대, 즉 현재 시제로 표현할 수 있는 상황입니다. 다만, 현재라는 시제를 표시하는 표현이 '사람이다'에 나타나지 않는 것은, '사람이다'가 '아름답다', '씩씩하다'와 같이 상태를 나타내는 말이 종결 어미 '-(ㄴ / 는)다'와 함께 서술어를 구성했기 때문입니다.

① 그는 (이러이러한) 사람이다. : 화자가 말하고 있는 시점을 기준으로 동일 시간대의 상황임.

그런데 '내일 내가 (사람을) 만나다'는 안은 문장 '그는 (이러이러한) 사람이다'의 안긴 문장(이러이러한)에 해당하며, 안은 문장의 시점을 기준하여 시간적으로 나중에 있을 일로 유추할 수 있습니다. 따라서 '내일 내가 (사람을) 만나다'의 서술어 '만나다'에 '-(으)ㄹ'이라는 미래 시제 표현의 관형사형 어미를 사용하여 상대 시제를 표현한 것으로 해석합니다.

② 내일 내가 사람을 만나다. : '그는 (이러이러한) 사람이다' 상황 시점을 기준으로 미래 사건임.

> ✿ 상태성을 가진 서술어는 현재 시제일 경우 시제 형태 표지가 겉으로 드러나지 않습니다.
> • 그는 멋지다.
> • 그는 멋진 사람이다.
>
> 이에 비해 동사는 '-ㄴ / 는다'로 현재 시제가 나타납니다.
> • 그는 학교에 간다.
> • 그는 밥을 먹는다.

07

"어제 할 일이 없어서 친구와 영화 보러 나갔어."의 시제 표현이 올바른가요?

Q. "어제 할 일이 없어서 친구와 영화 보러 나갔어."의 시제 표현이 올바른가요? '어제'가 있으니까 '할'이 아니라 '한'을 써야 맞지 않나요?

A. 관형사형 어미는 앞에 오는 절의 시제를 나타내며 뒤에 오는 체언을 수식합니다. 관형사형 어미 '-(으)ㄹ'로 '어제 할 일이 없어서 친구와 영화 보러 나갔어.'처럼 미래를, 관형사형 어미 '-(으)ㄴ'으로 '어제 한 일이 없어서 친구와 영화 보러 나갔어.'처럼 과거를 각각 표현할 수 있습니다. 이는 화자의 표현 의도에 따라 선택되는 것으로, 발생 시점을 다르게 해석합니다.

앞 문장에서 '할'의 시제를 살펴봅시다.

✿ 복문(복합문)에서 시제는 사건과 사건 사이의 상대적인 시간 순서를 따져 판단해야 합니다.

(가-1) 어제 <u>할 일이 없어서</u> 친구와 영화 보러 나갔어.
　　　　　①
　　　　　②

　　　　　　① 안긴 절: 사건 1
→ 어제 〔(누가) 일을 하다〕 일이 없다
　　　　　　② 안은 문장: 사건 2

(가-1)의 밑줄 친 부분에서 '(누가) 일을 하다'라는 사건(1)과 '어제 일이 없다'라는 사건(2) 사이의 상대적인 시간 순서를 따져 봅시다. 여기서는 두 사건 중에서 관형사절을 안은 '어제 일이 없다'의 사건이 일어난 시점을 기준으로 삼아야 합니다. 그런데 시제 표현 없이 '없어서'로만 나타나 있어서 그 시점이 과거인지, 현재인지, 아니면 미래인지 해석하기 어렵습니다. '없어서', 즉 '어제 일이 없다'의 시제를 분명히 알아야 '(누가) 일을 하다'의 시제를 알 수 있습니다. 그러면 '없어서'의 시제를 확인하기 위해 문장의 서술어의 시제 표시를 살펴봅시다.

(가-2) 어제 <u>할 일이 없어서</u> <u>친구와 영화 보러 나갔어.</u>
　　　　　　과거　　　　　　　　　　　과거

뒤에 이어진 절의 서술어는, 화자가 발화한 시점을 기준으로 '친구와 영화 보러 나가다'는 과거의 일이어서 '나갔어'로 표현되었습니다. 이는 (가-2)에서 보는 것처럼 '어제 일이 없다' 사건의 시제까지 결정합니다. 그리고 같은 절에 포함된 '어제'를 통해 '어제 일이 없다'는 과거 사건임이 더욱 분명해집니다.

이제 다시, '어제 일이 없다'의 사건(2)이 일어난 시점을 기준으로 삼아 '(누가) 일을 하다'의 사건(1)이 일어난 시점을 상대적으로 비교해 봅시다. '(누가) 일을 하다'는 기준 시점보다 이후에 발생하는 사건인 가요, 아니면 기준 시점보다 이전에 발생한 사건인가요?

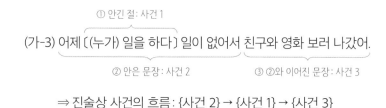

(가-3) 어제 〔(누가) 일을 하다〕 일이 없어서 친구와 영화 보러 나갔어.

⇒ 진술상 사건의 흐름: {사건 2} → {사건 1} → {사건 3}

(가-3)에서 보는 것처럼 '(누가) 일을 하다'는 '-(으)ㄹ'이라는 관형사 형 어미를 사용한 관형사절로 안긴 문장입니다. 이를 통해 '(누가) 일 을 하다'의 사건은 '어제 일이 없다'의 사건보다 상대적으로 시간상 나 중에 일어난 일임을 알 수 있습니다. '어제 일이 없다'가 분명히 과거 의 일인데, 관형사절에 '-(으)ㄹ'이 포함되어 쓰인 '할'이 미래 사건이라 고 하니 어리둥절하실 겁니다. 이는 앞서 말했듯이, '어제 일이 없다' 의 사건보다 시간상 나중에 오는 사건이어서 상대적으로 '미래'라고 한 것일 뿐입니다.

한편, (나)에서처럼 '-(으)ㄴ'이라는 관형사형 어미를 쓰게 된다면, '어제 일이 없다'의 사건보다 '(누가) 일을 하다'의 사건이 시간적으로 앞서는 것으로 해석됩니다.

(나) 어제 한 일이 없어서 친구와 영화 보러 나갔어.

⇒ 진술상 사건의 흐름: {사건 1} → {사건 2} → {사건 3}

'-(으)ㄹ'에 대해 조금 더 살펴봅시다.

관형사형 어미 '-(으)ㄹ'은 안긴 절을 이끌어 뒤이어 나오는 명사 상당 어구를 수식합니다. '먹을 음식'에서 관형어 '먹을'처럼 명사 '음식'을 수식하는 역할을 하지만, 단어가 아닌 안긴 절의 서술어에 붙어 관형사절로 만드는 어미라서 '-(으)ㄹ'의 명칭을 '관형사형 어미'라고 합니다.

다음 (다) "그는 내가 읽을 책을 찢었다."는 문장을 살펴봅시다. (다)는 ①절과 ②절 2개로 이루어진 복문(복합문)입니다.

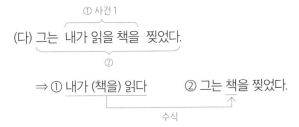

여기서 ①은 ②에 안긴 절이 되고, ②는 ①을 안은 문장이 됩니다. 이때 ①은 ②의 '책'이란 명사를 꾸며 주고 있습니다. 그런데 품사 중에서 뒤에 오는 명사를 수식하는 단어를 관형사라고 합니다. 가령 "새 신을 신었다."에서 '새'가 뒤에 오는 '신'을 수식하기 때문에 관형사라고 합니다. 이처럼 ①도 '책'이란 명사를 수식하므로 관형사라고 할 수 있습니다. 다만 ①이 '새'와 같은 단어가 아니라 절이라서 특별히 '관형사절'이라고 합니다.

다시 ①을 살펴봅시다. 서술어가 '읽다'입니다. '-다'는 문장을 끝맺는 역할을 합니다. 이 상태로는 ②의 '책'을 수식할 수가 없습니다. 어간 '읽-'에 '-(으)ㄹ'과 같은 관형사절 어미를 결합하여야만 ②의 '책'을 수식할 수 있습니다.

08

'자주 가던'을 '자주 갔던'이라고
표현해도 되나요?

Q. "저 분식집은 내가 고등학교 때 자주 가던 곳이야."에서
'자주 가던'을 '자주 갔던'이라고 표현해도 되나요?

A. "저 분식집은 내가 고등학교 때 자주 가던 곳이야."나 "저
분식집은 내가 고등학교 때 자주 갔던 곳이야."는 문법적으로
모두 적합한 표현입니다. 다만 '-던'을 쓴 문장과 '-았/었던'을
쓴 문장 간에 의미 차이가 있습니다. '-던'은 안긴 절의 사건이
아직 끝나지 않았음을 나타냅니다. 그래서 안은 절의 서술어
로 '멈추다'나 '중지하다' 등이 자연스럽게 올 수 있습니다. 반
면에 '-았/었던'은 안긴 절의 사건이 완전히 끝남을 나타내므
로 안은 절의 서술어에 '멈추다'나 '중지하다' 등이 올 수 없습
니다.

'-던'과 '-았/었던'의 의미 차이를 살펴봅시다.

'-던'과 '-았/었던'의 의미 차이는 동작의 과정을 나타내는 문장과 동작의 결과를 나타내는 문장을 비교해 보면 쉽게 알 수 있습니다.

(가) 길을 건너던 사람에게 빵빵거렸다.

(나) 길을 건넜던 사람에게 빵빵거렸다.

(가)는 길을 건너고 있는 사람에게 차가 빵빵거린 사건이고, (나)는 길을 다 건너서 인도에 있는 사람에게 차가 빵빵거린 사건으로 해석됩니다. 즉, (가)는 동사 어간 '건너-'에 '-던'이 결합하여 '사건이 아직 끝나지 않음.'을 뜻하고 (나)는 같은 동사 어간 '건너-'에 '-었던'이 결합하여 '사건이 완전히 끝남.'을 뜻합니다. 그리하여 (가)와 (나)의 문장은 다른 의미로 해석됩니다.

 ### '-던'과 '-았/었던'의 의미 차이를 알 수 있는 또 다른 방법이 있을까요?

'-던'과 '-았/었던'의 의미 차이는 동사 '멈추다'와 결합할 수 있는지를 살펴보면 더 확실하게 알 수 있습니다.

(다) 여러분, 하던 일을 멈추고 여기 보세요.
(라) ??여러분, 했던 일을 멈추고 여기 보세요.

아직 끝나지 않은 일은 멈출 수 있을지언정 다 끝난 일은 멈출 수가 없지요? (다)에서는 '-던'을 통해 일을 하는 것이 아직 끝나지 않음을 나타냈으니 '멈추다'와 자연스럽게 결합할 수 있습니다. 한편, (라)에서는 '-았/었던'을 통해 일을 하는 것이 완전히 끝났음을 나타냈으므로 '멈출' 일이 없습니다. 그래서 (라)는 어색한 문장을 이룹니다.

이번에는 '딱 한 번'으로 그 차이를 구별할 수 있는 방법을 살펴보겠습니다.

(마-1) 저 분식집은 내가 고등학교 때 자주 가던 곳이야.
(바-1) 저 분식집은 내가 고등학교 때 자주 갔던 곳이야.

'-던'을 쓴 (마-1)과 '-았던'을 쓴 (바-1)은 의미 차이가 별로 느껴지지 않습니다. 그런데 다음과 같이 '자주'를 '딱 한 번'으로 바꾸어 봅시다.

(마-2) ??저 분식집은 내가 고등학교 때 딱 한 번 가던 곳이야.

(바-2) 저 분식집은 내가 고등학교 때 딱 한 번 갔던 곳이야.

이렇게 바꾸어 보니 두 문장의 의미 차이가 두드러집니다. '딱 한 번'은 사건이 1회만 발생하고 더 이상 이어지지 않음을 뜻하므로 '-았던'이 결합한 (바-2)의 '갔던'과는 잘 어울립니다. 하지만 (마-2)에서 보듯이, 사건이 끝나지 않거나 사건이 계속 이어짐을 뜻하는 '가던'과는 어울리지 않습니다.

09

'-는지 알다/모르다'는 언제나 의문사와 함께 사용해야 하나요?

Q. **"서울역에 어떻게 가는지 알아요?"처럼, '-는지 알다/ 모르다'는 언제나 의문사와 함께 사용해야 하나요?**

A. '-는지 알다/모르다'는 "서울역에 어떻게 가는지 알아요?" 처럼 '어떻게'와 같은 *의문사와 함께 사용되는 경우가 많습 니다. 하지만 "민수 씨가 지금 서울역에 가고 있는지 알아요?" 와 같이 의문사를 동반하지 않고도 자연스럽게 사용될 수 있습니다. '-는지'는 명사형 어미 '-기'와 같이 쓰여 안긴 절을 안은 절의 주어나 목적어 등이 될 수 있도록 명사절로 만들 어 주며, 그 절의 내용이 확정되지 않았음을 나타냅니다.

먼저 '-는지'가 어떻게 명사절을 구성하는지 살펴봅시다.

다음 (가-1) ~ (다-1)과 (가-2) ~ (다-2)의 문장에서 서술어를 찾아봅시다.

(가-1) 지금 일이 어떻게 돌아가고 있는지 너희는 알고 있니?

(나-1) 철수가 지금 어디에 있는지 나에게 좀 알려 줘.

(다-1) 나는 영희가 무엇을 먹는지 잘 안다.

(가-2) 지금 일이 어떻게 돌아가고 있는지 너희는 아마 모를 것이다.

(나-2) 철수가 지금 어디에 있는지 아무도 모른다.

(다-2) 나는 영희가 무엇을 먹는지 전혀 몰랐다.

(가-1) ~ (다-1)의 세 문장에서 서술어는 '알다'이고, (가-2) ~ (다-2)의 세 문장에서 서술어는 '모르다'입니다.

이번에는 이들 서술어의 목적어를 찾아봅시다.

(가-1) 지금 일이 어떻게 돌아가고 있는지 너희는 알고 있니?

(나-1) 철수가 지금 어디에 있는지 나에게 좀 알려 줘.

(다-1) 나는 영희가 무엇을 먹는지 잘 안다.

(가-2) 지금 일이 어떻게 돌아가고 있는지 너희는 아마 모를 것이다.

(나-2) 철수가 지금 어디에 있는지 아무도 모른다.

(다-2) 나는 영희가 무엇을 먹는지 전혀 몰랐다.

밑줄 친 '지금 일이 어떻게 돌아가고 있는지', '철수가 지금 어디에 있는지', '영희가 무엇을 먹는지'가 각 문장의 목적어입니다.

> **•의문사**
> '언제, 어디, 무엇, 얼마' 등과 같이 의문의 대상을 묻는 말입니다. 학교 문법에서는 독립된 품사로 인정하지 않습니다.

(가-1) ~ (다-1)의 문장을 중심으로 좀 더 자세히 살펴봅시다.

　　　　　부사어　주어　부사어　　서술어
(가-1) 지금　일이　어떻게　돌아가고 있는지　너희는　알고 있니?
　　　　　　　　목적어　　　　　　　　주어　　　서술어

　　　　　　　　주어　　부사어　서술어
(나-1) (너는)　철수가　지금 어디에　있는지　나에게 좀　알려 줘.
　　　　주어　　　　　　목적어　　　　　　부사어　　서술어

　　　　　　주어　목적어　서술어
(다-1) 나는　영희가　무엇을　먹는지　잘　안다.
　　　　주어　　　　목적어　　　　부사어 서술어

이들 문장의 목적어를 꼼꼼하게 들여다보면 주어와 서술어를 포함한 절임을 알 수 있습니다. 절이 전체 문장의 서술어 '알다'〔(가-2) ~ (다-2)의 문장에서는 '모르다'〕의 목적어로 자리하고 있습니다.

그런데 절이 전체 문장에서 주어나 목적어가 되기 위해서는 명사의 자격을 갖추어야 합니다. 다음 문장을 살펴봅시다.

　　　　　　　주어　부사어　서술어
(라) 저는　(영수가　얼른　낫기를)　바랍니다.
　　　주어　　　　목적어　　　　　서술어

(라)에서 '영수가 얼른 낫다'라는 절이 전체 문장의 목적어로 자리하기 위해 명사형 어미 '-기'를 결합해 명사의 자격을 갖추도록 했습니다. 이와 마찬가지로 (가-1) ~ (다-2)에서는 '-는지'가 그런 역할을 합니다.

'-는지'가 항상 의문사와 함께 나타나는지 살펴봅시다.

'-는지'가 항상 의문사와 함께 나타나는지, 다시 한번 (가-1) ~ (다-1)의 문장을 살펴봅시다.

(가-1) 지금 일이 <u>어떻게</u> 돌아가고 있는지 너희는 알고 있니?

(나-1) 철수가 지금 <u>어디</u>에 있는지 나에게 좀 알려 줘.

(다-1) 나는 영희가 <u>무엇</u>을 먹는지 잘 안다.

'-는지'가 이끄는 절에 '어떻게', '어디', '무엇'과 같은 의문사가 포함되어 있는 것이 눈에 띕니다. 이로 미루어 짐작컨대, '지금 일이 어떻게 돌아가고 있는지', '철수가 지금 어디에 있는지', '영희가 무엇을 먹는지'의 내용이 확정되지 않았음을 알 수 있습니다. 만약 각 내용이 확정되었다면 의문사 없이 "지금 일이 긍정적으로 돌아가고 있어.", "철수는 지금 부산에 있어.", "영희가 채소를 먹어."로 말했을 겁니다.

'-는지'는 (가-1) ~ (다-1)이나 다음 (마)처럼 의문사가 있는 문장에서 쓰이지만, (바)처럼 의문사가 없는 문장에서도 쓰입니다.

(마) 민수 씨가 뭘 좋아하는지 알아요?
주어　(절로 만들어진) 목적어　서술어
목적어　서술어

(바) 민수 씨가 떡볶이를 좋아하는지 알아요?
주어　(절로 만들어진) 목적어　　서술어
목적어　서술어

(마)는 민수 씨가 무엇을 좋아하는지에 대해 물었습니다. 따라서 "네. 민수 씨는 (떡볶이 / 김밥 등)을/를 좋아해요."와 같이 '무엇을'에

대해 응답할 수 있습니다. 한편 (바)는 민수 씨가 떡볶이를 좋아하는 사실을 아는지 그 여부를 물었으므로, "네. 알고 있어요. / 아니요. 잘 모르겠는데요."와 같은 응답이 예상됩니다. (바)는 '민수 씨가 떡볶이를 좋아하는지, 좋아하지 않는지'가 확정되지 않은 상황에서의 질문입니다.

　(마), (바) 두 문장의 의미는 다릅니다. 하지만 '-는지'가 이끄는 절에 의문사가 있든 없든, '-는지'는 그 절의 내용이 확정되지 않았음을 나타냅니다.

10

'-아/어 놓다'와 '-아/어 두다'는 의미 차이가 있나요?

Q. '장독에 숯을 넣어 놓았다.'와 '장독에 숯을 넣어 두었다.'는 의미 차이가 있나요? '-아/어 놓다'와 '-아/어 두다'라는 표현을 구분해야 하는지 궁금합니다.

A. 표면적으로 두 문장은 의미 차이가 없습니다. 두 문장 모두 장독에 숯을 넣고 나서 그대로 '유지'했다는 의미를 공통적으로 나타내기 때문입니다. 이처럼 '-아/어 놓다'와 '-아/어 두다' 두 표현은 '행동으로 인한 결과가 지속됨.'이라는 의미를 공통으로 가지고 있습니다. 그러나 '-아/어 두다'는 '결과 유지'라는 의미에 더하여 미래에 있을 일을 대비한다는 뜻을 가지고 있습니다. 한편, '-아/어 놓다'는 '-아/어 두다'와 달리, 형용사나 서술격 조사 '이다'와 결합하여 상태가 유지됨을 나타낼 수 있습니다.

'-아/어 놓다'와 '-아/어 두다'의 의미 차이를 좀 더 알아봅시다.

다음 두 문장은 '행동으로 인한 결과가 지속됨.'이라는 뜻을 공통으로 갖고 있습니다.

(가) 의사가 다 죽어 가던 환자를 <u>살려 놓았다.</u>

(나) 적과 포로 교환 협상을 하기 위해 우리 대장은 생포한 포로를 <u>살려 두었다.</u>

(가)는 의사가 다 죽어 가던 환자를 살려서 그 상태가 지속된다는 뜻을 나타냅니다. (나)는 대장이 생포한 포로를 살려서 그 상태가 지속된다는 뜻을 나타냅니다.

그런데 '-아/어 두다'가 쓰인 (나)는 미래에 있을 어떤 일(적과 포로 교환 협상을 함.)을 대비하기 위해 포로를 살리는 행동을 한다는 뜻을 내포하고 있는 반면, (가)는 '어떤 다른 일을 미리 대비하기 위해' 환자를 살리는 행동을 한다는 뜻을 갖지 않습니다. 이렇듯 두 표현이 의미 차이를 가진다는 것은 (가)의 '-아/어 놓다'를 '-아/어 두다'로 바꿀 경우 문장이 자연스럽지 않은 것을 통해 쉽게 확인할 수 있습니다.

(가) 의사가 다 죽어 가던 환자를 <u>살려 놓았다.</u>

→ ??의사가 다 죽어 가던 환자를 <u>살려 두었다.</u>

'-아/어 놓다'와 '-아/어 두다'의 결합 제약에 대해 알아봅시다.

'-아/어 놓다'는 동사는 물론, 형용사나 서술격 조사 '이다' 뒤에 쓰일 수 있습니다.

(다-1) 글자가 워낙 <u>작아 놓아서</u> 도통 읽을 수가 없네.

(라-1) 그곳이 워낙 <u>그늘이어 놓아서</u> 아무도 살려고 하지 않는다.

(다-1)의 형용사 '작다'와 (라-1)의 '그늘이다'는 상태를 나타내는 표현으로, 여기에 쓰인 '-아/어 놓다'는 앞말의 상태가 유지된다는 뜻을 나타냅니다. (다-1)은 글자가 매우 작은 상태가 유지되어 말하는 이가 그 글자를 도통 읽을 수 없다는 뜻으로 해석되는 문장입니다. 또 (라-1)은 그곳의 심한 그늘 상태가 유지되어 아무도 그곳에서 살기를 바라지 않는다는 뜻으로 해석됩니다.

반면에 '-아/어 두다'는 '-아/어 놓다'와 달리 형용사나 서술격 조사 '이다' 뒤에 쓰일 수 없습니다.

(다-2) *글자가 워낙 <u>작아 두어서</u> 도통 읽을 수가 없네.

(라-2) *그곳이 워낙 <u>그늘이어 두어서</u> 아무도 살려고 하지 않는다.

이로써 '-아/어 두다'는 형용사나 서술격 조사 '이다' 뒤에서 앞말의 '상태'가 유지된다는 뜻으로 사용되지 못한다는 것을 알 수 있습니다.

> ✿ '-아/어 두다'는 '-아/어 놓다'와 달리 어떤 상황을 대비하는 경우에도 사용할 수 있지만, 형용사나 서술격 조사 '이다'와 결합하여 앞말의 상태가 유지됨을 나타낼 수는 없습니다.

11

"물만 있어요."와 "물밖에 없어요."는 의미 차이가 있나요?

Q. "주스 있어요?"에 대한 대답으로 "물만 있어요."와 "물밖에 없어요."는 의미 차이가 있나요?

A. 화자가 무엇에 초점을 두고 발화하였는지를 따져 보면 두 문장의 의미 차이를 알 수 있습니다. "물만 있어요."는 여러 음료수 중에서 '물'에만 초점을 맞추어 음료수의 존재를 알린 반면, "물밖에 없어요."는 '물' 외의 다른 음료수가 존재하지 않음을 알렸습니다.

"물만 있어요."와 "물밖에 없어요."의 의미 차이를 좀 더 살펴봅시다.

'수지'가 '준호'에게 주스가 있는지 묻는 상황을 가정해 봅시다. '준호'는 냉장고를 열어 주스가 있는지 확인하고, 다음과 같이 대답할 수 있습니다.

(가) 수지 : "주스 있어요?"
　　준호 : "주스 없어요."

(가)에서 '준호'의 대답은 냉장고에 주스가 없음을 말할 뿐 다른 음료수의 유무에 대해서는 말하지 않습니다. 마침 냉장고에 물이 있어도 이 대화로는 그것을 알 수 없습니다.

이번에는 '준호'가 (나)와 같이 대답할 수도 있습니다.

(나) 수지 : "주스 있어요?"
　　준호 : "아니요. 물만 있어요."

'준호'는 '수지'의 물음에 먼저 '아니요.'라고 답함으로써 주스가 냉장고에 없음을 '수지'에게 알렸습니다. 그러고는 물만 있다고 답했습니다. 이 과정에서 '준호'는 머릿속으로 냉장고에 보관될 수 있는, 주스를 포함한 '물', '우유', '콜라' 등 음료수의 목록을 떠올렸을 겁니다. '준호'는 이들 중에서 '물'에 초점을 두고 이것에 한정하여 냉장고에 보관되어 있는 음료수를 '수지'에게 알렸습니다.

또 '준호'는 다음 (다)와 같이 대답할 수도 있습니다.

(다) 수지: "주스 있어요?"

준호: "아니요. 물밖에 없어요."

이 대답을 통해 '준호'는 '물' 외에 '주스', '우유', '콜라' 등의 음료수가 냉장고에 보관되어 있지 않음을 '수지'에게 알렸습니다. 결과적으로는 '물'만 냉장고에 보관되어 있음을 '수지'에게 말한 셈입니다.

 '만'과 '밖에'의 쓰임에 대해 좀 더 살펴봅시다.

앞에서 '있다'가 따르는 조사 '만'의 뜻과 '없다'가 따르는 조사 '밖에'의 뜻을 살펴보았습니다. 그런데 조사 '만'과 '밖에'는 각각 '있다' 및 '없다'와만 함께 나타나야 하는 것이 아닙니다. '만'은 '있다'를 비롯해 긍정문에서 나타날 수 있고, '밖에'는 '없다'를 비롯해 부정문에서 나타날 수 있습니다.

(라) 수지는 오직 한국어만 안다.
(마) 수지는 한국어밖에 모른다.

한국어는 지구상 수많은 언어 중 하나입니다. 한국어 말고 영어, 일본어, 중국어 등 수많은 언어가 있습니다. (라)의 문장은 '수지'가 영어, 일본어, 중국어 등 다른 언어를 모두 제쳐 두고 오로지 한국어라는 언어에 한정해서 알고 있다는 뜻을 담고 있습니다. 한편, (마)의 문장은 '수지'가 한국어 말고 영어, 일본어, 중국어 등 다른 언어는 모른다는 뜻을 담고 있습니다. 결과적으로 '수지'가 알고 있는 언어는 오직 한국어뿐이라는 사실을 두 문장에서 공통으로 표현하고 있습니다.

그런데 '밖에'가 부정문에서만 나타날 수 있고 (사)와 같은 긍정문에서는 나타날 수 없는 반면, '만'은 긍정문 말고 (바)와 같은 부정문에서도 나타날 수 있습니다.

(바) 수지는 오직 한국어만 모른다.
(사) *수지는 한국어밖에 안다.

12

부정의 '안'과 '않-'은 어떤 차이가 있습니까?

Q. 부정의 의미를 더해 주는 '안'과 '않-'은 어떤 차이가 있습니까? 한국어 학습자들에게 어떻게 구별하여 가르치면 좋을지 설명해 주세요.

A. '안'은 '아니'에서 줄어든 말이고, '않-'은 '아니하-'에서 '안하-'를 거쳐서 줄어든 말입니다. 그러나 '안'은 뒤에 오는 말을 수식하고, '않-'은 앞에 오는 말을 수식하는 차이가 있습니다.

'안'과 '않-'의 공통점에 대해 살펴봅시다.

부정의 의미를 나타내는 '안'과 '않-'은 둘 다 준말입니다. '안'은 '아니'의 준말입니다. '않(다)'은 '아니하(다)'에서 '안하(다)'로 준 말이, 다시 '않(다)'으로 준 말입니다.

	본말		준말
(가) 아니	>	안	
(나) 아니하(다)	>	안하(다)	> 않(다)

'안'은 부사 '아니'의 준말이어서 문장에서는 '안 먹어요'처럼 서술어를 수식하는 기능을 합니다. 한편 '않(다)'은 본동사로 쓰이기도 하지만, 주로 보조 용언(보조 동사, 보조 형용사)으로 기능합니다. 예를 들어 '고백을 않다(동사)', '포기하지 않다(보조 동사)', '예쁘지 않다(보조 형용사)'로 사용됩니다.

 '안'과 '않-'의 차이점에 대해 살펴봅시다.

'안'은 뒤에 오는 말을 꾸며 주는 부정 부사입니다.

(다) 나는 학교에 안 가요.
(라) 생선은 안 먹습니다.

(다)의 '안'은 뒤에 오는 '가요'를, (라)의 '안'은 뒤에 오는 '먹습니다'를 각각 꾸며 줍니다. 이와는 달리 '않-'은 뒤에 오는 말을 꾸며 주지 않을 뿐더러, 뒤에 아무 말도 이어지지 않고 문장이 끝날 수 있습니다.

이 점에서 '않-'의 경우 기본형인 '않다'로 기억하는 게 좋겠습니다. 그러면 '않다'가 문장에서 서술어 역할을 한다는 사실을 쉽게 이해할 수 있습니다.

(마) 나는 학교에 가지 않아요. 〔가다 + -지 않다〕
　　　　　　　　서술어

(바) 생선은 먹지 않습니다. 〔먹다 + -지 않다〕
　　　　　　　서술어

(마)에서는 '가지 않아요'가, (바)에서는 '먹지 않습니다'가 서술어로 역할하고 있습니다. 특히 '않(다)'은 용언(동사, 형용사) 뒤에서 '-지 않(다)'의 형태로 쓰입니다. 그리하여 앞말이 뜻하는 행동 / 상태를 부정하는 의미를 나타냅니다.

13

'-(으)ㄹ 수 없다'와 '-지 못하다'는
의미 차이가 있나요?

Q. '-(으)ㄹ 수 없다'와 '-지 못하다'는 의미가 다른가요?
'-(으)ㄹ 수 없다'와 '-지 못하다'가 다르다면 그 차이는 무엇
인가요?

A. '-(으)ㄹ 수 없다'와 '-지 못하다'는 어떤 행위를 할 가능성이
없다는 공통된 의미를 가집니다. 그러나 '-(으)ㄹ 수 없다'는
그 가능성이 행위 주체의 내적 요인에 의해 부정되는 경우이
고, '-지 못하다'는 그 가능성이 외적 요인에 의해 부정된다는
점에서 미세하나마 의미 차이가 있습니다.

'-(으)ㄹ 수 없다'와 '-지 못하다'의 공통점에 대해 알아봅시다.

다음 두 문장을 비교해 봅시다.

(가) 한국에 오기 전에는 한국 생활에 적응할 수 없을까 봐 걱정했어요.
(나) 한국에 오기 전에는 한국 생활에 적응하지 못할까 봐 걱정했어요.

밑줄 친 (가)의 '-(으) 수 없다'와 (나)의 '-지 못하다'는 어떤 행위를 할 가능성이 없다는 의미를 공통으로 가지고 있습니다. 곧 두 문장 모두 '한국 생활에 적응할 가능성이 없을까 봐 걱정했다.'는 뜻을 갖고 있습니다.

 '-(으)ㄹ 수 없다'와 '-지 못하다'의 차이점에 대해 알아봅시다.

'-(으)ㄹ 수 없다'와 '-지 못하다'의 의미 차이를 분간해 내기란 여간 어려운 일이 아닙니다. 하지만 분명히 '-(으)ㄹ 수 없다'와 '-지 못하다' 사이에 미세하나마 의미 차이가 있습니다.

(다) 다리를 다쳐서 아무 데도 갈 수 없었지만 근처 공원에는 갔었어.
(라) *다리를 다쳐서 아무 데도 가지 못했지만 근처 공원에는 갔었어.

'-(으)ㄹ 수 없다'를 포함한 (다)는 '화자가 다리를 다치는 바람에 외출할 능력이 없어짐.'을 뜻합니다. 그런데 '-(으)ㄹ 수 없다'가 뜻하는 '능력 없음'의 범위가 포괄적이어서, '아무 데도 갈 수 없었지만'은 맥락에 따라 유연하게 해석될 수 있습니다. 이에 따라 (다)에서는 '화자가 다리를 다치는 바람에 먼 곳으로 외출할 능력이 없어졌음.'으로 '능력 없음'의 범위를 축소하여 해석할 수 있습니다. 화자의 바람으로 먼 곳이 아닌, 근처 공원으로 외출한 것이 허용되는 상황입니다.

한편, '-지 못하다'가 쓰인 (라)는 (다)와 다른 의미를 나타냅니다. 여기서 '-지 못하다'는 다리 부상이라는 외부적 상황이나 타의에 의해 외출이라는 행위가 일절 금지됨을 뜻합니다. 이에 따라 뒷 문장인 '근처 공원에는 갔었어.'와 어울릴 수 없습니다.

'-(으)ㄹ 수 없다'와 '-지 못하다'가 미세한 의미 차이를 가지므로, 다음 두 문장 (가)와 (나)는 다음과 같이 의미가 다름을 확인할 수 있습니다.

(가) 한국에 오기 전에는 한국 생활에 적응할 수 없을까 봐 걱정했어요.
(주로 화자 자신의 내적 요인에 의함.)

(나) 한국에 오기 전에는 한국 생활에 적응하지 못할까 봐 걱정했어요.
(주로 외적 요인에 의함.)

(가)는 화자 자신이 한국 생활에 적응할 능력이 없는 것이 원인이 되어, 한국 생활에 적응할 가능성이 없음을 걱정하는 문장으로 해석할 수 있습니다. 한편 (나)는 법적·문화적 문제와 같은 외부의 상황이나 타의에 의해 한국 생활에 적응할 가능성이 없음을 걱정하는 문장으로 해석할 수 있습니다.

> ☆ '-(으)ㄹ 수 없다'는 내적 요인에 의해, '-지 못하다'는 외적 요인에 의해 어떤 행위를 할 가능성이 없음을 나타냅니다.

14

윗사람에게 "수고하세요."라고 하면 안 되나요?

Q. 윗사람이 "수고하세요."라고 할 때 "수고하세요."라고 답하면 안 되나요?

A. 일상생활에서는 청자의 *위계를 의식하지 않고 "수고하세요.", "수고해."라고 쓰는 편입니다. 하지만 '수고'의 원래 뜻을 고려한다면, 윗사람에게 "수고하세요."라고 인사하는 것이 문제가 될 수 있습니다.

'수고'의 뜻에 대해 알아봅시다.

• **위계**
나이나 지위 등의 등급을 말합니다.

한국어의 규범 사전 격인 《표준국어대사전》에서 '수고'의 뜻을 찾아볼까요? 고유한 한국어로 분류된 '수고'가 '일을 하느라고 힘을 들이고 애를 씀. 또는 그런 어려움.'이라는 뜻을 가지고 있음을 알 수 있습니다.

'수고'는 본래 '受苦'에서 온 한자어로, '고통을 받음.'이라는 뜻을 가지고 있었습니다. 사전에 풀이된 뜻은 이보다 약화된 것이기는 하지만, '고통을 받음.'이라는 뜻에서 크게 멀어지지 않았습니다.

$$受 \;+\; 苦$$

받을 수　　　　고통 고

한편 "수고하세요."는 보통 헤어질 때 상대에게 하는 인사 표현입니다. 헤어짐의 인사는 말 상대의 편안함을 바라는 것이 예의입니다. 그런데 '수고'의 본래 뜻을 감안한다면 "수고하세요."는 상대가 고통받기를 바라는 것이 되니 분명히 예의에 어긋나는 말이 될 수밖에 없습니다.

학생들이 선생님에게 "수고하세요."라고 인사한다고 떠올려 보세요. 한국 사회의 언어 문화적 특성을 고려할 때, "수고하세요."는 윗사람에게는 더욱더 하지 말아야 할 인사임을 알 수 있습니다.

우리는 분명히 상대의 편안함을 바라면서 "수고하세요.", "수고해."라고 인사를 할 것입니다. 하지만 '수고'의 어원을 이미 알고 있는 상대에게는 이 인사가 오히려 예의에 어긋날 수 있으니, 가려서 써야 하겠습니다.

4부
어문 규범

01
띄어쓰기를 어떻게 가르치면 좋을까요?

Q. 한국어 띄어쓰기가 어렵습니다. 어떻게 가르쳐야 학습자가 더 쉽게 이해할 수 있을까요?

A. 한국어 띄어쓰기의 가장 큰 원칙은 '단어 단위로 띄어 쓴다.'입니다. '단어'란 한 덩어리의 의미를 지니는 말의 단위입니다. 따라서 어떤 말이 한 덩어리의 의미를 지니면 단어이므로 붙여 쓰고, 둘 이상의 분리된 의미를 지니면 2개의 단어이므로 띄어 쓴다고 가르치면 좋습니다.

'한 덩어리의 의미를 가진다.'는 무슨 말일까요?

'띄어쓰기'나 '붙여쓰기'는 한 덩어리 개념이므로 단어로 인정하여 붙여 씁니다. 이에 반해 '띄어 쓰다'나 '붙여 쓰다'는 '띄어서 쓰다'와 '붙여서 쓰다'처럼 2개의 단어로 보기 때문에 띄어 씁니다.

이와 같이 단어 단위로 띄어쓰기를 한다고 할 때, 덩어리 의미를 지니는지를 판단하는 일이 중요합니다. 다음 4가지는 한국어에서 한 덩어리의 의미를 지니는 것으로 여겨 하나의 단어로 인정하는 경우입니다.

(1) 하나의 개념어로 사용되는 말

'초등학교'나 '고등학교'는 띄어 쓰지 않고 하나로 붙여 씁니다. 한국의 학교 제도상 '중학교, 대학교'를 하나의 개념으로 사용하여 붙여 쓰는 것처럼, '초등학교', '고등학교'도 한국의 학교 제도상 하나의 개념어로 보기 때문에 띄어 쓰지 않고 붙여 씁니다.

(2) 사잇소리가 첨가되어 하나의 개념으로 사용되는 말

'여름비'는 '여름'과 '비'라는 두 단어가 결합한 경우입니다. '여름'과 '비'가 각각 '한 해의 네 철 가운데 둘째 철.'과 '대기 중의 수증기가 찬 공기를 만나 식어서 엉기어 땅 위로 떨어지는 물방울.'이란 뜻의 개념어인 데 비해, 여름비는 '여름철에 오는 비.'라는 새로운 하나의 덩어리 의미로 사용되기 때문에 붙여 씁니다.

이때 '여름비'는 [여름삐]로 발음합니다. '여름비'에서 '비'가 [비]로 발음되지 않고 [삐]로 소리 나는 이유는 '여름'과 '비' 사이에 'ㄷ' 소리가 첨가되었기 때문입니다. 즉, 첨가된 'ㄷ' 소리가 뒤에 오는 평음의 장애음 'ㅂ'를 [삐]로 경음화시킨 까닭입니다.

이와 같이 두 단어 사이에 사잇소리가 첨가되고 하나의 덩어리 의미로 사용되는 경우, 이를 한 단어가 된 것으로 인정하여 '여름 비'로 띄어 쓰지 않고 항상 '여름비[여름삐]'로 붙여 씁니다. '봄비[봄삐]', '가을비[가을삐]', '겨울비[겨울삐]' 그리고 '장맛비[장마삐/장맏삐]' 등도 마찬가지 경우입니다.

'봄밤[봄빰], 여름밤[여름빰], 가을밤[가을빰], 겨울밤[겨울빰]'이라든지, '봄바람[봄빠람], 여름바람[여름빠람], 가을바람[가을빠람], 겨울바람[겨울빠람]', 그리고 '가을장마[가을짱마]', '봄장마[봄짱마]' 등도 'ㄷ' 소리가 첨가되고 각각 하나의 덩어리 개념으로 사용되어 붙여 씁니다.

> **!** 여기서 잠깐
>
> ### 'ㄷ' 소리 첨가 현상을 살펴봅시다.
>
> *종속 합성어의 일부에서 'ㄷ' 소리가 첨가되어 'ㄷ' 소리가 덧나거나, 뒤에 오는 평음의 장애음을 경음으로 바꾼 후 탈락하는 현상입니다. 첨가된 소리가 표기에 반영되는 경우도 있고('사이시옷'으로 표기해 줌), 그렇지 않은 경우도 있습니다. 합성어는 '어근+어근'으로 구성된 단어인데, 대체적으로 앞 어근의 받침이 없으면 'ㅅ'을 넣어 표기하고, 받침이 있으면 'ㅅ'을 표기하지 않습니다. 사잇소리가 표기에 반영되어 사이시옷으로 쓰는 단어들도 모두 하나의 덩어리 개념으로 사용된 것으로 보아 붙여 씁니다.

표기에 반영되는 경우		표기에 반영되지 않는 경우	
바닷가,	장맛비	길가,	술잔
바다+가	장마+비	길+가	술+잔

(3) 대명사처럼 굳어서 하나의 개념어로 사용되는 말

'우리나라'는 '우리 한민족이 세운 나라를 스스로 이르는 말.'로 '대한민국'을 대명사처럼 가리키는 말입니다. 그렇기 때문에 '우리'와 '나라' 두 단어로 이루어져 있지만, 한 덩어리의 의미를 지닌 단어(합성어)로 보아 붙여 씁니다. 이런 종류의 단어로, 한국인이 '한국어'를 가

> *종속 합성어
> 앞 어근이 뒤의 어근에 종속되어 수식하는 합성어를 말합니다. 예를 들어 '돌다리', '뛰어가다' 등이 있습니다.

리킬 때 사용하는 '우리말'과 한국인이 '한글'을 가리킬 때 사용하는 '우리글'이 있습니다.

하지만 '우리'가 결합한 '우리나라, 우리말, 우리글' 이외에는 이러한 종류의 대명사적 용법을 인정하지 않습니다. 따라서 '우리 역사(=한국사), 우리 음악(=국악), 우리 옷(=한복), 우리 음식(=한식), …'이라든지 '우리 꽃(≠국화, =?무궁화), 우리 땅(≠한반도, =?한국 영토), 우리 집(≠한옥), …'은 붙여 쓰지 않고 항상 띄어 써야 합니다. 이들은 아직 한 덩어리 의미로 고정되지 않았기 때문입니다.

한편, 한국 사람이 아닌 미국 사람이 자기 나라인 미국을 가리켜서 '우리 나라'라고 한다든지, 중국 사람이 자신들의 문자인 한자를 가리켜 '우리 글'이라고 하는 경우 등은 대명사적 용법을 지녔다고 할 수 없습니다. 그러므로 '(미국인의) 우리 나라'나 '(중국인의) 우리 글'은 띄어 써야 합니다.

(4) 관습적으로 굳어서 하나의 개념어로 사용되는 말

'왜냐하면'처럼 사람들이 오랫동안 두 단어를 자주 함께 쓰다 보니 한 덩어리로 인식하게 된 단어도 있습니다. '왜냐하면'의 '왜냐'와 '하면'은 서로 다른 개념을 나타내는 말이어서 두 단어처럼 보이지만, 오랫동안 관습적으로 같이 쓰이면서 붙여 쓰는 것이 자연스러워진 단어입니다.

이러한 단어의 예로 '수많은', '별다른', '그동안' 등을 들 수 있습니다. 형용사 '수많다', '별다르다'는 주로 '수많은', '별다른'의 꼴로 쓰여서 항상 한 덩어리의 의미로 사용되다 보니 언중들이 하나의 단어로 인식하게 된 단어입니다. '한글 맞춤법'에서도 이들을 한 단어로 인정하여 항상 붙여 쓰도록 규정하고 있습니다.

'그동안'은 '그동안 안녕하셨어요?', '그동안 연락이 없어 궁금했습니다.'처럼 사용됩니다. 이때 '그동안'에서 '그'의 지시 의미가 분명하지 않고 전체가 '다시 만나기 이전의 일정한 기간.'을 나타내는 한 덩어리 의미로 사용되기 때문에, 띄어 쓰지 않고 붙여 씁니다. '그날', '그달', '그해'나 '그간', '그같이', '그다음', '그때', '그사이', '그즈음' 등도 모두 '그'의 지시 의미가 분명하지 않고 전체가 한 덩어리 의미로 사용되기 때문에 띄어 쓰지 않고 붙여 씁니다.

 한국어의 띄어쓰기는 '단어 단위로 띄어 쓴다.'고 하였는데, 다음 4가지는 예외로 합니다.

첫째, 조사는 단어이지만 앞말에 붙여 씁니다. 조사는 앞말에 늘 의존적이기 때문입니다.

둘째, 1음절(단음절, 單音節) 단어가 연속되거나 숫자 뒤에 의존 명사가 결합하는 경우 띄어 쓰는 것을 원칙으로 하되, 붙여 쓰는 것을 허용합니다.

셋째, 보조 용언은 조사와 마찬가지로 앞말에 의존적 용법을 보이기 때문에 띄어 쓰는 것을 원칙으로 하되, 경우에 따라 붙여 쓰는 것을 허용합니다.

넷째, 고유 명사와 전문어의 경우도 띄어쓰기의 원칙상 예외의 경우에 속합니다. 고유 명사가 둘 이상의 단어로 이어지는 경우 단어 단위로 띄어 쓰는 것이 원칙이지만, 일부는 반드시 붙여 쓰고 일부는 단위별로 붙여 쓰는 것을 허용합니다. 전문어의 경우 어떤 분야이든 전문어로서의 용법이 확인되면 다 붙여 쓰는 것을 허용하고 있습니다.

이러한 4가지 예외 조항 때문에 우리말 띄어쓰기가 매우 복잡하고 어렵다는 느낌을 갖게 됩니다. 하지만 그 내용을 자세히 들여다보면, 또 다 그럴 만한 이유가 있다는 생각이 들 것입니다.

계속 이어지는 내용들을 잘 살펴, 띄어쓰기의 원리를 이해하도록 합시다.

> 아버지가방에들어가신다.
> → 아버지가 ∨ 방에 ∨ 들어가신다.
> → *아버지 ∨ 가방에 ∨ 들어가신다.

이처럼 한국어는 띄어쓰기에 따라 의미 전달이 달라지므로, 띄어쓰기를 제대로 교육해야 합니다.

한 걸음 더

'사과 껍질'은 띄어 쓰는데, '귤껍질'은 붙여 씁니다. 왜 그럴까요?

앞에서 설명한 바와 같이 '껍질'이 포함된 둘 이상의 단어가 하나의 덩어리 의미를 지니게 되면 붙여 쓰고, 서로 구별 가능한 다른 의미로 사용되면 띄어 씁니다.

어떤 단어가 '껍질'이라는 단어와 결합해서 함께 쓰일 때 하나의 덩어리 의미를 지녀서 붙여 쓰는 말에는 '겉껍질, 속껍질, 등껍질 ; 나무껍질, 뿌리껍질, 씨껍질, 열매껍질'과 '귤껍질, 대껍질, 두부껍질, 메밀껍질, 밤껍질 ; 조개껍질' 등이 있습니다. 이 껍질들은 대부분 다른 대상과 구별되는 의미가 있거나 그 자체로 쓸모가 있는 것들입니다. '겉껍질, 속껍질, 등껍질'은 위치에 따른 '껍질'의 종류를, '나무껍질, 뿌리껍질, 씨껍질, 열매껍질'은 식물 부위에 따른 '껍질'의 종류를 가리키는 말입니다. 또 '귤껍질, 대껍질, 두부껍질, 메밀껍질, 밤껍질' 등은 한약이나 음식의 재료 등으로 사용되는 껍질을 가리킵니다. 이런 이유로 이들은 '껍질'계 합성어를 이루고 있으므로 모두 붙여 씁니다. '조개껍질'도 그 자체의 용도가 특별하게 정해진 '껍질'을 가리키는 데 사용되는 합성어입니다.

그런데 '사과'의 껍질 즉 '사과 껍질'은 대개 쓸모가 없어서 버려지므로 합성어를 이루지 못합니다. '배 껍질이나 감 껍질, 바나나 껍질, 레몬 껍질, 생강 껍질, 양파 껍질, 빵 껍질' 들은 경우에 따라 쓸모를 찾아볼 수도 있겠지만, 아직 합성어로 굳은 것으로 볼 만한 고정된 의미를 지녔다고 할 수 없습니다. 그렇기 때문에 이들은 한 단어로 볼 수 없으므로 모두 띄어 씁니다.

02

조사는 왜 앞말에 붙여 써야 하나요?

Q. 조사는 단어이지만 앞말에 붙여 쓴다고 하였습니다. 조사는 왜 앞말에 붙여 써야 하나요?

A. 한국어의 조사에는 격 조사, 보조사, 접속 조사가 있습니다. 이들은 주로 체언(명사, 대명사, 수사) 뒤에 붙어서 문법적 의미를 나타내거나 자신의 고유한 의미를 더해 주는 역할을 합니다. 조사는 별개의 단어로 취급되지만, 자립성이 없으므로 항상 앞말에 붙여 씁니다.

조사는 모두 앞말에 붙여 써야 할까요?

그렇습니다. 조사는 자립성이 없으므로 앞말에 붙여 씁니다. 심지어 하나의 명사에 조사가 2개 이상 결합하여도 모두 붙여 써야 합니다.

(가) 여기서부터입니다.
조사 3개: (에)서+부터+이다

(나) 보잘것없어 보이지만 나한테만큼은 소중한 물건이다.
조사 3개: 한테+만큼+은

(가)의 밑줄 친 부분은 조사 3개, '서('에서'의 준말), 부터, 이다'가 결합되어 있습니다. 또 (나)의 밑줄 친 부분은 '한테, 만큼, 은'의 3개 조사가 결합되어 있습니다. 이렇게 조사가 여러 개로 나오더라도 모두 붙여 써야 합니다. 간혹 '이다'를 띄어 쓰는 사람이 있는데, 이는 잘못 된 표기입니다. '이다'는 서술격 조사이므로 앞말에 붙여 써야 합니다.

 '만큼'은 앞말에 붙여 써야 할까요, 띄어 써야 할까요?

'만큼'은 '조사'와 '의존 명사'의 두 가지 품사를 가진 단어여서, 그 쓰임에 따라 띄어쓰기가 다르게 나타납니다. 즉, '만큼'이 조사로 쓰일 때는 앞말에 붙여 쓰고, 의존 명사로 쓰일 때는 앞말과 띄어 써야 합니다.

(다-1) 나도 너만큼 철수를 잘 알아. 〔조사〕

(다-2) 아는 만큼 보이는 법이야.   〔의존 명사〕

(다-1)의 밑줄 친 '만큼'은 '앞말과 비슷한 정도나 한도'를 나타내

> ✿ 조사에 대해서는 2부 '통사' 1과에 자세히 설명했으니, 이를 참고하세요.

는 조사로 쓰였고, (다-2)의 밑줄 친 '만큼'은 뒤에 나오는 내용의 원인이나 근거가 됨을 나타내는 의존 명사로 쓰였습니다. 이때 문장에서 '만큼'이 어떤 품사로 쓰였는지 구분하기 위해서는 앞말을 살펴보면 됩니다. 즉, '만큼' 앞에 체언이 오면 조사이고, 관형어가 오면 의존 명사로 판단하여 붙여 쓰거나 띄어 쓰면 됩니다.

'만큼'처럼 조사와 의존 명사라는 두 가지 품사를 가진 단어로는 '대로, 뿐' 등이 있습니다

(라-1) 법대로 합시다.　　　　　　　　　〔조사〕

(라-2) 네가 본 대로 다 말해.　　　　　　〔의존 명사〕

(마-1) 가진 게 이것뿐이야.　　　　　　　〔조사〕

(마-2) 그냥 웃었을 뿐인데 기분 나빠하네. 〔의존 명사〕

!
여기서 잠깐

명사 상당 어구는 무엇을 말할까요?

'명사 상당 어구'는 문장에서 명사와 같은 역할(주어, 목적어, 보어 등)을 하는 명사구나 명사절, 대명사, 수사, 부사 및 일부 인용 어구를 의미합니다. 다음 예문에서 밑줄 친 부분이 명사 상당 어구입니다.

> • 그는 사과 셋을 먹었다.
> • 이 정도는 누워서 떡 먹기입니다.
> • 문법 형태소 '-었-'에 대해 설명하자면 다음과 같습니다.

03

1음절 단어가 연속되거나
숫자와 단위 명사가 연결되는 경우의
띄어쓰기가 궁금합니다.

Q. 1음절 단어가 연속되거나 숫자와 단위 명사가 연결되는 경우의 띄어쓰기가 궁금합니다. 붙여쓰기가 허용된다고 하는데, 어떤 경우인지 궁금합니다.

A. '1음절 관형사 + 1음절의 체언' 혹은 '1음절 부사 + 1음절 부사' 등과 같이 1음절 단어가 연속해서 사용되거나 숫자와 단위 명사가 함께 쓰이는 경우가 있습니다. 이들은 각각 단어라서 띄어 써야 하지만, 모두 띄어 쓸 경우 보기에 불편하여 독서 능률을 떨어뜨릴 염려가 있어 내용 단위로 붙여 쓰는 것을 허용하고 있습니다.

1음절 단어가 여러 개 이어지는 경우의 띄어쓰기를 알아봅시다.

(가-1) 좀∨더∨큰∨이∨새∨집

(가-2) 좀더∨큰∨이∨새집

1음절 단어가 여러 개 이어진 경우, (가-1)처럼 1음절 단위대로 띄어 쓰면 보기에 불편해서 독서 능률을 떨어뜨릴 염려가 있습니다. 이러한 경우 (가-2)처럼 내용 단위로 일부 단어를 붙여 쓰는 것을 허용합니다.

원칙	허용
내∨것∨네∨것	내것∨네것
이∨곳∨저∨곳	*이곳∨저곳
이∨집∨저∨집	이집∨저집
한∨잎∨두∨잎	한잎∨두잎

이와 같은 허용은 1음절어인 관형사와 명사, 1음절인 부사와 부사가 연결되는 경우와 같이, 의미적으로 한 덩어리를 자연스럽게 이룰 수 있는 구조에 적용됩니다. 하지만 '좀∨더큰∨이∨새집(×)'이라든지 '좀∨더큰∨이새∨집(×)'처럼, 의미 단위를 무시하고 무조건 붙여 쓰는 것은 아닙니다.

1음절어이면서 관형어나 부사인 경우라 할지라도, 관형사와 관형사, 부사와 관형사는 원칙적으로 띄어 씁니다. 또 부사와 부사가 연결되는 경우에도 '더 못 간다.', '꽤 안 온다.', '늘 더 먹는다.'와 같이, 의미적 유형이 다른 부사끼리는 붙여 쓰지 않습니다.

* **이곳 저곳**
'이곳 저곳'은 '이곳저곳'처럼 모두 붙여 쓰는 한 단어로 굳어져, '여기저기'를 문어적으로 이르는 말로 쓰이고 있기도 합니다.

(나) 그∨새∨책
관형어+관형어

(다) 아주∨새∨책
부사 + 관형어

(라) 더 ∨ 못 ∨ 간다.
(정도) 부사+(부정) 부사

(마) 꽤 ∨ 안 ∨ 온다.
(정도) 부사+(부정) 부사

(바) 늘 ∨ 더 ∨ 먹는다.
(빈도) 부사+(정도) 부사

 숫자 및 수 관형사와 단위 명사가 결합하는 경우의 띄어쓰기를 알아봅시다.

•수 관형사 뒤에 단위 명사가 이어질 경우, 다음과 같이 띄어 써야 합니다.

(사) 한 ∨ 개
수 관형사+단위 명사

(아) 차 ∨ 한 ∨ 대
명사+수 관형사+단위 명사

(자) 금 ∨ 서 ∨ 돈
명사+수 관형사+단위 명사

그런데 아라비아 숫자 뒤에 단위 명사가 결합하거나 차례를 나타내는 수 관형사(서수사) 뒤에 단위 명사가 결합하는 경우에는 서로 붙여 쓸 수 있습니다.

	원칙	허용
아라비아 숫자 + 단위 명사	은 ∨ 4 ∨ 냥	은 ∨ 4냥
	금 ∨ 3 ∨ 돈	금 ∨ 3돈
차례를 나타내는 수 관형사 + 단위 명사	제일 ∨ 차	제일차
	제삼 ∨ 장	제삼장

이 중 그 숫자에 해당되는 차례를 나타내는 접두사 '제(第)-'가 결합한 서수사들은 '제-'가 생략된 채 다음과 같이 뒷말에 붙여 쓸 수도 있습니다.

	원칙	허용
27대	(제)이십칠∨대	이십칠대
58회	(제)오십팔∨회	오십팔회
67번	(제)육십칠∨번	육십칠번
93차	(제)구십삼∨차	구십삼차

한 걸음 더

숫자가 결합된 표현의 띄어쓰기에 대해 더 알아봅시다.

다음과 같이 연월일, 시간 등도 숫자로 쓰는 경우는 뒤에 나오는 단위 명사와 붙여 쓸 수 있습니다. 하지만 수를 한글로 쓸 때는 반드시 앞말과 띄어 써야 합니다.

	원칙	허용하지 않음
1988년 5월 20일	일천구백팔십팔∨년∨오∨월∨이십∨일	일천구백팔십팔년∨오월∨이십일일(×)
8시 59분	여덟∨시∨오십구∨분	여덟시∨오십구분(×)

'개년(個年), 개월(個月), 연간(年間), 주간(週間), 일간(日間), 시간(時間), 분간(分間), 초간(秒間)' 등도 숫자로 된 앞말과 띄어 쓰는 것이 원칙이지만, 붙여 쓰는 것을 허용합니다. 하지만 수를 한글로 쓴다면 반드시 띄어 써야 합니다.

① 삼∨(개)년∨육∨개월∨이십∨일(간)∨체류하였다.

한자 접미사 '-여(餘)'는 수량을 나타내는 말의 앞뒤에 붙여 쓰되, '-여'가 결합한 말은 뒤에 나오는 단위 명사와 띄어 씁니다.

② 십여만∨명, 십만여∨명, 십여∨년

04

수를 적을 때의 띄어쓰기에 대해 좀 더 설명해 주세요.

Q. 수를 적을 때의 띄어쓰기에 대해 설명해 주세요. 특히 수가 긴 경우 붙여 써야 하는지 띄어 써야 하는지 헷갈립니다.

A. 수(숫자)의 경우는 만 단위로 끊어 읽고, 끊어 읽는 단위에 따라 띄어 쓰도록 하고 있습니다. 예를 들어 '1,234,567,890'을 '십이억 삼천사백오십육만 칠천팔백구십'과 같이 적습니다.

수를 적을 때의 띄어쓰기를 알아봅시다.

　숫자의 경우 1,234,567,890처럼 큰 숫자도 하나의 단어(수사)입니다. 이와 같이 한 단어가 긴 경우, 한 단어라는 이유로 붙여 쓰면 한 호흡으로 발음하지 못하는 어려움이 생깁니다. 이 때문에 '십이억 삼천사백오십육만 칠천팔백구십'과 같이 만, 억, 조 등 만의 배수 단위로 끊어 읽고, 끊어 읽는 단위에 따라 띄어 쓰도록 하고 있습니다. 즉, 수(숫자)는 모두 한글로 적든 아라비아 숫자를 포함하여 적든, 만 단위로 띄어 씁니다.

1,234,567,890
십이억 ∨ 삼천사백오십육만 ∨ 칠천팔백구십
12억 ∨ 3456만 ∨ 7890

 수 단위에서만 이런 방식의 호흡에 따른 띄어쓰기가 가능합니까?

　'단어 단위로 띄어 쓴다.'라는 띄어쓰기 원칙을 적용하기 어려운 경우는, 의존성이 있는 단어들이나 1음절의 단어들뿐만 아니라 한 호흡으로 발음하기 어려운 '긴 단어'들에서도 나타납니다. 예를 들어 조선 역대 왕의 이름을 첫소리만 모아 외울 때 쓰는 말도 수 단위와 같은 띄어쓰기가 가능합니다. '태정태세문단세예성연중인명선광인효현숙경영정순헌철고순'은 총 27음절인데, 이는 일반적으로 7음절 단위로 끊어서 '태정태세문단세 예성연중인명선 광인효현숙경영 정순헌철고순'으로 읽고 쓸 수 있습니다. 화학식의 주기율표의 경우 원자 번호순에 따라 '수소 헬륨 리튬 베릴륨 붕소 탄소 질소 산소 염소 아연 칼륨 칼슘…'으로 배열하고 그 *어두음만 잘라서 '수헬리베 붕탄질산 염아칼칼…'처럼 외우고 호흡 단위에 따라 4음절 단위로 띄어 쓰기도 합니다.

> *어두음
> 단어의 첫소리를 말합니다. 예를 들어 '바다'에서의 'ㅂ'가 어두음입니다.

05
한국어로 숫자를 읽을 때 고유어식 읽기와 한자어식 읽기는 어떻게 다른가요?

Q. 한국어로 숫자를 읽을 때 고유어식 읽기와 한자어식 읽기가 혼용되어 헷갈립니다. 예를 들어 '122명'은 '백이십이 명'과 '백스물두 명' 중 어떻게 읽는 것이 좋을까요?

A. 한국어 숫자 읽기는 고유어식 읽기와 한자어식 읽기가 있습니다. 일상 생활어는 주로 고유어식 읽기를 사용하지만 이는 99〔아흔아홉〕까지만 그렇고, 100〔백(百)〕 이상은 한자어식으로 읽는 것이 일반적입니다. 즉, '122명'은 '백이십이 명'으로 읽는 한자어식 읽기와 '백스물두 명'으로 읽는 혼합식 읽기가 모두 가능합니다.

한국어로 숫자를 읽는 방법에 대해 알아봅시다.

한국어에서 고유어식 수 읽기는 '하나(1), 둘(2), 셋(3), 넷(4)…'과 같이 전개됩니다. 고유어식 수 읽기는 '하나(1), 둘(2), 셋(3), 넷(4), 다섯(5), 여섯(6), 일곱(7), 여덟(8), 아홉(9), 열(10)부터 아흔일곱(97), 아흔여덟(98), 아흔아홉(99)'까지 적용할 수 있습니다.

이에 비해 한국어에서 한자어식 수 읽기는 '일(1), 이(2), 삼(3), 사(4)…'와 같이 전개됩니다. 한자어식 수 읽기는 '일(1), 이(2), 삼(3), 사(4), 오(5), 육(6), 칠(7), 팔(8), 구(9), 십(10)부터 97(구십칠), 98(구십팔), 99(구십구), 100(백), 101(백일), 102(백이)…'와 같이 100(백) 이상까지 확장하여 적용할 수 있습니다.

100 이상의 수를 읽을 때는 한자어식 수 읽기가 표준적이므로 101(백일), 102(백이), 103(백삼)과 같이 읽는 것이 일반적입니다. 이들은 경우에 따라 101(백하나), 102(백둘), 103(백셋)처럼 한자어와 고유어를 섞어서 혼합식으로 읽기도 합니다.

✿ 100 이상의 수를 읽을 때는 한자어식 수 읽기가 표준적입니다.

0	1	2	3	4	5	6	7	8	9	10
영/공	일	이	삼	사	오	육	칠	팔	구	십
	하나	둘	셋	넷	다섯	여섯	일곱	여덟	아홉	열

한자어식 수 읽기 ┐
           └→

11	12	13	14	15	16	17	18	19	20
십일	십이	십삼	십사	십오	십육	십칠	십팔	십구	이십
열하나	열둘	열셋	열넷	열다섯	열여섯	열일곱	열여덟	열아홉	스물

고유어식 수 읽기

10	20	30	40	50	60	70	80	90	100
십	이십	삼십	사십	오십	육십	칠십	팔십	구십	백
열	스물	서른	마흔	쉰	예순	일흔	여든	아흔	–

일상 생활어에서 숫자는 어떻게 읽는지 좀 더 알아봅시다.

일상 생활어에서 숫자를 읽을 때에는 주로 고유어를 사용합니다.

> • 제 나이는 32입니다. → 제 나이는 〔서른둘〕입니다.
> • 제 딸은 1살입니다.   → 제 딸은 〔한 살〕입니다.

다만 이는 99(아흔아홉)까지만 그러하며, 100〔백(百)〕 이상은 한자어를 섞어서 읽습니다.

(1) 한국어에서 백 이상의 수 읽기

한국어에서 백 이상의 수를 읽을 때에는 한자어식 읽기, '백 단위 한자어식 + 십 단위 한자어식 + 일 단위 고유어식', '백 단위 한자어식 + 십 단위 이하 고유어식'의 혼합식 읽기가 가능합니다.

예를 들어 한국어로 '122명'을 어떻게 읽는지 알아봅시다.

'122명'은 '백이십이 명'으로 읽는 한자어식 읽기와 '백스물두 명'으로 읽는 혼합식 읽기가 모두 가능합니다. 물론 이에 대해 둘 중 어느 것이 표준적인지는 아직 규정해 놓은 바가 없습니다. 관습적으로 두 가지 유형의 수 읽기가 모두 존재하기 때문에 둘 중 편한 쪽으로 사용하면 된다고 이해하면 됩니다.

수 읽기 방법	122(예)
한자어식 읽기	백이십이
백 단위 한자어식 + 십 단위 한자어식 + 일 단위 고유어식	백이십둘
백 단위 한자어식 + 십 단위 이하 고유어식	백스물둘

(2) 계산이나 수학 풀이에서 수 읽기

계산이나 수학 풀이에서 숫자는 주로 한자어식으로 읽으며, 관습상 만 단위로 끊어 읽습니다.

> • 6×6=36
> → 〔육육(에) 삼십육/육 곱하기 육은 삼십육〕
>
> • 통장 잔액란에 1,019,087,708원이라고 적었다.
> → 통장 잔액란에 〔십억∨천구백팔만∨칠천칠백팔∨원〕이라고 적었다.

(3) 책명이나 기념일 등 고유 명사에 쓰인 수 읽기

이 경우에도 한자어식으로 읽되, 십 단위 이상의 수를 일 단위로 읽는 것이 허용됩니다.

> • 나는 조지 오웰의 《1984》를 읽는다.
> → 나는 조지 오웰의 〔천구백팔십사/일구팔사〕를 읽는다.
>
> • 우리는 3·1절 행사에 참여하였습니다.
> → 우리는 〔삼일절〕 행사에 참여하였습니다.

(4) 전화번호나 버스 번호, 차량 번호 등의 수 읽기

이 경우에도 (3)과 같은 방식이 사용됩니다.

> • 02-966-1234
> → 〔공이 구백육십육에 천이백삼십사 번/공이 구육육에 일이삼사〕
>
> • 학교 앞을 지나는 273번 버스를 타고 오세요.
> → 학교 앞을 지나는 〔이백칠십삼 번/이칠삼 번〕 버스를 타고 오세요.
>
> • 차량 번호가 서울 가 35-5097입니다.
> → 차량 번호가 서울 가 〔삼십오 대시 오천구십칠/삼십오 대시 오공구칠/삼오오공구칠〕입니다.

단위 명사와 함께 사용될 때 숫자는 어떻게 읽는지 알아봅시다.

한국어에서 '수 관형사 + 단위 명사'의 숫자 읽기는 특이하고 어렵습니다. 고유어식 읽기와 한자어식 읽기가 적용되는데, 단위 명사가 고유어이냐 한자어이냐 혹은 외래어이냐에 따라 그 양상이 다르고 개별 단어에 따라서도 숫자 읽는 법이 달라지기 때문입니다.

(1) 고유어 계열 단위 명사와 결합할 때 수 읽기

고유어 단위 명사와 결합할 때 숫자는 고유어 계열 수 관형사(한, 두, 세, …)로 읽는 것이 원칙입니다. 이때 숫자는 단위성 의존 명사와 결합하는 경우와, 단위 명사로 사용된 일반 명사와 결합하는 경우가 있습니다.

(가) 숫자 + 단위성 의존 명사

옷 5벌 → 옷〔다섯 벌〕	신 3켤레 → 신〔세 켤레〕
소 2마리 → 소〔두 마리〕	고기 2근 → 고기〔두 근〕

(나) 숫자 + (단위 명사로 사용된) 일반 명사

3사람 → 〔세 사람〕	4집 → 〔네 집〕

(2) 한자어 계열 단위 명사와 결합할 때 수 읽기

한자어 의존 명사와 결합할 때 숫자는 고유어로 읽는 경우와 한자어로 읽는 경우, 고유어와 한자어 두 가지 읽기가 가능한 경우로 나뉩니다.

(다) 고유어로 읽는 경우

사과 1개(個) → 사과〔한 개〕	술 5잔(盞) → 술〔다섯 잔〕
소 4필(匹) → 소〔네 필〕	잉크 10병(瓶) → 잉크〔열 병〕
책 3권(卷) → 책〔세 권〕	

(라) 한자어로 읽는 경우

- 돈의 단위 : 25원(엔/달러/페소/페니…)
  → 〔이십오 원(엔/달러/페소/페니…)〕
- 날짜 : 1936년 6월 25일 → 〔천구백삼십육 년, 유 월 이십 오 일〕
- 거리, 척도 : 10리, 3m → 〔십 리, 삼 미터〕

(마) 고유어와 한자어 두 가지 읽기가 가능한 경우

학생 30명(名) → 학생〔서른 명/삼십 명〕
배 10척(隻) → 배〔열 척/십 척〕
땅 10평(坪) → 땅〔열 평/십 평〕

✿ 한국어 학습자들은 고유어와 한자어 수 읽기를 함께 배우면 어려워합니다. 우선 물건이나 사람 등을 세는 고유어를 학습하고, 날짜 읽기를 통해 한자어를 익히게 하면 좋습니다. 고유어와 한자어를 익힌 후 시간 읽는 연습을 이어 나가면 더욱 좋습니다. 이때 선생님들이 본 교재의 고유어 수 읽기와 한자어 수 읽기에 대한 여러 경우를 숙지해서 요약적으로 제시, 활용하길 바랍니다.

여기서 잠깐

한자어 계열 단위 명사를 좀 더 알아봅시다.

한자어 계열 의존 명사 중 '개(個), 개소(個所), 건(件), 관(貫), 구(軀), 권(卷), 근(斤), 방(放), 번(番), 봉(封), 분(分), 석(席), 시(時)' 등과 결합하는 숫자는 고유어로 읽습니다. 한편 '각(刻), 결(結), 광년(光年), 기(期), 기(機), 년(年), 월(月), 일(日), 도(度), 리(里), 마력(馬力), 막(幕), 문(門), 박(泊), 배(杯), 보(步), 부(分), 삭(朔), 세(歲), 속(束), 승(勝), 원(圓), 위(位), 인(人), 전(錢), 전(戰), 정보(町步), 초(秒), 촉(燭), 촉광(燭光), 타(打), 할(割), 호(毫), 환(丸)' 등과 결합하는 숫자는 한자어로 읽습니다. 기타, '대(代), 두(斗), 두(頭), 매(枚), 묘/무(畝), 순배(巡杯), 연(聯), 작(勺), 주일(週日), 첩(貼), 타(打), 평(平), 포(包), 필지(筆地), 회(回)' 등과 결합하는 숫자는 고유어 및 한자어 읽기가 모두 가능합니다.

(3) 외래어 계열 단위 명사와 결합할 때 수 읽기

외래어 계열 의존 명사와 결합하는 숫자는 한자어식 읽기(일, 이, 삼, …)를 원칙으로 합니다.

(바) 원칙: 한자어식 읽기

1갤런 → 〔일 갤런〕	3달러(불: 弗) → 〔삼 달러(불)〕
4디옵터 → 〔사 디옵터〕	3럭스 → 〔삼 럭스〕

이와 같은 원칙이 적용되는 외래어 계열 의존 명사에는 다음과 같은 것들이 있습니다. '가우스, 갤런, 그램, 노르말, 노트, 뉴턴, 다인, 다임, 그램, 미터, 라디안, 루블, 리라, 리터, 마르크, 마일, 톤, 볼트, 센티, 실링, 암페어, 에이커, 온스, 옴, 인치, 칼로리, 캐럿, 퀴리, 킬로, 파운드, 퍼센트, 페니, 페소, 펜스, 포인트, 프랑, 피트, 해리, 헤르츠, 헥타르' 등이 있습니다.

(사) 예외: 고유어식 읽기만 가능

고유어식 읽기만 가능한 예외적인 경우도 있습니다.

1다스 → 〔한 다스〕	1릴 → 〔한 릴〕

(아) 고유어식 읽기와 한자어식 읽기에 따라 의미가 달라지는 경우

고유어식 읽기와 한자어식 읽기 모두가 가능한 '페이지'와 같은 경우, 고유어 읽기와 한자어 읽기에 따라 의미하는 바가 달라짐에 유의해야 합니다.

① 책을 2page〔두 페이지〕 읽었다.
② 1p~3p〔일 페이지에서 삼 페이지〕까지 읽었다.
③ 그 이야기는 5p〔오 페이지〕에 써 있다.
④ 이로부터 인생 서막의 1p〔일 페이지〕가 시작되었다.

'① 한 페이지, 두 페이지'처럼 누적적으로 페이지 수량을 셀 때에는 고유어식 읽기를 사용합니다. 하지만 '② 일 페이지에서 삼 페이지까지'처럼 범위를 나타내거나, '③ 오 페이지에'처럼 지점을 의미할 때, 나아가 '첫 번째 페이지, 두 번째 페이지'의 의미로서 서열을 나타낼 때에는 '④ 일 페이지, 이 페이지'처럼 한자어식 읽기를 사용합니다.

06
보조 용언의 띄어쓰기가 궁금합니다.

Q. 보조 용언은 띄어 쓰는 것을 원칙으로 하되, 경우에 따라 붙여 씀을 허용한다고 했습니다. 그렇다면 어떤 경우에 붙여쓰기가 허용되나요?

A. 보조 용언은 단어로서의 의미가 약하고 앞말인 본동사에 대해 의존적인 성격을 지니고 있기 때문에 앞말에 붙여 쓰는 것을 허용합니다. 다만 본용언이 합성어인 말에 보조 용언이 결합할 경우 길어지는 것을 피하기 위해 띄어 쓰는 게 좋습니다.

보조 용언이 무엇일까요?

보조 용언이란 본용언과 연결되어 그것의 뜻을 보충하는 역할을 하는 용언을 말합니다. 주로 연결 어미 '-아/어, -게, -지, -고'를 통해 앞말인 본동사와 연결됩니다. 보조 용언에는 보조 동사와 보조 형용사가 있습니다.

(1) 보조 동사

한국어의 보조 동사에는 다음과 같은 예가 있습니다.

(-아/어) 가다	(-아/어) 가지다	(-아/어) 나가다
(-아/어) 나다	(-아/어) 내다	(-아/어) 놓다
(-아/어) 달다	(-아/어) 대다	(-아/어) 두다
(-아/어) 들다	(-아/어) 마지아니하다	(-지) 말다
(-아/어) 먹다	(-지) 못하다	(-아/어) 버리다
(-아/어) 보다	(-아/어) 빠지다	(-게) 생기다
(-아/어) 쌓다	(-고) 앉다	(-지) 않다
-(으)ㄴ/는 양하다	(-아/어) 오다	(-고, -아/어) 있다/계시다
(-고) 자빠지다	(-아/어) 재끼다	(-아/어) 주다/드리다
(-아/어)지다	-(으)ㄴ 척하다	-(으)ㄴ 체하다
(-아/어) 치우다	(-아/어) 터지다	
(-게, -았/었으면, -아/어야, -(으)려고, -기는/-기도/-기나, -고자) 하다		

이들은 주로 앞말인 본동사 뒤에 붙어서 그 동사의 의미에 진행, 계속, 반복, 부정, 출발, 강조, 시도, 습관, 결과, 소망, 원망, 가정, 추측 등 다양한 의미를 덧붙입니다.

보조 용언 '지다'는 앞말에 항상 붙여 씁니다.

보조 용언인 '지다'가 연결될 경우에는 앞말에 항상 붙여 써야 합니다. '-아/어지다'는 형용사나 타동사 어간과 결합하여 자동사 구문을 만드는데, 통사적 구조를 바꾸므로 본용언과 보조 용언의 결합이 긴밀하다고 보아 앞말에 붙여 씁니다. 예를 들어 '보태어지다/보태지다, 늦추어지다/늦춰지다, 만들어지다, 믿어지다, 느끼어지다/느껴지다, 따뜻해지다, 고와지다, 깨끗해지다' 등과 같이 반드시 앞말에 붙여 써야 합니다.

(2) 보조 형용사

한국어의 보조 형용사에는 다음과 같은 예가 있습니다.

-(으)ㄴ/는/-(으)ㄹ 듯싶다	-(으)ㄴ/는/-(으)ㄹ 듯하다
-(으)ㄹ 만하다 (-지) 못하다	-(으)ㄹ 법하다
-(으)ㄹ 뻔하다 -(으)ㄹ 성부르다	-(으)ㄹ 성싶다
-(으)ㄴ/는/-(으)ㄹ 성하다 (-고, -는가, -았/었으면, -을까) 싶다	
(-지) 않다 -(으)ㄴ/는 양하다 (-아/어) 죽다	
-(으)ㅁ 직하다 (-기는/-기도/-기나) 하다	

이들은 주로 앞말인 본동사 뒤에 붙어서 그 동사의 의미에 추측이나 추정, 정도, 소망 등 의미를 덧붙입니다. 이 예들은 띄어 쓰는 것이 원칙이나, 붙여 쓰는 것이 허용됩니다.

✿ '(-아/어) 죽다'를 보조 동사로 보는 견해도 있습니다.

본용언과 보조 용언이 연결될 때 띄어쓰기를 알아봅시다.

(1) 본용언의 활용형에 보조사가 오면 보조 용언은 항상 띄어 씁니다.

(가) 너는 앉아만 ∨ 있어.

(나) 책을 읽어도 ∨ 보고….

(다) 그가 올 듯도 ∨ 하다.

(라) 잘난 체를 ∨ 한다.

(가) ~ (라)의 밑줄 친 부분처럼 보조 용언의 앞말인 본용언에 보조사가 붙거나 중간에 보조사가 자리할 때, 그 뒤에 오는 보조 용언은 반드시 띄어 써야 합니다.

 합성어 '잡아가다'와 '본용언+보조 용언' 구성의 '잡아 가다'를 비교해 봅시다.

'경찰이 도둑을 잡아갔다.'고 할 때 '잡아가다'는 '체포하다'의 뜻으로 한 단어입니다. 따라서 '잡아가다'로 항상 붙여 써야 합니다. 하지만 '경찰이 도둑을 거의 다 잡아 간다.'의 경우는 '경찰이 도둑을 잡는 일이 거의 다 되어 간다.'의 뜻으로, 이때 '잡아 가다'는 '잡다'와 '가다'가 각각의 의미를 지니고 있습니다. 이는 '본용언+보조 용언'의 구성으로 본동사에 보조 동사가 결합한 것입니다. 따라서 띄어 쓰는 것이 원칙입니다.

(2) 본용언이 합성어일 경우 보조 용언은 반드시 띄어 씁니다.

본용언이 합성어인 말에 보조 용언이 결합한 경우에는, '덤벼들어보아라, 떠내려가버렸다'처럼 길어지는 것을 피하기 위하여 '덤벼들어 ∨ 보아라, 떠내려가 ∨ 버렸다'로 띄어 쓰는 것이 좋습니다. 이러한 예로 다음과 같은 것들을 들 수 있습니다.

○	×
밀어내 ∨ 버렸다	밀어내버렸다
잡아매 ∨ 둔다	잡아매둔다
집어넣어 ∨ 둔다	집어넣어둔다
파고들어 ∨ 본다	파고들어본다
뛰어들어 ∨ 보다	뛰어들어보다
타들어 ∨ 가다	타들어가다
휘어들어 ∨ 가다	휘어들어가다

'스쳐 달려가다'는 어떻게 띄어 쓸까요? 먼저 '스쳐달리다'는 합성어가 아니므로 '스쳐달려 ∨ 가다(×)' 혹은 '스쳐달려가다(×)'처럼 쓸 수 없습니다. 이와 달리 '달려가다'는 합성어이기 때문에 '스쳐 ∨ 달려가다'로 씁니다. 이러한 점을 고려할 때, 셋 이상의 동사 연결 구성은 합성어 여부에 따라 다음과 같이 띄어 써야 합니다.

○	×
건너뛰어 ∨ 가다 / 건너 ∨ 뛰어가다	건너뛰어가다
밀려들어 ∨ 오다 / 밀려 ∨ 들어오다	밀려들어오다
파고들어 ∨ 가다 / 파고 ∨ 들어가다	파고들어가다
흘러내려 ∨ 가다 / 흘러 ∨ 내려가다	흘러내려가다
흘러들어 ∨ 가다 / 흘러 ∨ 들어가다	흘러들어가다

'본용언'과 '보조 용언'의 띄어쓰기에는 합성어에 대한 엄격한 판단이 전제되어야 합니다. 예를 들어, '거슬러 올라가다'에서 '올라가다(○)'는 합성어로 인정되고 '거슬러오르다(×)'는 합성어로 인정되지 않기 때문에 '거슬러 ∨ 올라가다(○)'로 띄어 쓰는 것은 가능하지만 '거슬러올라 ∨ 가다(×)'처럼 띄어 쓸 수는 없습니다.

'건너뛰다, 내려가다, 들어가다, 들어오다, 뛰어가다, 밀려들다, 파고

• 개념어
구체적인 대상이나
동작, 상태를 표시하
는 말을 뜻합니다.

들다, 흘러내리다, 흘러들다' 등은 모두 합성어이기 때문에 붙여 씁니
다. 하지만 이 단어들에 결합하는 보조 용언이나 동사, 형용사 수식어
들은 붙여 쓰지 않습니다.

　다만 '걸고넘어지다'처럼 3개의 단어(걸고 + 넘어 + 지다)가 하나의
•개념어로 사용되는 경우에는 전체가 하나의 단어로 인정되기 때문에
모두 붙여 써야 합니다. 이 경우에도 '걸고넘어져 ∨ 버렸다', '걸고넘어
지고 ∨ 싶다'처럼 보조 용언이 결합하는 경우에는 구별해서 띄어 쓰며,
'그 ∨ 사람은 ∨ 쉽게 ∨ 걸고넘어지기 ∨ 어렵다.'와 같이 쓰게 됩니다.

[+]
한 걸음 더

**'걸고넘어지다'처럼 동사나 형용사가 셋 이상이 연속되지만 항상 붙여 써야 하는 경우를
살펴봅시다.**

　'걸고넘어지다'는 세 동사 전체가 하나의 합성어를 이룬 말로, 이처럼 동사나 형용사가
셋 이상 연속되지만 그 내부 구성 요소 전체가 하나의 합성어를 이루는 경우는 붙여 써
야 합니다. 이런 종류의 단어로는 '나가-넘어지다'나 '달려-나가다, 돌쳐-나가다, 들고-나
가다, 뛰어-나가다, 뛰쳐-나가다, 빠져-나가다, 풀려-나가다, 휘
어-나가다; 놓여-나오다, 돌쳐-나오다, 들고-나오다, 뛰어-나오
다, 뛰쳐-나오다, 몰려-나오다, 빠져-나오다, 삐져-나오다, 튀어-
나오다, 풀려-나오다, 흘러-나오다; 떠-내려가다; 쳐-내려오다;
휘어-넘어가다; 싸-데려가다; 쳐-들어가다, 빠져-들어가다;
쳐-들어오다; 곯아-떨어지다, 굴러-떨어지다, 나가-떨어지다, 나누어-떨어지다/나눠-떨
어지다, 녹아-떨어지다, 맞비껴-떨어지다, 맞아-떨어지다; 남아-돌아가다; 떠-돌아다니
다, 싸돌아다니다; 떠-들어오다; 말라-빠지다; 말라-비틀어지다, …' 등이 있습니다. 이
들 단어는 세 단어가 합쳐져 이루어진 합성어로, 전체가 한 덩어리 의미를 지니므로 항
상 붙여 써야 합니다.

> ✿ 여기서는 뒷말 '나
> 가다, 나오다, 내려가
> 다' 등을 중심으로 표
> 제어를 나누어 ';'으로
> 구별하여 보였습니다.

　하지만 '기어 ∨ 나오다, 속아 ∨ 넘어가다, 스쳐 ∨ 지나가다, 들고 ∨ 일어나다, 뛰어 ∨ 들
어가다, 뛰어 ∨ 들어오다' 등은 한 단어가 아니기 때문에, 합성어인 '나오다, 넘어가다, 지
나가다, 일어나다, 들어가다, 들어오다'를 붙이고 앞말과는 띄어 써야 합니다.

07

'홍길동씨'라고 붙여 써야 하나요,
'홍길동 씨'라고 띄어 써야 하나요?

Q. '홍길동씨'라고 붙여 써야 하나요, '홍길동 씨'라고 띄어 써야 하나요? 고유 명사의 띄어쓰기가 궁금합니다.

A. '홍길동' 뒤에 쓰인 '씨'는 의존 명사이므로, '홍길동 씨'와 같이 띄어 써야 합니다. 성 뒤에서도 동일하게, '홍 씨'와 같이 띄어 씁니다. 그런데 '씨'가 접미사로 쓰이는 경우 붙여 써야 하므로 주의해야 합니다. '홍씨 가문에 경사가 났네.'와 같은 예문에서 '-씨'는 '그 성씨 자체', '그 성씨의 가문이나 문중'의 뜻을 더하는 접미사여서 '홍씨'로 붙여 씁니다.

고유 명사의 띄어쓰기에 대해 자세히 알아봅시다.

고유한 사물이나 사람, 사건 등의 경우 그것을 지칭하는 고유의 이름을 갖게 되는데, 이를 '고유 명사'라고 합니다. 고유 명사는 보통 하나의 고유한 명사로 실현되는 경우가 많지만, 실제 언어생활 중에는 하나 이상의 단어가 결합하여 고유한 대상을 나타내는 일이 종종 있습니다.

'가나 공화국'처럼 나라 이름이 고유 명사구로 사용되기도 하고, 책이름《누구를 위하여 종을 울리나》나 영화 제목〈바람과 함께 사라지다〉처럼 고유 명사절이 책이나 영화의 제명(題名: 표제나 이름)으로 사용되기도 합니다. 이러한 '고유 명사', '고유 명사구', '고유 명사절'은 띄어쓰기에 있어서 항상 붙여 쓰는 경우, 단위별로 띄어 쓰는 등 예외적인 쓰임을 허용하는 경우가 있습니다.

 성명의 띄어쓰기는 어떻게 해야 할까요?

사람의 성명에 있어서, 성과 이름은 별개의 의미를 지니고 있습니다. 성은 그 사람의 가계 혹은 혈통을 표시하고, 이름은 특정한 개인에게만 부여된 식별 부호(識別符號)이므로, 각각 순수한 고유 명사의 성격을 지닙니다. 이렇게 볼 때, 서양의 경우처럼 성명의 성과 이름은 띄어 쓰는 게 합리적입니다.

하지만 한자 문화권에 속하는 나라들(중국, 일본, 베트남 등)에서는 전통적으로 성명을 붙여 써 왔고, 한국에서도 붙여 쓰는 것이 관용적인 쓰임이었습니다. 특히 한국 민족의 성은 거의 모두 한 글자(음절)로 되어 있어서 보통 하나의 단어로 인식되지 않고 접사처럼 인식되기 때문에 성과 이름은 항상 붙여 쓰게 된 것입니다.

- 김하늘(金ㅡㅡ)
- 박은하(朴銀河)
- 이태양(李太陽)
- 최치원(崔致遠)

성과 이름뿐만 아니라 성과 호 등도 붙여 씁니다. 옛날 사람들은 이름과 별도로 호(號)나 자(字)를 가지고 있었는데, 이름과 마찬가지 성격을 지닌 호(號)나 자(字)도 성에 붙여 씁니다.

- 이율곡(李栗谷): '율곡(栗谷)'은 호
- 이태백(李太白): '태백(太白)'은 자

다만, '제갈량, 황보인, 남궁민'과 같이 두 글자로 이루어진 성, 즉 복성(復姓)인 경우, '제∨갈량, 황∨보인, 남∨궁민'인지 '제갈∨량, 황보∨인, 남궁∨민'인지 혼동될 염려가 있습니다. 이 때문에 성과 이름을 분명하게 밝힐 필요가 있다고 보아 (복성의 경우 '제갈량, 황보인, 남궁민'으로 쓰는 것이 옳지만) '제갈∨량, 황보∨인, 남궁∨민'처럼 성과 이름을 띄어 쓸 수 있도록 하였습니다.

 성명 이외 두 단어 이상 고유 명사의 띄어쓰기는 어떻게 할까요?

성명 이외의 고유 명사는 단어별로 띄어 씀을 원칙으로 하되, 단위별로 띄어 쓸 수 있습니다.

원칙	허용
대한∨중학교	대한중학교
한국∨대학교∨사범∨대학	한국대학교∨사범대학

'대한∨중학교'와 '한국∨대학교∨사범∨대학'은 단어별로 띄어

쓴 것이고, '대한중학교'와 '한국대학교∨사범대학'은 단위별로 띄어 쓰기를 한 경우입니다. 이때 '중학교', '고등학교'는 1과에서 말한 바와 같이 하나의 개념어로 보기 때문에 띄어 쓰지 않고 붙여 씁니다.

성명 이외의 고유 명사가 두 단어 이상으로 이루어진 경우 단위별로 띄어 쓸 수 있습니다. 한국의 대표적인 문화 기관인 '한국학중앙연구원'은 고유 명사입니다. 이를 '한국학 중앙 연구원' 식으로 단어별로 띄어 쓰면, '한국학', '중앙', '연구원'의 3개 단어가 각각 지니고 있는 뜻은 분명하게 이해되지만 그것이 하나의 대상으로 파악되지 않는다는 단점이 있습니다. 그렇기 때문에 둘 이상의 단어가 결합하여 이루어진 고유 명사는 단어별로 띄어 쓰는 것을 원칙으로 하되, 단위별로 붙여 쓸 수 있도록 허용합니다.

원칙	허용
한국학∨중앙∨연구원	한국학중앙연구원

단위별로 띄어 쓰는 경우에 대해 두어 가지 예를 더 보이면 다음과 같습니다.

원칙	서울∨대공원∨관리∨사무소∨관리부∨동물∨관리과
허용	서울대공원∨관리사무소∨관리부∨동물관리과
원칙	한국∨방송∨공사∨경영∨기획∨본부∨경영∨평가실∨경영∨평가∨분석부
허용	한국방송공사∨경영기획본부∨경영평가실∨경영평가분석부

다만 '부설(附設), 부속(附屬), 직속(直屬), 산하(傘下)' 등은 고유 명사로 일컬어지는 대상물 자체가 아니라, 그 대상물의 존재 관계(형식)를 나타내는 말입니다. 이 때문에 원칙적으로 앞뒤의 말과 띄어 쓰는 것이 옳습니다.

원칙	허용
대한민국∨학술원∨부설∨국어∨연구소	대한민국학술원∨부설∨국어연구소
대통령∨직속∨국가∨안전∨보장∨회의	대통령∨직속∨국가안전보장회의

고유 명사를 단위별로 띄어 쓴다고 할 때 '단위'를 살펴봅시다.

고유 명사로 지칭하는 대상물의 구성 단위, 즉 어떤 체계를 가지는 구조물에서 각각 하나의 독립적인 지시 대상물로서 파악되는 것을 '단위'라고 합니다. 예를 들어 '고려 대학교 문과 대학 국어 국문학과'는 '고려 대학교/문과 대학/국어 국문학과'의 3개의 독립적인 지시 대상 단위로 나누어지고, '민족 문화 연구원 행정 지원실 보조 사무처'는 '민족 문화 연구원/행정 지원실/보조 사무처'의 3개 단위로 나누어집니다. 따라서 이들은 각각 단위에 따라 '고려대학교∨문과 대학∨국어국문학과'와 '민족문화연구원∨행정지원실∨보조사무처'로 띄어 쓸 수 있습니다.

→ 단위별로 띄어 쓰지 않는 경우도 있을까요?

《짜라투스트라는 이렇게 말했다》, 《누구를 위하여 종은 울리나》, 〈바람과 함께 사라지다〉 등 조사와 어미가 결합하여 문장의 형식으로 이루어진 책 이름이나 영화 제목 등은 원칙적으로는 일반적인 문장의 띄어쓰기에 따라 단어 단위로 띄어 써야 합니다.

다만 '소크라테스의 변명/소크라테스의변명', '부처님 오신 날/부처님오신날', '하늘과 바람과 별과 시/하늘과바람과별과시'처럼 문장을 이루는 경우가 아니면 전체를 하나의 단위로 보아 띄어 쓰지 않고 붙여 적을 수 있습니다. 이들을 이와 같이 전체적으로 붙여 쓰는 이유는 대개 고유 명사이면서 특정 분야의 전문어(전문 용어)이기 때문입니다.

✿ 문장의 형식으로 이루어진 책 이름이나 영화 제목 등은 원칙적으로는 일반적인 문장의 띄어쓰기에 따라 단어 단위로 띄어 씁니다.

중국, 일본 등 다른 한자권 나라의 성명에 대한 띄어쓰기를 알아봅시다.

한 걸음 더

중국인의 성명은 과거인과 현대인을 구분하여 읽고 표기합니다. 과거인과 현대인을 구분하는 기준은 1911년의 신해혁명(辛亥革命)입니다. 신해혁명을 기점으로 그 이전의 사람은 한국식 한자음으로 읽고, 한국어 성명 표기에 따라 붙여 씁니다. 이때 중국어에서 한자는 띄어쓰기를 하지 않으므로, 한국어로 표기할 때에도 붙여 씁니다. '공자(孔子), 이태백(李太白)'과 같은 경우가 이에 해당합니다. 이에 비해 신해혁명 이후의 성명은 중국어 발음으로 읽고 표기하며, '후진타오, 시진핑' 등이 대표적인 예입니다.

일본인의 성명은 과거인과 현대인 구분 없이 일본어 발음에 기반한 외래어 표기법을 따릅니다. 우리나라 옛 문헌에는 한자식으로 표기하고 우리 한자음으로 읽었지만, 지금은 다음에서 보듯이 일본 발음대로 표기하는 것만 허용합니다.

풍신수길(豊臣秀吉)　＞　도요토미 히데요시(豊臣秀吉)
과거　　　　　　　　　　　　현재

08
전문어(전문 용어)의 띄어쓰기에 대해 설명해 주세요.

Q. 특정 분야의 전문어(전문 용어)에 대한 띄어쓰기가 궁금합니다. 전문어의 띄어쓰기에 대해 자세히 설명해 주세요.

A. 전문어, 즉 전문 용어란 특정 전문 분야의 학술 용어나 기술 용어를 말합니다. 전문어에는 한 단어인 경우도 있지만, 둘 이상의 단어가 결합하여 하나의 단위를 이룬 구나 절의 형태도 있습니다. 둘 이상의 단어가 결합하여 사용되는 전문어는 그 의미 파악이 쉽도록 하기 위하여 단어 단위로 띄어 쓰는 것을 원칙으로 하되, 편의상 모두 붙여 쓸 수 있도록 허용합니다.

전문어에는 어떤 용어들이 있는지 알아봅시다.

전문어란 전문 분야의 학술 용어를 말합니다. 고유 명사(인명, 지명, 책명 등)나 산업의 제 분야(농업, 공업, 상업, 수산업, 임업 등), 예체능의 제 분야(음악, 미술, 문학, 무용, 연기, 영상, 체육 등), 종교의 제 분야(유교, 기독교, 불교, 도교, 대종교, 원불교 등), 인문학의 제 분야(언어, 문학, 역사, 철학, 심리, 교육 등), 사회과학의 제 분야(정치, 경제, 경영, 군사, 법률, 행정 등), 공학의 제 분야(전기 전자, 정보 통신, 기계, 건설 등), 이과학의 제 분야(수학, 물리, 화학, 생명 등), 보건학 일반(의학, 한의학, 약학, 수의학, 간호학 등), 자연학 일반(동물, 식물, 천문, 지리, 지구, 천연자원, 해양, 환경 등), 생활 일반(식품, 복식, 교통, 매체 등)의 전문 분야로 세분되는 다양한 분야의 어휘들이 전문어에 속합니다.

국립국어원이 온라인에서 제공하는 《표준국어대사전》의 전체 표제어 43만여 개 단어 가운데 20만여 개 이상의 단어가 전문어입니다. 이 가운데 단어가 아닌 구 단위의 전문어 표제어가 6만여 개이며, 《표준국어대사전》에는 등재되지 않았지만 수많은 전문어가 실제로 사용되고 있습니다. 이에 따라 우리는 일상의 언어생활 속에서 전문 분야의 학술 용어에 대한 띄어쓰기 문제를 자주 접하게 됩니다.

> ✰ 일상의 언어생활 속에서 전문 분야의 학술 용어에 대한 띄어쓰기 문제를 자주 접하게 됩니다. 전문어는 원칙적으로 단어 단위로 띄어 쓰되, 필요에 따라 전체를 다 붙여 쓰는 것이 허용됩니다.

전문어의 띄어쓰기에 대해 알아봅시다.

전문어는 원칙적으로 단어 단위로 띄어 쓰되, 필요에 따라 전체를 다 붙여 쓰는 것이 허용됩니다. 이 점을 기억하면 전문어의 띄어쓰기가 어렵지 않을 것입니다.

원칙	허용
만국∨음성∨기호(萬國音聲記號)	만국음성기호
모음∨조화(母音調和)	모음조화
긴급∨재정∨처분(緊急財政處分)	긴급재정처분
무한∨책임∨사원(無限責任社員)	무한책임사원
배당∨준비∨적립금(配當準備積立金)	배당준비적립금
손해∨배상∨청구(損害賠償請求)	손해배상청구
관상∨동맥∨경화증(冠狀動脈硬化症)	관상동맥경화증
급성∨복막염(急性腹膜炎)	급성복막염
지구∨중심설(地球中心說)	지구중심설
탄소∨동화∨작용(炭素同化作用)	탄소동화작용
해양성∨기후(海洋性氣候)	해양성기후
두∨팔∨들어∨가슴∨벌리기	두팔들어가슴벌리기
무릎∨대어∨돌리기	무릎대어돌리기
여름∨채소∨가꾸기	여름채소가꾸기

전문 용어도 일반 용어와 마찬가지로 단어 단위의 띄어쓰기를 원칙으로 합니다. 하지만 특정 전문 분야에서만 한정적으로 쓰인다는 특수성을 고려하여, 전문어가 사용된 문맥상 전체를 붙여 쓰는 것도 허용하고 있습니다. 예를 들어 '따뜻한 구름'은 당연히 띄어 써야 하지만, 이 단어가 '지구(지구학)' 분야의 전문어로서 '온도가 평균 이상으로 높은 구름'이라는 뜻으로 사용될 때에는 '따뜻한구름'으로 붙여 쓰는 것이 허용됩니다. 마찬가지 예로 '강조의 허위'를 들 수 있습니다. '강조의 허위' 역시 띄어 쓰는 것이 원칙이지만, '글 중에서 어떤 말이나 어떤 구절을 강조함으로써 생기는 허위.'라는 뜻을 나타내는 '철학' 분야의 전문어로 사용될 때에는 '강조의허위'로 붙여 쓰는 것을 허용합니다.

전문어는 모든 경우에 붙여 써도 될까요?

전문어는 용언의 관형사형으로 된 관형어의 수식을 받거나, 2개 이상의 체언이 접속 조사로 연결되는 구조일 때는 붙여 쓰지 않습니다.

구분	예문
관형어의 수식을 받음.	간단한 그림 그리기
	쓸모 있는 상자 만들기
	아름다운 노래 만들기
접속 조사로 연결됨.	강아지와 고양이 기르기

또한 2개 혹은 그 이상의 전문 용어가 접속 조사 '와/과' 등으로 이어지는 경우는 전문 용어 단위로 붙여 쓰되, '와/과'의 앞뒤는 띄어 써야 합니다.

원칙	허용
자음∨동화와∨모음∨동화	자음동화와∨모음동화

✿ 전문어가 사용된 문맥상 전체를 붙여 쓰는 것도 허용하고 있습니다. 그러나 관형어의 수식을 받거나, 접속 조사로 연결되는 구조일 때는 붙여 쓰지 않습니다.

09

'다음에 뵐께요/뵐게요' 중 어떤 것이 맞을까요?

Q. 발음에서 된소리가 나면 표기에 반영하는 것들이 있습니다. 그렇다면 '다음에 뵐께요/뵐게요' 중 어떤 것이 맞는지 알고 싶습니다.

A. '뵐게요'가 맞습니다. '-(으)ㄹ게요'는 '-(으)ㄹ게'에 '요'가 붙은 말로, '-겠습니다'의 의미를 갖는 말입니다. '-(으)ㄹ게'는 상대방에게 어떤 약속을 할 때 사용하는 어미로, 'ㄹ' 뒤에서 된소리가 나더라도 표기에 반영하지 않는 것을 원칙으로 하고 있습니다. 따라서 '뵐게요'는 [뵐께요]로 발음이 나더라도 '뵐게요'로 쓰는 것이 맞습니다.

그럼 '-(으)ㄹ까'에서는 왜 된소리가 표기에 반영되었을까요?

'한글 맞춤법'에서는 'ㄹ' 뒤에서 된소리가 나는 어미의 경우, '-(으)ㄹ까, -(으)ㄹ꼬, -(으)ㄹ쏘냐, -(으)ㄹ쏜가' 등 의문형 어미인 경우에만 된소리 표기를 허용하고, 나머지는 'ㄹ' 뒤에서 설령 된소리가 나더라도 표기에 반영하지 않는 것을 원칙으로 하고 있습니다. 이미 살핀 '-(으)ㄹ게요'는 의문형 어미가 아니기 때문에, 비록 실제로는 [-(으)ㄹ께요]로 발음되더라도 소리 나는 대로 적지 않고 형태를 밝혀서 '뵐게요'로 적습니다.

 된소리로 나더라도 표기에 반영하지 않는 경우가 더 있을까요?

'-(으)ㄹ걸[-(으)ㄹ껄], -(으)ㄹ게[-(으)ㄹ께], -(으)ㄹ데라니[-(으)ㄹ떼라니], -(으)ㄹ고[-(으)ㄹ꼬], -(으)ㄹ세[-(으)ㄹ쎄], -(으)ㄹ수록[-(으)ㄹ쑤록], -(으)ㄹ 줄[-(으)ㄹ 쭐], -(으)ㄹ지[-(으)ㄹ찌], -(으)ㄹ지니[-(으)ㄹ찌니], -(으)ㄹ지라도[-(으)ㄹ찌라도], -(으)ㄹ지언정[-(으)ㄹ찌언정], -(으)ㄹ진대[-(으)ㄹ찐대], -(으)ㄹ 수[-(으)ㄹ 쑤]' 등이 있습니다. 이들은 모두 의문형 어미가 아니기 때문에 된소리가 표기에 반영되지 않습니다.

한편 '-(으)ㄹ뿐'의 경우 의문형 어미가 아닌데도 된소리로 표기하는데, 이는 '뿐'이 원래 된소리로 시작하는 말이기 때문입니다. 'ㄹ' 때문에 된소리가 된 것이 아니므로, '-(으)ㄹ게요' 등과는 다른 경우입니다.

높임말 '뵈다'에 대해 알아봅시다.

'뵈다'는 '보다'의 높임말입니다. 윗사람이 나를 보는 것은 결과적으로 내가 윗사람에게 '보이는' 일이기 때문에, '보다'의 사동사인 '보이다'의 형태로서 주로 준말 '뵈다'로 사용합니다. "제가 어른에게 (저를) 보일게요."의 구성이 변해서 "제가 (윗사람을) 뵐게요."가 된 것이지요.

'보이다'의 준말인 '뵈다'가 '보다'의 높임말로 사용되는 예는 '몰라뵈다, 찾아뵈다' 등이 있습니다. '몰라뵈다'는 "천하장사님을 몰라뵈어 죽을 죄를 지었습니다." 같은 예문에서 사용되는데, 가리키는 대상이 '높은 사람'이라기보다는 '높여야 하는 사람'이라는 점이 특징입니다.

(1) '찾아뵈다'와 '만나 뵈다'

'찾아뵈다'는 '웃어른을 만나러 가서 보다.'의 뜻으로, "늦게 찾아뵈어서 죄송합니다."와 같이 붙여 씁니다. 흔히 '뵈다'는 '만나 뵈다'로도 쓰는데, 이 경우에는 한 단어로 인정되지 않아 띄어 씁니다. '찾아뵈다'와 달리 '만나 뵈다'는 '윗사람을 만나다.'를 높이는 맥락에서 사용되는 표현이어서 "만나 뵈어서 반갑습니다."처럼 씁니다.

(2) 높임말이 아닌 '뵈다'

그렇다고 '뵈다'가 모든 경우에 '보다'의 높임말로 쓰이는 것은 아닙니다. 오히려 앞서 소개한 일부 단어를 제외하고는 대개가 '보이다'의 준말로 사용됩니다. 따라서 '깔뵈다, 내다뵈다, *도두뵈다, 들여다뵈다, *발뵈다, 선뵈다' 같은 말들은 단순히 '깔보이다, 내다보이다, 도두보이다, 들여다보이다, 발보이다, 선보이다'의 준말일 뿐 높임의 뜻은 없어서 모두 합성어로 보아 앞말에 붙여 씁니다.

> *도두뵈다
> '도두보이다'의 준말로, '실상보다 좋게 보이다, 돋보이다'의 의미입니다.
>
> *발뵈다
> '발보이다'의 준말로 '남에게 자랑하기 위하여 자기가 가진 재주를 일부러 드러내 보이다.' 혹은 '무슨 일을 극히 적은 부분만 잠깐 드러내 보이다.'의 의미입니다.

10
'되요', '돼요' 중 어떤 표현이 맞습니까?

Q. '되요'와 '돼요'의 차이가 헷갈립니다. '되요', '돼요' 중 어떤 표현이 맞습니까?

A. '되어요'의 준말로서 '돼요'가 맞습니다. '되다' 뒤에 어미 '-어, -었-'이 연결되어 활용할 때 '되어', '되었다'로 쓰는데, 이 말을 줄여 '돼, 됐-'으로 쓸 수 있습니다.

'되-'의 활용에 대해 알아봅시다.

'되다'는 '되고, 되지, 되니, 되면, 된다, 될, 되어, 되었다'처럼 활용됩니다. 그런데 '되다' 뒤에 어미 '-어, -었-'이 연결되어 활용할 때 '되어', '되었다'로 쓰는데, 이 말을 줄여 '돼, 됐-'으로 쓸 수 있습니다.

 '되-'처럼 활용하는 다른 예를 더 알아봅시다.

'ㅚ'를 어간의 ●말음으로 갖는 모든 단어는 활용에서 '되-'와 같이 실현됩니다. 예를 들어 '괴다, 꾀다, 되뇌다, 되다, 뵈다, 쇠다, 쐬다, 죄다, 쬐다' 등의 단어들은 어미 '-어' 또는 '-었-'이 연결되어 활용할 때 '돼, 됐-'처럼 줄여 쓸 수 있습니다. 즉, '괴어/괴었-, 꾀어/꾀었-, 되뇌어/되뇌었-, 되어/되었-, 뵈어/뵈었-, 쇠어/쇠었-, 쐬어/쐬었-, 죄어/죄었-, 쬐어/쬐었-'은 각각 '괘/괬-, 꽤/꽸-, 되눼/되눴-, 돼/됐-, 봬/뵀-, 쇄/쇘-, 쐐/쐤-, 좨/좼-, 좨/좼-'처럼 줄여 쓸 수 있습니다. 하지만 이러한 현상은 '-어'와 '-었-'이 결합된 활용형에서만 나타나는 현상입니다.

●말음
음절의 구성에서 마지막 소리인 자음이나, 어떠한 음절이나 단어의 끝에 나는 소리를 의미합니다.

11

'바래'가 틀린 표현이고,
'바라'가 맞는 표현인가요?

Q. '합격하길 바래.'에서 '바래'는 틀린 표현이고, '바라'라고 써야 한다고 알고 있습니다. 그런데 생활하면서 '바라'라고 쓰는 경우도 없고 들어본 적도 없는데, 학생들에게는 어떻게 가르쳐야 하나요?

A. '합격하길 바라.'라고 쓰고 읽어야 합니다. '생각이나 바람대로 어떤 일이나 상태가 이루어지거나 그렇게 되었으면 하고 생각하다.'의 의미를 가지는 단어는 '바라다'가 표준어이고, '바래다'는 비표준어입니다. 따라서 '바라다'의 어간 '바라-'에 어미 '-아', '-았-', '-ㅁ' 등이 결합할 때는 '바라', '바랐다', '바람' 등과 같이 써야 합니다.

왜 '바래'가 아니라 '바라'가 맞을까요?

다음 문장을 살펴봅시다.

(가) 집에 가.
　　　가-+-아

(나) 집에 가길 바라.
　　　　　바라-+-아

(가)에서 밑줄 친 '가'는 '가다'의 어근 '가-'에 어미 '-아'가 결합된 구조입니다. 이때 한국어에서 'ㅏ'로 끝나는 동사나 형용사 어간에 연결 어미나 종결 어미 '-아'가 붙으면 생략되는 게 일반적이어서, '가'로 실현됩니다. 이러한 방식대로 (나)의 '바라'는 '바라다'의 어간 '바라-'에 어미 '-아'가 결합되어 '바라'로 써야 합니다.

 '바라다'에 대해 좀 더 알아봅시다.

'바라다'의 쓰임을 좀 더 폭넓게 알아볼까요? '바라다'는 크게 다음과 같이 뜻을 구분하여 사용합니다.

바라다
① 생각이나 바람대로 어떤 일이나 상태가 이루어지거나 그렇게 되었으면 하고 생각하다.
　　예 간절히 바라다.
　　　너의 행복을 바라다.
　　　그의 성장을 바라다.
② 원하는 사물을 얻거나 가졌으면 하고 생각하다.
　　예 제 몫을 바라다.
　　　일확천금을 바라다.

바래다
'색이 변하다.' 또는
'배웅하거나 바라보
다.'의 뜻을 갖는 표
준어입니다.

이때 '바라다'는 '(~하기를) 바라다'의 용법도 지녀서 '(~하기를) 바란다, 바라고, 바라지, 바라니, 바라면, 바라도, 바라서, 바랄게, 바랐다'처럼 활용하는 것이 자연스럽습니다. 그런데 '바라'와 '바라도, 바라서, 바랐다'의 경우 '바래, 바래도, 바래서, 바랬다'처럼 잘못 쓰이는 일이 종종 있습니다.

'바라다'의 잘못된 활용형으로 '바래, 바래도, 바래서, 바랬다'가 입말에서 자주 나타나는 이유는 어쩌면, '가는 사람을 일정한 곳까지 배웅하거나 바라보다.'를 뜻하는 •바래다'의 활용형 '바래, 바래다 주다, 바랬다'와 혼용했기 때문일 수 있습니다. 하지만 '바라다'의 전체적인 활용형들로 '바란다, 바라고, 바라지, 바라면, 바랄게' 등을 고려한다면, '원하다, 소망하다'를 뜻하는 '바라다'의 경우 '바라, 바라도, 바라서, 바랐다'로 쓰는 것이 단어의 활용 체계상 맞습니다.

 '같아'를 '같애'로 사용하는 것도 같은 현상일까요?

'그런 것 같아./그런 것 같아요.'의 경우도 실제 입말에서는 '그런 것 같애./그런 것 같애요.'로 더 많이 사용되는 경향이 있습니다. 이 경우에도 '같다'의 전체 활용형을 잘 살펴보면 '같다, 같고, 같지, 같으니, 같으면, 같은, 같아서, 같아도, 같아야'로 쓰는 것이 자연스럽습니다. 그럼에도 불구하고 '같아'만을 '같애'로 쓰는 것은 단어의 활용 체계상 맞지 않을 뿐더러 '같애서, 같애도, 같애야'처럼 부자연스러운 활용을 만들어 내게 됩니다. 비록 입말에서 '그런 것 같애.'를 자주 쓰더라도, '같다'의 전체 활용형들을 고려해서 [가타]로 발음하고 '같아'로 쓰는 것이 맞습니다.

한 걸음 더

'하다'의 활용형 '해'도 이와 관련이 있을까요?

한국어에서 모음 'ㅏ'로 끝나는 동사나 형용사 어간에 연결 어미나 종결 어미 '-아'가 붙으면 일반적으로 생략됩니다.

- 가-+-아 → 가　　　• 사-+-아 → 사　　　• 자-+-아 → 자
- 차-+-아 → 차　　　• 타-+-아 → 타

물론 받침이 있는 경우일 때와 단모음이 결합하여 이중 모음으로 교체될 때에는 연결 어미나 종결 어미 '-아'가 생략되지 않습니다.

- 잡-+-아 → 잡아 (받침 있는 경우 생략되지 않음.)
- 오-+-아 → 와 (단모음이 결합하여 이중 모음으로 교체됨.)

그런데 예외적으로 다음과 같이 '하-'로 끝나는 동사나 형용사 어간에 '-아'가 붙으면 '하여'로 불규칙 활용을 하거나 '해'처럼 줄어드는 일이 있습니다.

- 하-+-아 → 하 (×)
- 하-+-아 → 하여/해 (○)

우리말 동사나 형용사 중에는 어간이 '아'로 끝나는 단어 중 '가다, 나다, 따다, 사다, 자다, 짜다, 차다, 타다, 하다'처럼 어간이 1음절인 단어는 많지만, 어간이 2음절 이상인 단어는 별로 없습니다. '나무라다, 놀라다, 모자라다, 바라다, 삼가다, 자라다' 정도가 있을 뿐입니다. 그래서인지 '삼가다'는 흔히 '삼가하다'로 잘못 사용되기도 하고, '나무라다, 놀라다'의 활용형도 흔히 '나무래, 나무래지 마'라든지 '놀래, 놀랬다'처럼 쓰이는 일이 있습니다. 아마도 이들 '나무라다, 놀라다'는 언중들 사이에서 '삼가하다'처럼 '나무라하다, 놀라하다, 바라하다'로 잘못 인식되는 측면이 있었던 듯합니다. 여기서 '하다'의 특수한 활용형 '해'의 영향이 미쳐 '나무래, 놀래, 모자래, 바래'처럼 발음하는 일이 생긴 것으로 보입니다. 물론 '삼가하다'는 '삼가다'로 써야 하고 '나무래다, 놀래다, 모자래다, 바래다'는 모두 '나무라다, 놀라다, 모자라다, 바라다'로 써야 합니다.

12

'도우미'와 '도움이', '지키미'와 '지킴이' 무엇이 맞나요?

Q. 문법적으로 '명사＋이'가 결합되면 '도움이'가 맞는데 '도우미'로 씁니다. 왜 그런가요? 또 '지킴이'와 '지키미' 중 무엇이 맞나요?

A. 단어의 구성이 비슷하지만 표기법이 다르게 적용되는 예들이 있습니다. '도우미'와 '지킴이'가 그것인데, 이들은 서로 비슷한 단어 구성으로 보이지만 각각 '도우미', '지킴이'로 표기법상 차이를 보입니다. 그 이유는 두 단어가 만들어지게 된 배경이 서로 다르기 때문입니다.

'도움이'가 아니라 '도우미'가 왜 맞는 표현일까요?

'도우미'는 '남에게 봉사하는 사람.' 또는 '어떤 일을 거들어 주기 위해 채용된 사람.'이라는 뜻으로, 1993년 대전 엑스포에서 자원봉사자를 모집할 때 처음 썼던 말입니다. 처음에는 엑스포 회장에서 관람객을 맞이하고 불편을 해소해 주는 우아하고 아름다운 여성(혹은 미인)이라는 뜻에서 '도우美'라고 이름을 붙여 여성 자원봉사자를 모집하면서 사용하기 시작했습니다. 이후 '도우미'는 점차 *도움-이'의 의미로 이해되고 일반적인 용법으로 사용되면서 '남에게 봉사하는 사람.' 또는 '어떤 일을 거들어 주기 위해 채용된 사람.'이라는 뜻을 지니게 되었습니다.

《표준국어대사전》에서는 '도우미'가 처음 만들어졌던 당시의 취지를 고려하여 '도우미'라는 표기 그대로 표준어로 인정하여 표제어로 삼았습니다.

> *도움-이
> '도우다'의 명사형과 '사람'의 뜻을 나타내는 '이'가 결합된 형태입니다.

 그럼 '지킴이'는 왜 '지키미'로 쓰지 않을까요?

'지킴이'는 '도우미'가 '도움이'의 의미로 분석되는 과정에서 주로 '관리자'를 뜻하는 의미로 사용되었습니다. 그러다가 예전에 '한 집이나 마을, 공동 구역을 지켜 주는 신.'을 말하던 '성주신', '사직신' 등을 달리 이르는 말로 사용되기에 이르렀습니다. 즉, '집 지킴이'라고 하면 전통 사회에서 '성주신' 혹은 '터주신, 조왕신' 등을 가리키는 말로, 또 '마을 지킴이'라고 하면 마을의 수호신과 이정표 역할을 하던 장승과 짐대 등이나 곡식과 토지, 마을을 지켜 준다고 믿던 '사직신', '성황신' 등을 가리키는 말로 각각 사용하게 되었습니다.

다만 '도우미'를 '도움이'로 분석·해석상 유추하여 만들어진 '지킴이'의 경우, '도우미'와 달리 '지키미'가 아닌 '지킴이'를 표준어로 인정하였습니다.

 '도우미'와 '지킴이'가 확장되어 사용되는 예를 알아봅시다.

예전에는 '일정한 보수를 받고 다른 사람의 집안일을 도와주는 사람.'을 '가정부'라고 하였습니다. 그런데 '도우미'라는 단어가 만들어진 이후에는 '가사 도우미'라는 말이 '가정부'를 대신하여 널리 사용되고 있습니다. '가정부(家政婦)'는 '일정한 보수를 받고 다른 사람의 집안일을 해 주는 여자.'로 정의되는데, 이는 여성의 성적 역할에 대한 편견이 담겨 있다는 비판에 따라 성적 편견을 드러내지 않는 '가사 도우미'로 대체되어 가는 형편입니다. 물론 '가사 도우미'는 남자도 가능하며, 최근에는 '가사 관리사'라고 바꾸어 부르고 전문성을 인정하는 사회적 분위기가 형성되어 있습니다.

'도우미'는 '가사 도우미'에 그치지 않고 다양한 용법으로 확장되었습니다. 즉, '청소 도우미, 산후 도우미, 학습 도우미, 안전 도우미, 육아 도우미, 금연 도우미, 설치 도우미, 승하차 도우미, 신고 도우미, 살림 도우미, 돌봄 도우미' 등과 같이 사용되고 있습니다.

'지킴이'도 '초등학교 지킴이, 학교 안전 지킴이, 생명 지킴이'처럼 무엇을 관리하는 사람을 직접 가리키는 경우와, '건강 지킴이, 냉장고 지킴이, 관절 지킴이, 희망 지킴이'처럼 무엇을 지켜주는 대상을 가리키는 경우로 확장되어 다양하게 사용되고 있습니다. 그러나 '지킴이'를 제외한 나머지 확장된 표현들은 아직 표준어로 인정되지는 못하였습니다.

'도우미', '지킴이'와 같은 유형의 단어에는 어떤 것이 있을까요?

'도우미'가 '도움이'로 인식된 이래, '지킴이'뿐 아니라 '가꿈이, 돌봄이, 밝힘이, 살핌이' 등 다양한 형태의 단어들이 만들어졌습니다. 이들 단어들은 대개 어떤 일을 도와주는 사람의 의미를 갖습니다. 이는 이런 유형의 단어상 최초형이라고 할 수 있는 '도우미'의 의미가 어느 정도씩은 포함되었기 때문입니다. 물론 이 가운데 표준어로 인정된 것은 '가사 도우미'를 포함한 '도우미'와 '지킴이' 정도뿐입니다.

13

'깡충깡충'은 어떻게 표준어가 되었나요?

Q. '깡충깡충'은 모음 조화 원칙에 위배되지만 표준어로 인정된 단어라고 알고 있습니다. 이를 학생들에게 어떻게 설명하면 좋을까요?

A. '모음 조화'는 "양성 모음은 양성 모음끼리, 음성 모음은 음성 모음끼리 어울리는 규칙."을 말합니다. 모음 조화는 중세 국어에서는 엄격하게 지켜졌지만, 현대 한국어에서는 모음 조화 규칙이 많이 약화되었습니다. 이렇듯 현대 한국어에서 모음 조화 현상이 지켜지지 않는 단어가 널리 쓰여 굳어진 경우 이를 표준어로 인정하였는데, '깡충깡충'이 이에 해당합니다.

한국어의 모음 조화에 대해 알아봅시다.

한국어의 모음 조화는 '양성 모음(아 / 오)은 양성 모음끼리, 음성 모음은 음성 모음(어 / 우)끼리 만나는 규칙.'을 말합니다. 이에 따르면 일정한 단어형에서 '아-아, 아-오, 오-아, 오-오', '어-어, 어-우, 우-어, 우-우'가 주로 짝으로 결합하는 모습을 보입니다.

모음 조화는 용언의 어간과 어미 '-아 ~ -어', '-았- ~ -었-'이 결합할 때, 그리고 의성어·의태어 등의 •음성 상징어에서 가장 활발하게 나타납니다.

모음 조화 원칙	예
용언의 어간과 어미 '-아 ~ -어'가 만날 때	잡아 - 먹어
용언의 어간과 어미 '-았- ~ -었-'이 만날 때	잡았다 - 먹었다
의성어	파닥파닥 - 퍼덕퍼덕
의태어	반짝반짝 - 번쩍번쩍

한편, '짧은 다리를 모으고 자꾸 힘 있게 솟구쳐 뛰는 모양'을 나타내는 의태어인 '깡충깡충'은 예외적입니다. 즉, '깡충깡충'은 '깡총깡총'이라고 쓰는 것이 모음 조화의 원칙상 맞지만, 모음 조화에서 벗어난 '깡충깡충'이 표준어로 인정되었습니다. 본래 '깡총깡총'은 '껑충껑충'과 짝을 이루어서 모음 조화를 잘 지키던 말로 사용되었습니다. 그런데 현대 사회로 들어오면서 언중들이 '깡총깡총'보다는 '깡충깡충'을 더 많이 쓰게 되었다는 점을 고려해서 예외적으로 '깡충깡충'을 표준어로 정한 것이지요.

이와 같은 모음 조화의 예외에 대해 좀 더 알아봅시다.

현대 한국어에서는 모음 조화가 약화되어 종종 예외가 발견되고 있습니다. '깡충깡충'과 그 •작은말 '강중강중'도 그렇고, '맨숭맨숭', '바둥바둥', '아웅다웅', '오순도순', '오뚝오뚝'이나 '오뚝이', '보퉁이', '봉죽', '주추' 등도 그러한 사례로 거론됩니다.

다만 '깡충깡충 / 강중강중, 오뚝오뚝'과 '맨숭맨숭, 바둥바둥, 아웅다웅, 오순도순'의 경우는 다르게 보아야 합니다. '깡충깡충 / 강중강중, 오뚝오뚝'은 표준어이고 모음 조화상 바른 표현인 '깡총깡총 / 강종강종, 오똑오똑'은 비표준어입니다. 반면에, '맨숭맨숭, 바둥바둥, 아웅다웅, 오순도순'은 각각 '맨송맨송, 바동바동, 아옹다옹, 오손도손'의 큰말로 모두 표준어입니다. 따라서 모음 조화의 예외 중 '맨숭맨숭 – 맨송맨송'과 같은 단어들은 모음 조화가 해체된 말이 아니라 어휘의 의미 분화가 이루어진 말로 이해할 수 있습니다.

 어휘 의미 분화의 결과로 파생된 단어에 대해 알아봅시다.

어휘의 의미 분화를 이해하기 위해 '가동거리다 – 가둥거리다'에서의 '가동 – 가둥'이나 '깐족거리다 – 깐죽거리다'에서의 '깐족 – 깐죽'을 비교할 수 있습니다. '가동가동(어린아이의 겨드랑이를 치켜들고 올렸다 내렸다 하며 어를 때에, 아이가 자꾸 다리를 오그렸다 폈다 하는 모양)'과 '가둥가둥(몸집이 작은 사람이 엉덩이를 잇따라 흔드는 모양)'은 완전히 다른 의미를 나타내는 단어로 사용된 것입니다. '깐족'과 '깐죽'은 둘 다 '쓸데없는 소리를 짓궂고 밉살스럽게 달라붙어 계속 지껄이는 모양'을 나타내는 말로, 일종의 유의어처럼 사용되는 말입니다.

> •작은말
> 큰말과 대비하여 단어의 실질적인 뜻은 같으나 표현상 느낌이 작고 가볍고 밝게 들리는 말입니다. 예를 들어 '깡충깡충'은 큰말이고 '강중강중'은 작은말이지만, 실질적인 의미는 같습니다.

한편, 현대 한국어에서 '깡총깡총'이 비표준어로 처리되었지만, '키가 작은 데 비하여 다리가 좀 길다.' 혹은 '치마나 바지 따위의 옷이 좀 짧다.'는 뜻으로 사용되는 '깡총하다'는 이러한 모음 조화 해체를 겪지 않았습니다. 따라서 '깡총하다'는 '껑충하다'의 대립쌍으로 쓰이고 있고, '깡충하다'로 쓰지 않습니다. 이것은 현대 사회에서의 모음 조화 해체가 대체로 단어 개별적으로 이루어졌음을 말해 줍니다.

> **!**
> 여기서 잠깐
>
> **'깡충깡충'에 대한 다른 관점도 알아봅시다.**
>
> 대체로 '깡충깡충'은 모음 조화가 없어지면서 나타난 결과로 보이지만 다른 견해도 있습니다. 서울·경기 지역의 말에 단어의 맨 마지막 음절의 '오'를 '우'로 발음하는 일반적인 경향이 있다는 점 때문입니다. 예를 들어 '그리고~그리구, 아니고~아니구, 데리고~데리구, 있소~있수, 하오~하우, 아이고~아이구'처럼 다양한 환경에서 '오~우'의 교체가 일어나고 있습니다. 이런 현상을 '어말 고모음화'라고 합니다. '오'가 좀 더 고모음인 '우'로 바뀌었다는 뜻이지요.
>
> 이런 관점에서 '깡충깡충, 오뚝오뚝, 오뚝이, 보퉁이, 봉죽, 주추' 같은 말들이 '오~우'의 교체를 보이는 것은 단순히 '어말 고모음화'에 따른 것이지, 모음 조화의 해체와는 무관한 현상일 수 있습니다.
>
> 한편, 우리말의 입말에서는 '사돈(査頓)'을 '사둔'이라고 한다든지 '삼촌(三寸)'을 '삼춘'이라고 한다든지 '부조(扶助)'를 '부주'라고 하는 등 다양한 어말 고모음화 현상이 확인됩니다. 하지만 '사둔, 삼춘, 부주' 등은 표준어로 인정되지 않았으니 유의해야 합니다.

모음 조화의 다른 사례에 대해 알아봅시다.

현대 한국어에서 모음 조화는 '아 ~ 오', '어 ~ 우' 교체형뿐 아니라, 다음과 같이 '아 ~ 으, 아 ~ 우, 아 ~ 이, 애 ~ 이, 외 ~ 위, …' 등 다양한 사례가 있습니다.

'아 ~ 으' 교체형	까닥 ~ 끄덕, 살금 ~ 슬금, 살살 ~ 슬슬, 살짝 ~ 슬쩍, 쌉살 ~ 씁슬
'아 ~ 우' 교체형	말랑말랑 ~ 물렁물렁, 바지직 ~ 부지직, 발끈 ~ 불끈, 파릇파릇 ~ 푸릇푸릇
'아 ~ 이' 교체형	자글자글 ~ 지글지글, 잘강잘강 ~ 질겅질겅, 짜릿 ~ 찌릿, 짭짤 ~ 찝찔, 차랑차랑 ~ 치렁치렁
'애 ~ 이' 교체형	배배 ~ 비비, 뱅글 ~ 빙글, 생글 ~ 싱글, 샛- ~ 싯-
'외 ~ 위' 교체형	회똥그라지다 ~ 휘뚱그러지다, 회똥그래지다 ~ 휘뚱그레지다

이때 '아 ~ 어'가 온전한 의미에서 모음 조화의 짝이라 할 수 있고, '아 ~ 으, 아 ~ 우, 아 ~ 이' 교체형은 일정한 모음 대응이 있기는 하지만 모음 조화의 짝이라고 할 수는 없습니다. 이 단어들은 역사적으로 'ᄋᆞ ~ 으'의 모음 조화 짝이었던 단어들이 현대 한국어에서 'ᄋᆞ'는 '아'로 바뀌고, '으'는 어간 종성 'ㅁ, ㅂ, ㅍ' 뒤에서는 '우'로, 어간 종성 'ㅈ, ㅉ, ㅊ' 뒤에서는 '이'로 각각 바뀌면서 이러한 대응 짝이 생겼습니다.

'애 ~ 이' 교체형도 마찬가지입니다. 이 말들은 역사적으로는 'ᄋᆡ ~ 의'의 모음 조화 짝이었으나 현대 한국어에서 'ᄋᆡ'는 '애'로, '의'는 '이'로 바뀌면서 생긴 것입니다. 이 때문에 모음 조화라기보다는 일정한 모음 대응 관계를 보이는 단어짝이라고 할 수 있습니다.

'외 ~ 위'의 대응도 역사적으로는 각각 '오이 ~ 우이'에 가까운 발음으로 실현되었겠지만, 현대 한국어에 와서는 '외'는 '웨'로, '위'는 글자 그대로 '위'로 각각 발음되기 때문에 이들도 엄밀히 말하자면 모음 조화의 대응 짝이라고 하기는 어렵습니다.

14

'가셔요'가 맞나요, '가세요'가 맞나요?

Q. '가다'의 해요체 명령형은 '가요'입니다. 그렇다면 '가요'의 주체 높임 표현으로 '가셔요'가 맞나요, '가세요'가 맞나요?

A. '가다'의 명령형 '가요'의 주체 높임형인 '가시어요(가-+-시-+-어요)'는 준말로 사용할 때 '가셔요'라고 하는 것이 맞습니다. 하지만 현대 서울말에서는 '-셔요'에 대해서 '-세요'라고 말하는 사람도 많기 때문에 이 말도 복수 표준어로 인정하고 있습니다. 요컨대 이 말은 원칙적으로는 '가셔요'가 맞지만, '가세요'도 복수 표준어로 허용되고 있습니다.

'가셔요'와 '가세요'에 대해 알아봅시다.

문장에서 화자보다 사회적 지위가 높은 사람의 동작이나 상태를 표현하는 높임의 선어말 어미 '-(으)시-'가 명령을 나타내는 종결 어미 '-어요'와 결합하면 '-(으)시어요'가 됩니다. 이 '-(으)시-＋-어요'가 '-(으)셔요'로 되는 것과 같은 예로, '(사람)이어요～(소)여요'와 '가리어요～가려요, 기어요～겨요, 디어요～뎌요, 비어요～벼요, 아니어요～아녀요, 여미어요～여며요, (머리에 짐을) 이어요～여요, 일으키어요～일으켜요, 입히어요～입혀요, 지어요～져요, 치어요～쳐요, 피어요～펴요' 등이 있습니다.

한편, '-(으)세요'는 입말에서 '-(으)시어요'가 '-(으)시예요'를 거쳐 '-(으)셰요'로 줄고, '-(으)셰요'가 다시 '-(으)세요'로 줄어들면서 생긴 현상으로 보입니다. 국립국어원의 '표준어 규정'에서는 '-(으)셔요'와 '-(으)세요'를 *복수 표준어로 허용하였습니다.

 '이다'의 활용형 '이에요/이어요'와 '예요/여요'의 쓰임에 대해 알려 주세요.

국립국어원의 '표준어 규정' 중 '표준어 사정 원칙 제26항'에서는 '(책)이에요'와 '(책)이어요'를 복수 표준어로 인정하고 있습니다. '이에요'와 '이어요'는 서술격 조사 '이다'의 어간 '이-' 뒤에 '-에요'와 '-어요'가 붙은 말입니다. 그런데 받침 있는 체언 뒤에서는 (가)와 같이 '이에요', '이어요'로 나타나지만, 받침 없는 체언 뒤에서는 (나)와 같이 그 준말인 '예요', '여요'로 쓰입니다. 즉, 받침 없는 체언 뒤에서는 '이에요', '이어요' 대신 그 준말인 '예요', '여요'만을 표준어로 인정하고 있습니다.

> **＊복수 표준어**
> '표준어 사정 원칙 제26항'에 따라, 둘 이상의 표기나 단어를 모두 맞는 것으로 인정하는 경우 그 단어들을 일컫습니다.

(가) 받침 있는 체언 뒤:

　책 + 이에요/이어요 ⇒ 책이에요/책이어요

(나) 받침 없는 체언 뒤:

　저 + 이에요/이어요 ⇒ 저예요/저여요

앞서 '-(으)시어요'의 준말로 '-(으)셔요'와 '-(으)세요'를 함께 인정하는 것과 달리, '저이어요'는 '저에요'가 아니라 '저예요'로 줄어든 것만을 인정한 점에 유의해야 합니다. 이는 '저이어요'에 본래 '이다'가 결합되어 있음을 보여 주기 위함입니다.

 '아니다'의 경우도 마찬가지인가요?

'이에요, 이어요'에서 '이-'는 서술격 조사 '이다'의 어간이므로 '이에요, 이어요' 앞에 체언('책', '저' 등)이 직접 와야 합니다. 하지만 '아니다'는 '체언 + 이다' 구성이 아니라 단일 형용사여서 이 규정이 적용되지 않습니다. 즉, '아니다'는 용언이기 때문에 서술격 조사의 활용 어미인 '이에요', '이어요'가 결합하지 않고, 어간 '아니-'에 어미인 '-에요', '-어요'만 결합하여 (다)와 같이 '아니에요', '아니어요'가 됩니다.

(다) 아니- + 에요/어요 ⇒ 아니에요/아니어요(아녜요/아녀요)

여기서 '아니에요/아니어요'에 대해서 각각 준말인 '아녜요/아녀요'가 인정된다는 점도 함께 기억할 필요가 있습니다. 흔히 '아니예요'를 쓰는 일이 있지만, 이는 잘못된 표기임을 명심하세요.

15

'헷갈린다', '헛갈린다' 중 어느 것이 표준어인가요?

Q. '헷갈린다', '헛갈린다' 중 어느 것이 표준어인가요? 둘 다 허용되나요? 이처럼 일상생활에서 쓰는 말과 규범으로 정해진 표기에 차이가 있어 한국어 학습자들에게 이렇게 가르쳐야 할지 고민입니다.

A. 4부 14과에서 설명한 것처럼 '-(으)셔요 ~ -(으)세요, 이에요 ~ 이어요, 예요 ~ 여요'처럼 둘 이상의 표기나 단어를 모두 맞는 것으로 인정하는 경우 이들을 '복수 표준어'라고 합니다. '헷갈린다'와 '헛갈린다' 역시 복수 표준어로 두 단어 모두 "정신이 혼란스럽게 되다."라는 의미를 갖는 동의어입니다. 실질적으로《표준국어대사전》에서 동의어로서 처리하고 있는 모든 단어들이 복수 표준어들에 해당됩니다.

복수 표준어에 대해 알아봅시다.

현재 《표준국어대사전》에서 인정하고 있는 복수 표준어는 적지 않습니다. 이 가운데에는 일상 생활에서 많이 쓰는 단어도 있고 실제로는 잘 쓰지 않게 된 단어도 있어서, 그 목록을 모두 기억할 필요는 없습니다. 다만, 다음의 단어들은 일상에서 많이 쓰이는 복수 표준어이므로 기억해 둘 필요가 있습니다. 복수 표준어 목록은 대략 다음과 같습니다.

✿ 복수 표준어의 자세한 목록을 알고 싶다면 국립국어원(https://www.korean.go.kr) 누리집에서 '어문 규범 → 표준어 규정 → 제1부 표준어 사정 원칙'에서 검색해 보세요.

가엾다-가엽다	게을러빠지다-게을러터지다
고깃간-푸줏간	관계없다-상관없다
꼬리별-살별	나귀-당나귀
넝쿨-덩굴	녘-쪽
눈대중-눈어림/눈짐작	다달이-매달
돼지감자-뚱딴지	된통-되게
딴전-딴청	말동무-말벗
멀찌감치-멀찍이	모쪼록-아무쪼록
목화씨-면화씨	무심결(에)-무심중(에)
민둥산-벌거숭이산	밑층-아래층
반디-반딧불이	버들강아지-버들개지
벌레-버러지	변덕스럽다-변덕맞다
보조개-볼우물	보통내기-여간내기
부침개질-부침질/지짐질	뾰두라지-뾰루지
살쾡이-삵	삽사리-삽살개
서럽다-섧다	성글다-성기다
시늉말-흉내말	심술꾸러기-심술쟁이
씁쓰레하다-씁스름하다	아래위-위아래
아무튼-어떻든/어쨌든/여하튼/하여튼	알은척-알은체
어이없다-어처구니없다	언덕바지-언덕배기
여쭙다-여쭈다	여태껏-이제껏/입때껏

연달다 – 잇달다	옥수수 – 강냉이
욕심꾸러기 – 욕심쟁이	우레 – 천둥
의심스럽다 – 의심쩍다	일일이 – 하나하나
장가가다 – 장가들다	재롱떨다 – 재롱부리다
제가끔 – 제각기	좀처럼 – 좀체
중신 – 중매	쪽 – 편
차차 – 차츰	척 – 체
추어올리다 – 추어주다	혼자되다 – 홀로되다
흠가다 – 흠나다 / 흠지다	

여기서 잠깐

접사에 의한 복수 표준어를 알아봅시다.

접미사 '-대다/-거리다', '-뜨리다/-트리다'에 의해 이루어진 말, 즉 '반짝대다/반짝거리다', '떨어뜨리다/떨어트리다'나 '-롭다/-스럽다'나 '-롭다/-하다'의 짝 '명예롭다/명예스럽다', '자유롭다/자유스럽다', '평화롭다/평화스럽다'라든지 '신기롭다/신기하다' 모두 복수 표준어입니다. 다만 '나대다(○)'만 표준어이고 '나거리다(×)'는 표준어로 인정하지 않는 경우도 있으니 유의해야 합니다. '-감/-거리'도 이와 마찬가지여서 '바느질감/바느질거리', '반찬감/반찬거리', '양념감/양념거리', '일감/일거리'는 모두 복수 표준어로 인정되지만, 모든 '-감/-거리'가 대치될 수 있는 것은 아닙니다. 예를 들어 '국거리'는 '국감'이라고 하지 않고, '장난감'은 '장난거리'라고 하지 않는다는 점 또한 유의해야 합니다.

이 외에도 접두사 '밭-'은 '바깥'의 준말로, '바깥벽/밭벽'과 '바깥마당/밭마당, 바깥부모/밭부모, 바깥사돈/밭사돈, 바깥상제/밭상제, 바깥주인/밭주인'에서처럼 복합어 안에서만 '바깥' 대신에 쓸 수 있습니다.

추가로 인정된 복수 표준어도 살펴봅시다.

《표준국어대사전》 온라인판(2009)이 완성되어 공개된 이후 '복수 표준어'는 2011년 ~2017년에 걸쳐서 총 다섯 차례 추가되었습니다. 국립국어원에서 사람들이 일상에서 많이 쓰는 단어를 표준어로 허용한 사례는 다음(　　　색칠 어휘)과 같습니다.

2011년 인정 복수 표준어	간질이다-간지럽히다 만날-맨날 세간-세간살이 태껸-택견 허섭스레기-허접쓰레기	남우세스럽다-남사스럽다 뒷자리-뒷자리 쌉싸래하다-쌉싸름하다 고운대-토란대 토담-흙담	목물-등물 복사뼈-복숭아뼈 자장면-짜장면 품세-품새
2013년 인정 복수 표준어	구안괘사-구안와사 삐치다-삐지다	굽실-굽신 작장초-초장초	눈두덩-눈두덩이
2015년 인정 복수 표준어	-고 싶다--고프다 동그라네-동그랗네 마-말아 예쁘다-이쁘다	노라네-노랗네 *마을-마실 마라-말아라 조그마네-조그맣네	마요-말아요 차지다-찰지다
2016년 인정 복수 표준어	거방지다-걸판지다 실몽당이-실뭉치	건울음-겉울음 에는-엘랑	까다롭다-까탈스럽다 주책없다-주책이다
2017년 인정 복수 표준어	*추어올리다-추어주다-추켜올리다		

2009년~2017년까지 위와 같은 '복수 표준어'가 새로 인정되고 있으며, 2018년 이후에는 새로 인정된 복수 표준어가 없습니다.

> **＊마을**
> '이웃에 놀러 다니는 일'을 말합니다.
>
> **＊추어올리다**
> 실제보다 과장되게 칭찬하다.

참고 문헌

강현화. 1998.《국어의 동사연결 구성에 대한 연구》. 한국문화사.

강희숙. 2010.《국어 정서법의 이해》(개정판). 역락.

고석주. 2004.〈현대 한국어 조사의 연구 1〉(말뭉치기반 국어연구총서 13). 한국문화사.

고영근·구본관. 2008.《우리말 문법론》. 집문당.

구본관 외. 2015.《한국어 문법 총론 1》(개관, 음운, 형태, 통사). 집문당.

구본관 외. 2023.《한국어 문법 총론 2》(의미, 화용, 텍스트, 어휘, 규범, 15세기 한국어, 한국어사, 문자). 집문당.

김서형 외. 2016.〈외국인 한국어 학습자를 위한 단모음의 발음 설명〉. 한민족어문학 72. pp. 93–122.

김서형. 2007.〈한국어 약속 표현 교육의 연구〉. 한국어학 36. pp. 99–122.

김서형. 2011.〈한국어 학습자의 대체 표현 연구-중·고급 학습자의 연결어미 사용 실태를 중심으로-〉. 한국어학 50. pp. 81–109.

김서형. 2012.〈국어 압존 표현의 실태와 교육〉. 어문논집 66. pp. 59–80.

김서형. 2013.〈의미 확대와 관용 표현의 유형〉. 어문논집 67. pp. 281–302.

김양진. 1996-ㄱ.〈국어 사동 접미사 선택의 형태론적 조건에 대하여〉. 어문논집 35. pp. 159–178.

김양진. 1996-ㄴ.〈국어의 형태 구조(形態構造) 시론(試論) 1〉. 한국어학 4. pp. 171–206.

김양진. 2002.〈한국어 호격명사구와 종결어미에 대하여〉. 한국어학 16. pp. 255–283.

김양진. 2005-ㄱ.〈형태소와 의미〉,《국어 연구와 의미 정보》. 월인.

김양진. 2005-ㄴ.〈일음절 한자어 어기의 형태론적 재해석〉. 어문논집 52. pp. 97–120.

김양진. 2007.〈부정의 기능동사 '앉-/안하-', '못하-' 의 설정에 대하여〉. 한국어학 35. 195–217.

김양진. 2008.〈접어와 기능어-형태론적 단위와 통사론적 단위-〉. 한국어학 38. pp. 1–31.

김양진. 2009.〈'몇'의 의미와 '몇'계 복합어〉. 한국사전학 14. pp. 80–110.

김양진. 2011.《우리말 수첩》. 정보와사람.

김양진. 2014.〈접미사 '-바리', '-바르-'의 설정에 대하여〉. 한국어학 62. pp. 149–171.

김양진. 2015.〈띄어쓰기의 성립과 어절의 개념〉. 국어국문학 171. pp. 5–39.

김양진. 2017.〈한국어의 형태와 형태소〉. 국어학 81. pp. 227–261.

김양진. 2021-ㄱ.《《현대 한국어 단어족 사전》 구축을 위한 시안〉. 우리어문연구 69. pp. 247–282.

김양진. 2021-ㄴ.〈한자어 접미사 '-적(的)'의 형태론〉. Journal of Korean Culture 52. pp. 85–122.

김원경. 2009.《한국어의 격》. 박문사.

김지은. 1991.〈국어에서 주어가 조사 없이 나타나는 환경에 대하여〉. 한글 212. pp. 69–87.

김진형. 2000.〈조사연속구성과 합성조사에 대하여〉. 형태론 2-1. pp. 59–27.

김창섭. 1996.《국어의 단어형성과 단어구조 연구》(국어학총서 21). 태학사.

김혜숙. 1998. 〈한국어 기본문형 설정에 대하여〉. 국어국문학 122. pp. 13-47.

남기심. 2001. 《현대국어 통사론》. 태학사.

남기심·고영근. 2011. 《표준국어문법론》(제3판). 탑출판사.

도원영. 2002. 〈국어 형용성 동사 연구〉. 고려대학교 박사학위논문.

문금현. 1999. 《국어의 관용표현 연구》. 태학사.

문숙영. 2009. 《한국어의 시제 범주》(국어학총서 66). 태학사.

박재연. 2006. 《한국어 양태 어미 연구》(국어학총서 56). 태학사.

박재연. 2009. 〈한국어 관형사형 어미의 의미 기능과 그 문법 범주〉. 한국어학 43. pp. 151-177.

박재연. 2010. 〈이형태 교체와 관련한 몇 문제〉. 국어학 58. pp. 129-155.

박재연. 2013. 〈한국어 의도 관련 어미의 환유적 의미 확장〉. 국어학 68. pp. 253-288.

박재희. 2018. 〈국어 문법 단위와 접어 설정에 관해서〉. 코기토 84. pp. 219-244.

박진호 외. 2011. 〈시제, 상, 양태〉. 《한국어 통사론의 현상과 이론》. 태학사.

박창원. 1991. 〈음운 규칙의 변화와 공시성〉. 《국어학의 새로운 인식과 전개》. 민음사.

박철우. 2006. 〈'이다' 구문의 통사구조와 '이다'의 문법적 지위〉. 한국어학 33. pp. 235-264.

박철우 외. 2023. 《한국어 의미론》. 사회평론아카데미.

배주채. 2011. 《국어음운론 개설》(개정판), 신구문화사.

서정곤. 1998. 《국어의 단어형성 원리》(수정판). 한국문화사.

송철의. 1995. 〈국어의 활음화와 관련된 몇 문제〉. 《단국어문논집》 1. 단국대학교 국어국문학과.

신지영. 2000. 《말소리의 이해》. 한국문화사.

신지영. 2006. 〈표준 발음법에 대한 비판적 검토〉. 한국어학 30. pp. 133-158.

신지영·차재은. 2003. 《우리말 소리의 체계》. 한국문화사.

신지영 외. 2015. 《한국어 발음 교육의 이론과 실제》. 한글파크.

엄정호. 1990. 〈종결어미와 보조동사의 통합 구문에 대한 연구〉. 성균관대학교 박사학위논문.

엄정호. 2000. 〈조사의 범주 특성〉. 형태론 2-1. pp. 43-58.

오현아. 2010. 〈표현 문법 관점의 문장 초점화 교육 내용 연구〉. 서울대학교 박사학위논문.

우순조. 2000. 〈'이다'와 '아니다'의 상관성〉. 형태론 2-1. pp. 129-138.

유동석 외. 1998. 〈주제어와 주격중출문〉. 《문법 연구와 자료》. 태학사.

유하라. 2005. 〈현대국어 조사의 배열 양상〉. 성균관대학교 박사학위논문.

유현경. 1986. 〈국어 접속문의 통사적 특질에 대하여〉. 한글 191. pp. 1-28.

유현경 외. 2011. 〈접속과 내포〉. 《한국어 통사론의 현상과 이론》. 태학사.

유혜원. 1999. 〈'을/를'이 나타나는 피동문 연구〉. 한국어학 9. pp. 205-227.

유혜원. 2001. 〈'와/과' 구문의 자질연산〉. 한국어학 13. pp. 217-238.

유혜원. 2004. 〈'N-로'를 필수 논항으로 취하는 타동사 연구〉. 한국어학 24. pp. 189-220.

유혜원. 2007. 〈'-게'에 대한 형태론적 고찰〉. 형태론 9-1. pp. 25-45

유혜원. 2008. 〈국어 명사구의 통사·의미론적 연구-〈공간〉 명사가 나타나는 명사구를 중심으로-〉. 한국어학 38. pp. 197-221.

유혜원. 2009. 〈'이/가'와 '을/를' 교체 구문에 대한 연구〉. 국어학 56. pp. 61–86.

유혜원. 2009. 〈구어에 나타난 주격조사 연구〉. 한국어 의미학 28. pp. 147–169.

유혜원. 2011. 〈'이'와 '에'의 교체 구문에 대한 연구〉. 한국어학 50. pp. 173–202.

유혜원. 2012. 〈명사–시키다 동사에 대한 연구〉. 어문논집 65. pp. 191–218.

유혜원. 2012. 〈중립동사 '명사–하다'에 대한 연구–'명사–되다', '명사–시키다' 형과의 비교를 중심으로–〉. 한국어학 57. pp. 271–298.

유혜원. 2014. 〈구어에 나타난 운율적 실현의 문법적 해석〉. 한국어학 64. pp. 59–86.

유혜원. 2015. 〈20세기 전기 구어 자료의 격조사 실현 양상에 대한 연구〉. 우리어문연구 53. pp. 399–429.

유혜원. 2016. 〈20세기 구어자료에 나타난 '요'의 분포와 기능의 변화〉. 한국어학 71. pp. 181–210.

유혜원. 2021. 〈불완전동사에 대한 통사 의미적 특성 연구–불완전동사의 제한적 분포 원인을 중심으로–〉. 배달말 68. pp. 73–102.

이관규. 1999. 〈대등문, 종속문, 부사절 구문의 변별 특성〉. 선청어문 27. pp. 753–180.

이관규. 2008. 《학교 문법 교육론》. 고려대학교 민족문화연구원.

이남순. 1998. 《시제·상·서법》. 월인

이동혁. 2005. 〈문법적 관용 표현의 전산 처리〉 한국어학 26, pp. 261–292

이동혁. 2005. 〈영역 온톨로지에 기반한 동사 어휘망 구축에 대하여〉. 한국어 의미학 17. pp. 1–20.

이동혁. 2007. 〈고유명사의 비유적 의미 양상에 대한 연구〉. 한국어 의미학 23. pp. 137–158.

이동혁. 2008. 〈X–으면 Y–을수록 구문에 대하여〉. 국어학 51. pp. 29–56.

이동혁. 2012. 〈격틀이 다른 반의어쌍에 대하여〉 어문학교육 45. pp. 119–141.

이동혁. 2013. 〈의미관계 교육의 문제와 개선 방안에 대하여〉. 한국어 의미학 42. pp. 321–349.

이동혁. 2014. 〈초등 문법 영역에서 유의관계 교육의 독립과 그 효용에 대하여〉. 한국초등국어교육 54. pp. 323–352.

이동혁. 2015. 〈'–어도 되다'의 대화 기능에 대하여〉. 한국어 의미학 50. pp. 1–25.

이동혁. 2015. 〈'–어야 하다'의 양태 의미에 대하여〉. 국어학 76. pp. 95–122.

이동혁. 2018. 〈문제 해결로서의 언어화와 문법 교육적 함의〉. 새국어교육 116. pp. 187–220.

이동혁. 2020. 〈청자를 고려한 맥락 구성의 문법 교육적 탐색〉. 한국초등국어교육 69. pp. 121–144.

이동혁. 2022. 〈문장의 의미 구성에 기반한 문장 의미 교육의 전망〉. 한국초등국어교육 74. pp. 283–315.

이상신. 2009. 〈학교 문법의 '축약(縮約)' 및 관련 어문 규정에 대하여〉. 국어국문학 153. pp. 417–439.

이익섭. 1978. 〈상대시제에 대하여〉. 관악어문연구 3. pp. 367–376.

이익섭·임홍빈. 1983. 《국어문법론》. 학연사.

이익섭·채완. 1999. 《국어문법론강의》. 학연사.

이정민. 1992. 〈(비)한정성/(불)특정성 대 화제(Topic)/초점–개체 층위/단계 층위 술어와도 관련하여–〉. 국어학 22. pp. 397–424.

이정택. 2004. 〈피동의 개념과 피동 서술어〉. 한국어학 22. pp. 335–354.

이진경. 2023. 〈일본 한글학교 교사를 위한 한글학교용 범용교재 활용 방안〉. 우리어문연구 77. pp. 571–609.

이진호. 2012. 《한국어의 표준 발음과 현실 발음》. 아카넷.

이진호. 2014. 《국어 음운론 강의》(개정판). 삼경문화사.

이필영 외. 1998. 〈명사절과 관형사절〉. 《문법 연구와 자료》. 태학사.

이해영. 2003. 〈한국어 교육에서의 문법 교육〉. 국어교육 112. pp. 4−94.

이홍식 외. 1998. 〈문장 성분〉. 《문법 연구와 자료》. 태학사.

이희자·이종희. 1999. 《어미·조사 사전》. 한국문화사

임동훈. 1995. 〈통사론과 통사 단위〉. 어학연구 31-1. pp. 87−138.

임동훈. 2004. 〈한국어 조사의 하위부류와 결합 유형〉. 국어학 43. pp. 119−454.

임동훈. 2006. 〈현대국어 경어법의 체계〉. 국어학 47. pp. 287−320.

임동훈 외. 2011. 〈문장의 유형〉. 《한국어 통사론의 현상과 이론》. 태학사.

임지룡. 2018. 《한국어 의미론》. 한국문화사.

임홍빈. 1981. 〈사이시옷 문제의 해결을 위하여〉. 국어학 10. pp. 1−35.

장경희. 1985. 《현대국어의 양태범주연구》. 탑출판사.

장향실. 2002. 〈중국어 모국어 화자의 한국어 학습시 나타나는 발음상의 오류와 그 교육 방안〉. 한국어학 15. pp. 10−228.

장향실. 2008. 〈외국인 학습자를 위한 '아무+명사+-(이)나와 의문대명사+-(이)든지의 의미 연구'〉. 우리어문연구 31. pp. 69−91.

장향실. 2008. 〈외국인 학습자를 위한 한국어 음운 규칙의 제시 순서 연구〉. 한국어교육 19. pp. 427−446.

장향실. 2008. 〈외국인 한국어 사용자를 위한 음운규칙 항목 선정 연구〉. 한국언어문학 65. pp. 137−158.

장향실. 2009. 〈중국인 학습자의 한국어 음절 오류와 교육 방안〉. 우리어문연구 34. pp. 349−371.

장향실. 2011. 〈중국인 학습자의 한국어 음운규칙 습득 연구〉. 이중언어학 46. pp. 367−390.

장향실. 2014. 〈외국인을 위한 한국어 발음 교육에서 음운의 제시 순서 연구〉. 한국언어문화학 11. pp. 221−245.

장향실. 2016. 〈중국어와 일본어 모어 화자의 한국어 음절 종성 산출 차이 연구〉. 우리어문연구 55. pp. 555−579.

장향실. 2020. 〈한국어 교육 활용을 위한 《한국어 표준 문법》 음운론 분야 개선 방안〉. 어문론집 84. pp. 391−417.

정인호. 1997. 〈ㅂ-불규칙 용언 어간의 변화에 대하여〉. 애산학보 20. pp. 145−178.

정한데로. 2014. 〈단어 형성과 의미 합성성−통합관계와 계열관계를 중심으로−〉. 한국어 의미학 44. pp. 263−289.

채완. 2003. 《한국어의 의성어와 의태어(한국의 탐구)》. 서울대학교 출판부.

최형용. 2010. 〈품사의 경계: 조사, 어미, 어근, 접사를 중심으로〉. 한국어학 47. pp. 61−92.

한동완. 1996. 《국어의 시제 연구》(국어학총서 24). 태학사.

한정한. 2011. 〈통사 단위 단어〉. 국어학 60. pp. 211−232.

허용·김선정. 2013. 《대조언어학》. 소통.

홍종선, 김서형. 2016. 〈국어과 교재의 상대 높임 화계 설정과, 구어 현실〉. 국어교육학연구 51-3. pp. 47−68.

홍종선. 2008. 〈국어의 시제 형태소 체계와 그 가능 변이〉. 한글 282. pp. 97−123.

황화상. 2013. 《현대국어 형태론》(개정판). 지식과교양.

《훈민정음(訓民正音)》(해례본)

국립국어원 《표준국어대사전》 (https://stdict.korean.go.kr)

국립국어원 한국어 어문규범 (https://korean.go.kr/kornorms/regltn/regltnView.do#a)

찾아보기

KOREAN GRAMMAR
Teacher Handbook
한국어 교사를 위한
한국어 →첫← 문법

지은이	장향실, 유혜원, 이동혁, 김양진, 김서형
발행인	공경용
책임 편집	이유진, 문소연
마케팅	김세훈, 신영선, Flavia Pana, 윤성호
디자인	서은아, 임재경
일러스트	이승정, 셔터스톡

발행처	공앤박 주식회사
주소	05116 서울시 광진구 광나루로56길 85
전화	02-565-1531
팩스	02-6499-1801
전자우편	info@kongnpark.com
홈페이지	www.kongnpark.com

초판 1쇄 발행   2024년 1월 26일
초판 2쇄 발행   2024년 9월 2일

ISBN 978-89-97134-59-5 03700

Publisher's Cataloging-in-Publication data

Names:	Chang Hyang-sil, Yoo Hye-won, Lee Dong-hyeok, Kim Ryang-jin, Kim Seo-hyung
Title:	KOREAN GRAMMAR Teacher Handbook
Description:	Seoul, Republic of Korea: KONG & PARK, INC. 2024.
Identifiers:	ISBN 978-89-97134-59-5(03700) (print)
Subjects:	LCSH Korean language -- Grammar -- Study and teaching -- Foreign speakers.
Classification:	LCC PL907 .C46 2023	DDC 495.75/092--dc23